传统文化修养丛书

论语与做人

【民国】袁定安◎著
乔继堂◎编

上海科学技术文献出版社
Shanghai Scientific and Technological Literature Press

图书在版编目（CIP）数据

论语与做人 / 袁定安著；乔继堂编．—上海：上海科学技术文献出版社，2018
（传统文化修养丛书）
ISBN 978-7-5439-7760-0

Ⅰ．①论…　Ⅱ．①袁…②乔…　Ⅲ．①儒家 ②《论语》—研究　Ⅳ．① B222.25

中国版本图书馆 CIP 数据核字 (2018) 第 213405 号

策划编辑：张　树
责任编辑：王倍倍　杨怡君
封面设计：许　菲

论语与做人
LUNYU YU ZUOREN
袁定安　著　乔继堂　编
出版发行：上海科学技术文献出版社
地　　址：上海市长乐路 746 号
邮政编码：200040
经　　销：全国新华书店
印　　刷：常熟市人民印刷有限公司
开　　本：889×1194　1/32
印　　张：12.5
字　　数：291 000
版　　次：2019 年 1 月第 1 版　2019 年 1 月第 1 次印刷
书　　号：ISBN 978-7-5439-7760-0
定　　价：60.00 元
http://www.sstlp.com

凡　例

一，本书理论，以《论语》为主；惟为广大其说，亦不厌旁引经子史传，藉资印证。

二，本书所用《论语》语句，约占原书十分之九点五，统于括弧内注明篇目；其他引自经子史传者，文下惟载出处，不用括弧，以资识别。

三，本书着重人格之描述，故下编“《论语》人物”较上编“《论语》学说”特多；良以《论语》原为孔子应答弟子时人及弟子相与言而接闻于夫子之语录，匪第研讨问题，尤且关于人格之显示与训练。

四，本书所引古典，非敢必其记载确凿无讹，姑录存以备考云耳。

目　次

上编　《论语》学说

下编　《论语》人物

绪　言

一　《论语》的沿革

《论语》原有三种，即《鲁论》、《齐论》和《古论》；“齐人所传谓之《齐论》，鲁人所传谓之《鲁论》，合壁所得谓之《古论》”（刘向《别录》）。据《汉书·艺文志》：汉代传《齐论》者，昌邑中尉王吉，少府宋畸，御史大夫贡禹，尚书令五鹿充宗，胶东庸生，唯王吉名家；传《鲁论》者，常山都尉龚奋，长信少府夏侯胜，丞相韦贤，鲁扶卿，前将军萧望之，安昌侯张禹；“《古论语》，孔安国为之训解，而世不行，后马融为之训说”（何晏《集解》）。

《古论》计共二十一篇，较《鲁论》多一篇，即自《尧曰篇》“子张问何为可以从政”句起，分篇次既不相同，文字也有四百多和《鲁论》异。《齐论》别有《问王》《知道》二篇，共计二十二篇，章句也较《鲁论》稍多。至于《鲁论》，相传它原来共只二十篇，其中字句颇有更动，唐陆氏《释文》说，郑玄曾据《齐》《古论》读正《鲁论》凡五十事。

何解《论语》有这么三个不同的本子呢？皇侃说：“简章缺落，口传不同耳。”汉张禹善《古论》，受《鲁论》于夏侯建，又从王吉、庸生受《齐论》；他比较三本异同得失，择善而从，编一混合《论语》行世，授于成帝，后周包咸氏并为章句，列于学官，郑玄即据是本作注；何晏又集众注而为之解；自是以后，《论语》不能复分，《唐书·艺文志》已不载《齐》《古论》篇目。

二　《论语》的编纂

《论语》的编辑人，郑康成说是仲弓、子游、子夏；其说不合书内所表现的时间性。因为孔门弟子以曾子最年幼，《泰伯篇》载有他临终的言论，非仲弓等所编纂也显然。程子以《论语》为有子和曾子门人所纂辑，所以书中独二子以“子”称，其他孔门高士如颜回、子贡皆称名；这说虽在时间上无问题，可是又与书内事实相背。因为《雍也篇》称“冉子”，《先进篇》称“闵子”，岂不又要以为冉、闵门人所编？而且“柴也愚章”直书参名，足见曾子独以子称的理由不能成立。宋代学者原也有的疑其非是，所以杨龟山说：“《论语》首记孔子之言，而以有、曾二子之言次之，盖其尊之亚于夫子，尤为明验。至于闵损、冉求亦或称子，则因其门人所记，而失之不革也与？”这个解释，与其说杨氏辩护师说，毋宁说自认不是。凭《论语》内容观察，我们知道，记述者不止少数，编辑人也非二三子，以致二十篇中有许多重复语句，例如“巧言令色，鲜矣仁”，见于《学而》与《阳货》；“三年无改于父之道，可谓孝矣”，见于《学而》与《里仁》；“主忠信，毋友不如己者，过则勿惮改”，见于《学而》与《子罕》；“博学于文，约之以礼，亦可以弗畔矣夫”，见于《雍也》与《颜渊》；“不在其位，不谋其政”，见于《泰伯》与《宪问》；“吾未见好德如好色者也”，见于《子罕》与《卫灵公》；他如南容可妻，《公冶长》与《先进》所载也相类不相及。假使《论语》为少数人所编纂，他们为甚么不删除其雷同点呢？至于这些编辑人究竟是谁，势难确指；笼统的说是孔门再传弟子，不会有错，他们故不但可记曾子死事，又将子张、子夏门人的话一并采入，所以《论语》成册当去孔子已远。正如《论语通》说："《论语》者，是孔子没后七十弟子之门人共所撰录也。"

他们为甚么要公同撰录呢？邢昺《论语疏·序》说："夫子既终，弟子恐离居后，各生异见，而圣言永灭，故相与论撰，因采时贤及古明王之语，合为一法，谓之《论语》也。"据这说法，是群弟子为保存圣训而书，以之说明群弟子记述之旨则可，至其直认《论语》为七十子所作成册则非。

《论语》成册，原非一时。日伊藤仁斋《论语古义叙由》说："《论语》二十篇，相传分上下，犹后世所谓正、续、三集之类乎？盖编《论语》者，先录前十篇，自相传习，而又次后十篇，以补前所遗者，故今合为二十篇云。盖观《乡党》一篇，其体制要当编在全书之最后，而今适居第十篇，则知前十篇本已自成为一书矣。"按伊藤仁斋以《论语》非一次所撰定，诚然；惟其谓《上论》在《下论》先，执《乡党》体制应居最后为由，不足据。因为《乡党》列居第十，乃成书后改定的位次，《古论》故列《乡党》为第二（见皇侃《论语通》），足征原本篇次并不一定；似乎原先有好些记载孔子的语录发见，儒者一一征集，积少成多，后始经人厘订其篇次。厘订篇次之际，是就儒者已搜藏的整章分为二部，一部以《乡党》为殿，一部以《尧曰》为殿，并非有先后存于其间；惟各篇发见则有先后，然已不能复考。看到各篇篇名，皆不能包括各该篇内容，现得那是随时发见而随时收编者；至于改定成今本篇次的人，当在汉代。

三　《论语》的命名

《论语》何为得名？

据班固《汉书·艺文志》说：

《论语》者，孔子应答弟子时人及弟子相与言，而接闻于夫子之语也。当时弟子各有所记；夫子既卒，门人相与辑而论纂，故谓之《论语》。

梁刘勰《文心雕龙》说：

圣哲彝训曰经，述经叙理曰论。论者，伦也。伦理无爽，则圣意不坠。昔仲尼微言，门人追记，故仰其经目，称为《论语》。(《论说篇》)

宋邢昺《论语疏》说：

论者，纶也，轮也，理也，次也，撰也。以此书可以经纶世务，故曰纶也；圆转无穷，故曰轮也；蕴含万理，故曰理也；篇章有序，故曰次也；群贤集定，故曰撰也。

四　《论语》的内容

《论语》共二十篇，《学而》第一，《为政》第二，《八佾》第三，《里仁》第四，《公冶长》第五，《雍也》第六，《述而》第七，《泰伯》第八，《子罕》第九，《乡党》第十，《先进》第十一，《颜渊》第十二，《子路》第十三，《宪问》第十四，《卫灵公》第十五，《季氏》第十六，《阳货》第十七，《微子》第十八，《子张》第十九，《尧曰》第二十。这些篇目，并不能概括其篇大旨，似乎是编者随意将开首二三字以为篇名，聊以示别此一简编与彼一简编；《学而》篇并不专门论学，《为政》篇并不专门论政，内容散乱复杂，毫无系统可言，全书有分类整理的必要。

《论语》内容虽然复杂，它却也有一定的重心，不外孔子应答弟子时人及弟子相与言，并若干古圣遗训；那些遗训，是因与孔子学说相类而联带附及。

五　《论语》的价值

《论语》有甚么价值？这有几方面的评估。

（甲）学说上的评估

《论语》为记载孔子学说的专册，舍《论语》不足以明孔子学说及其生活情态。书中所载，虽不敢必其皆为纯然可靠的材料，究竟大体上有大量的真理在。孔子学说为我国的大成学说，《论语》关系至重，它的价值宁有限量？

《论语》又不单记孔子学说而已，兼及古代名圣心传，对古代文化有过简明的叙述和论断，是以在古代文化上它也有相当贡献。汉赵岐《孟子题辞》中有话说："《论语》者，五经之錧鎋，六艺之喉衿也。"它的重要，虽或不如赵岐所夸之甚；没有《论语》不能得儒学的大全，却是事实。

（乙）道德上的评估

《论语》所注重的是"人格"，不单在学理上用"仁"、用"君子"来抽象地说明，更是用尧、舜、禹、文、武、周公及若干忠臣贤士所有的历史，来具体地示范，总期使读者做个有完美人格的人。

在那些人的讲论中，自然地，更多地，讲论到孔子及群弟子的心理、言语、行为和生活的全貌；所以《论语》一书，无异于是孔门人格一览表。人格有多大价值，《论语》也随而有那么大的价值垂于永久！

我看《论语》是人格课本，本“概论”的编制，故也注重在这方面。

（丙）实用上的评估

赵普曾对宋太宗说：“臣有《论语》一部，以半部佐太祖定天下，以半部佐陛下致太平。”可见在人生社会的各方面，这是怎样重要的一本书！它虽在若干点上或已失去时效，究有若干万古常新的真理蕴藏其内，我们今日还可取用，本书正文中有所指陈。

六　《论语》的地位

《论语》地位的重要，自古已然，不过它在汉代似较次于五经；虽然，据《文心雕龙·论说篇》，《论语》早已有被尊为经的趋势。降至唐代，乃竟成为事实；文宗开成年间（公元后八三六），它和《孝经》、《尔雅》同时跻入圣域，和九经——《书》、《易》、《诗》、“三礼”、“三传”——并刊为十二经。待宋朱熹《集注》出，八百年来《论语》就成了通行的读本。

补　白

《论语》旧分为五百〇八章，第一篇十六章，第二篇二十四章，第三篇二十六章，第四篇二十六章，第五篇二十七章，第六篇二十八章，第七篇三十七章，第八篇二十一章，第九篇三十章，第十篇一章——分十七节，第十一篇二十五章，第十二篇二十四章，第十三篇三十章，第十四篇四十七章，第十五篇四十一章，第十六篇四十章，第十七篇二十六章，第十八篇十一章，第十九篇二十五章，第二十篇三章。

上编 《论语》学说

第一篇 《论语》的人生观

我们是些甚么东西，自然谁都知道我们是人；人既生而为人，就该认清人生。所以，

季路问事鬼神，子曰："未能事人，焉能事鬼？"曰："敢问死？"曰："未知生，焉知死？"（《先进》）

人最要紧的是把握着现实的人生，这是孔教的中心思想；人不是鬼神，不必以鬼神和其他的物事为念，要以解决人的一切为前提。人若于人道有亏，就谈不到事奉鬼神之道；另一方面，人若在人道上完全，那也等于完成了宗教义务。是故"子疾病，子路请祷……子曰：丘之祷久矣。"（《述而》）据孔子的意思，人生存心说话、待人接物，事事已求慊于人我，即事事释憾于神明，何待"急时抱佛脚"，有病才去祈事呢？而且祈事鬼神，岂必待祷告为然？"毋不敬，可以对越上帝"，事鬼神之道，已包含于为人诚善之中。

人又不但非为鬼神而生，不必仿佛一般宗教家的生活态度，以专心事奉鬼神为其人生观；而且人生是只为人生，并非为人死，更无须顾及死的问题。惟人类中的季路，何止千千万万？总多为死后计虑，生而用其光阴，精力，机会，金钱，以及整个生活，营谋一个棺木，一块墓地，和若干装殓物；煞像人生本无所为，生来就是为死，对于死很讲究，早预备。或感死的悲哀，恐惧，于是力求解脱；有的避世遁处，有的采药炼丹，有的寻仙访

道，有的吃斋念佛，整个人生消磨于求死的解脱中。实则死终究解脱不得，其生反被断送，这何苦来？人生若不体认现前生活的意义与价值，怎配探讨将来死后的问题？所以，人生就是要把握着人生。那么，人生究竟是怎么一回事呢？我们且看看《论语》的人生观。

一　积极的精神

据《论语》，人生第一要有积极的精神。从前孔子在泗水上，看到那种滔滔不绝、滚滚长流的现象，因而有感于怀说：

> "逝者如斯夫，不舍昼夜。"（《子罕》）

流水是怎样一往而前，百折不回，无时或已的进行，人生正也应该这么着；所谓"天行健，君子以自强不息"。原来，

> "天何言哉？四时行焉，百物生焉。天何言哉？"（《阳货》）

宇宙既是这么健行的宇宙，人为宇宙中的一分子，又岂能外乎这种公例而生存？自当不尚空谈，惟务实行，勤勤恳恳，以求尽其人生本务，达其人生目的。颜子在孔门群弟子中特别受赏识者，正因他对于人生有这种认识，有这种精神；凡有所闻，务必力致其知，知之未尝不行，行之未尝不力。孔子故说：

> "语之而不惰者，其回也与？……惜乎吾见其进也！未见其止也！"（《子罕》）

颜子在学业上力行不怠，进步不休，假使他的寿数不短促，他的造诣宁可限量？就是孔子之所以成为孔子，也不过这点自强不息的精神而已。正如他曾自道：

“若圣与仁，则吾岂敢？抑为之不厌，诲人不倦，则可谓云尔已矣。”公西华曰：“正惟弟子不能学也。”（《述而》）

所谓“不厌”“不倦”，是何等勇猛积极的人生！这不但在他为人师表的时间如此，我们知道他的这种人生观，原来养之有素，操之有恒，从小就是这么黾勉求学。如他又有话说：

“我非生而知之者，好古敏以求之者也。”（《述而》）

“好古敏求”四字，足以表示孔子求学的生活，正同于其教授生活那么孜孜矻矻，所以他的生活常随时代的更新而变化，而进步；“吾十有五而志于学，三十而立，四十而不惑，五十而知天命，六十而耳顺，七十而从心所欲，不踰矩”（《为政》）。年事愈长，造诣愈深；进境愈新，前程愈大；以致他的人格伟大，令人莫测高深。子贡所谓“夫子之墙数仞，不得其门而入；不见宗庙之美，百官之富”（《子张》）。实则孔子自明，他的人生并无特别奥妙；妙在他有积极的精神，此为常人所望尘莫及。正如

叶公问孔子于子路，子路不对。子曰：“女奚不曰：‘其为人也，发愤忘食，乐以忘忧，不知老之将至’云尔？”（《述而》）

叶公沈子高来问，是其平素已闻知孔子人格的奇异，欲一探其究竟；子路又以圣德难言，而竟置之不答。他两人的情态虽不同，其以孔子为一高深莫测的人物则一。孔子觉得问者不得所问，势必疑惑滋甚；答者不能置答，表其认识不清。两人在知识上，程度是一样的幼稚，孔子故行自白他的为人。“当理之未得，则发愤以求，刻励之专，虽食在当前而亦忘之；及理之已得，则欣然而乐；涵泳之至，虽事有可忧而亦忘之。未得而愤，愤勉无已；既得而乐，乐后仍愤；愤乐相循，虽老之将至而仍然愤，仍

然乐，孳孳汲汲，不自知年数之不足，我孔子的人生如是而已！”这已将他人生的积极的精神，活跃地描述而出。人生又岂但孔子或颜子要如是，谁不当然？是故孔子有言：

> “饱食终日，无所用心，难矣哉！不有博弈者乎？为之犹贤乎已。”（《阳货》）

人生天然的要勤奋度日，不宜闲散，闲散的人还不如好博弈者；博弈虽非正事，然其较盈绌，争先后，未尝不用其心。——单是他肯用心可取，孔子并非奖励人去博弈，无非要人勤奋而已。在《家语·困誓篇》有一段记事，最足以说明孔子的意思（并见于《韩诗外传》），可以引来一看：

> 子贡问于孔子曰：“赐倦于学，困于道矣，愿息而事君，可乎？”孔子曰：“《诗》云：‘温恭朝夕，执事有恪。’（《商颂·刑之篇》）事君之难也。事君焉可息哉？”曰：“然则赐愿息而事亲。”孔子曰：“《诗》云：‘孝子不匮，永锡尔类。’（《大雅·既醉之篇》）事亲之难也。事亲焉可息哉？”“然则赐愿息于妻子。”孔子曰：“《诗》云：‘刑于寡妻，至于兄弟，以御于家邦。’（《大雅·思齐之篇》）妻子难。妻子焉可息哉？”“然则赐愿息于朋友。”孔子曰：“《诗》云：‘朋友攸摄，摄于威仪。’（《既醉之篇》）朋友难。朋友焉可息哉？”“然则赐愿息于耕。”孔子曰：“《诗》云：‘昼尔干茅，宵尔索绹；亟其乘屋，其始播百谷。’（《豳风·七月之篇》）耕难。耕焉可息哉？”“然则赐无息者乎？”孔子曰：“望其圹，睪如也，坟如也，鬲如也，此则知所息矣。”子贡曰：“大哉死乎？君子息焉，小人休焉。”

《列子·天瑞篇》也说：

> 子贡倦于学。告仲尼曰："愿有所息。"仲尼曰："生无所息。"子贡曰："然则赐息无所乎？"仲尼曰："有焉耳！望其圹，睪如也，宰如也，坟如也，鬲如也，则知所息矣。"子贡曰："大哉死乎！君子息焉，小人伏焉。"

"生无所息"，这确是孔子所认识的人生；人若果真了解人生如孔子，则知人生不论求学，从政，持家，理事，交游，务农……无一不要勉力，精进。我们前途的创造，希望的无穷，完全系乎我们有这点勉力进取的精神；否则，人若在大有可为的时候，仍不勉力进取，还有甚么前途希望呢？此孔子所以一再说过：

> "后生可畏，焉知来者之不如今也；四十五十而无闻焉，斯亦不足畏也矣。"（《子罕》）
>
> "年四十而见恶焉，其终也已。"（《阳货》）

四十、五十，年已半百，还没有甚么成就，还没有甚么进展，宜乎他的人生有了止境而不足观；虽然四十、五十也未尝不可进德修业，以底于成，可是他在年富力强的当儿，尚是那么平凡而无建树，则其后此晚年不能有何特别造诣可知。所以，人宜及时进取有为，这确属人生真理；否则，"少壮不努力，老大徒伤悲！"

固然人生应积极进取而不稍懈怠，只是人怎能这样呢？这没有其他方法，独在我们自己。因为"人能弘道，非道弘人"（《卫灵公》）；"譬如为山，未成一篑，止，吾止也；譬如平地，虽覆一篑，进，吾往也。"（《子罕》）所以，我们不及他人，要怪我们自己不肯用功，不能归咎于他人，时代，环境，及任何物事；自己肯用功的人，他也不难为圣为贤。孟子所谓："舜何人也？予何人哉？有为者，亦若是。""彼丈夫也，我丈夫也，吾何畏彼哉？"

二　中庸的态度

人生固宜有积极的精神去力求进步，可是我们若以《论语》是训人作个进取的“狂者”，那就大错。“狂者进取，狷者有所不为”，皆非人生上选；“不得中行而与之，必也狂狷乎？”（《子路》）那明是孔子退一步的说法。是故孔门“狂者”虽多，似乎大有可为，孔子仍觉得非加以造就不行；当他周游列国，而不见用于诸侯，感到道既不行于当时，要备人传扬于后世，乃决计返鲁，专门教育。《公冶长篇》记其当日在陈的感慨说：

> “归与！归与！吾党之小子狂简；斐然成章，不知所以裁之。”

那些孔门弟子，大都志向高远而狂，因脱略世事而简，在规模气象上已各斐然可观，足负传道责任；无如天性虽高而学问未至，时或出于规矩法度之外而不自知裁抑，以合中正之道，美中犹有不足，孔子故思归去，再施一番训练。原来人生最大的缺憾，就是易走极端，“智者过之，愚者不及也；……贤者过之，不肖者不及也。”太过虽属智者和贤者的事，似较不及的愚者和不肖者胜一筹，实则在人生中道上同样的不足取。所以，

> 子贡问师与商也孰贤，子曰：“师也过，商也不及。”曰：“然则师愈与？”子曰：“过犹不及。”（《先进》）

不及固然不好，过也不对，人生贵能适中。虽然“天下国家可均也，爵禄可辞也，白刃可蹈也，中庸不可能也”；那就是说：人要做个“富贵不能淫，贫贱不能移，威武不能屈”的大丈夫容易，做个中庸的人却很难。此孔子曾所以不胜其感慨说：

"中庸之为德也，其至矣乎！民鲜久矣！"（《雍也》）

人生不是太过，就是不及。圣人惟在抑其过而引其不及，以使适中而止；"求也退，故进之；由也兼人，故退之。"（《先进》）叶公"子证父窃"之说，或"人以德报怨"之问，皆为孔子所不赞同，并非以直德不善，实以其行太过之故；明乎此，可以晓得子路动辄见责于孔子的原因何在。另一方面，孔子对于古圣所崇拜者为尧舜，尧舜的圣德，殆无不在乎中。当尧年老倦勤，以天下禅于舜，本其丰富的人生经验，加以指教说：

"咨尔舜！天之历数在尔躬，允执其中；四海困穷，天禄永终。"——舜亦以命禹。（《尧曰》）

"夫尧舜禹，天下之大圣也；以天下相传，天下之大事也。以天下之大圣，行天下之大事，而其授受之际，叮咛告诫，不过如此。则天下之理，岂有加于此哉？"（朱子序《中庸》）诚然，在我们这大平原的中国民族心目中，理想生活莫过于从容中道，历代圣贤，即皆深得此中三昧的人。禹于受舜"人心惟危，道心惟微，惟精惟一，允执厥中"的心传后，虽未见其如何传授，他的生活，却确属"执两用中"。如孔子说：

"禹！吾无间然矣！菲饮食而致孝乎鬼神，恶衣服而致美乎黻冕，卑宫室而尽力乎沟洫。禹！吾无间然矣！"（《泰伯》）

何以禹之为人，全无罅隙可议？无非以其或丰或俭，处公处私，莫不协中适宜之难能可贵。及乎孔子本人，后来受门弟子称赞者，也即以此：

子温而厉，威而不猛，恭而安。（《述而》）

通常重仁者容貌温和，难乎为厉；惟孔子以仁德著为温，令人可亲，而其气存严肃，又不可犯，此其得温之中。行义者容貌威仪，难乎不猛；惟孔子以义德发为威，虽然可畏，而其持躬醇厚，又属可近，此其威之得中。依礼者容貌恭庄，难乎为安；惟孔子以礼德形为恭，令人起敬，而其不慢不拘，又极自由，此其恭之得中。所以孔子的生活态度，完全是中庸的态度；孟子批评"仲尼不为已甚"，而为"圣之时者"，正是指他这种态度而言。

三　道德的纲领

上文已经说了人要把握着人生，以积极的精神和中庸的态度去生活，那不过是根于人生的认识而采取的一种生活方式；究竟人要做怎样的人，或是要以这种精神和态度怎样表现自我人格，纯属道德方面的事。人若没有道德，简直没有人格；没有道德的人，他的人生有甚么意义和价值呢？所以

> 齐景公有马千驷，死之日，民无得而称焉；伯夷、叔齐饿死于首阳之下，民到于今称之。"诚不以富，亦只以异。"① 其斯之谓与？"（《季氏》）

足见人生富贵名利何足算？有价值的人生，必不能离开道德说话。孔子曾说：

> "骥不称其力，称其德也。"（《宪问》）

骥在走兽中独得人的赏识，不仅以其力能驰骋如飞，行远不倦；要在牠已调良著美，泛驾无虞，具有可乘的善德。禽兽尚且

---

① 这两句话，引自《诗·小雅·我行其野章》，原属《颜渊篇》错简，现据程子校改于此。

如此，人生岂能反是？是故德之不修，学之不讲，闻义不能徙，不善不能改，孔子引为深忧；良以这与人格有关，非如此则其人格不得光大。通常人不以道德为意，专在富贵名利上用心讲求，实是不思之甚！莫说常人难得在物质上满足其欲望，即使能如齐景公那样做一代中兴霸主，又算得了甚么呢？《述而篇》有几句话说得好：

> "志于道，据于德，依于仁，游于艺。"

道德为人生首要，人故须先志道据德依仁，而后与言游艺；否则"如有周公之才之美，使骄且吝，其余不足观也矣"（《泰伯》）。这种本末，人生不宜倒置；有周公之才而无其德，尚且不可，何况才不如周公者。

既然这样，人生要讲究甚么道德呢？历来哲学家皆不一其说，一考世界伦理学史，则知道德观念的复杂。即如《论语》一书，所称道德条目也不齐一；不过，孔子曾经就整个人生加以观察，而归总说出其道德纲领。他看人生一出母胎，在家庭为子弟；及长，投身社会为一社会公民；他的道德观，即由人生的这阶段出发。他说：

> "弟子入则孝，出则弟，谨而信，泛爱众，而亲仁；行有余力，则以学文。"（《学而》）

这里提出了两层道德，算是一切道德的纲领。人在家庭为子弟当有孝弟，在社会为公民当有仁爱；至于学文，乃其余事。不过，这还是为说明便利言，并非以人生截为无关的两段，又非以道德划成不同的二面；实则人生本是整个的人生，道德也是一贯的道德。孝弟者必仁爱，仁爱者必孝弟；所以宰我不服三年期丧，孔子斥其不仁，即以不仁为不孝；足征仁爱与孝弟一致。又岂但仁与孝通，举凡人生社会一切道德，何尝不联串在内呢？有子故说：

“其为人也孝弟，而好犯上者，鲜矣；不好犯上，而好作乱者，未之有也。君子务本，本立而道生，孝弟也者，其为仁之本与？”（《学而》）

犯上作乱，为扰害社会人生者，皆是人们不恭不顺不忠不义等等不道德的表示；这一切不道德的行为，无不归根于其原不孝弟。人若果真孝弟，则必心存温和，富有亲情，其所酿发者，均为温情所周流，何致有那种扰害社会人生种种不道德的事实发生？孝弟故是为仁之本，乃君子所专心致力；因为“本立而道生”，先行孝弟于家，而后仁爱及于物，所谓“亲亲而仁民”者是。兹试就《论语》中记载的这两层道德纲领，分述于次。

（甲）孝

孝主宰我国民心，支配我国社会，至今已数千年，在世界文化上放一异彩；这种情形，当归功于儒经的特别提倡与教化。《论语》记载孔子论孝虽仅数节，而其为孔门所时时探讨的问题，可以概见；并且表示他们对于这一问题非常重视，比较其他伦理为高。这样，究竟甚么是孝？据《论语》载孔子应答时人门弟子之间，不一其说；归总起来，可别为二大端。

1. 孝顺

孝父母者，必具顺德；亲志宜申，亲命勿背。是故

孟懿子问孝，子曰：“无违。”（《为政》）

虽然人子固宜孝顺，可是亲志亲命未必尽善尽美，人子岂可糊行妄为以从？孔子晓得这话易滋流弊，可惜孟懿子不复追究，使其言不尽意；恰好有少事季孙氏而与孟孙家素有往来的门人樊

迟为其执御，特告以这种经过。樊迟也有所不达，追问那是何解？孔子正欲藉他将其真意表明，特为申述他所谓“无违”者，当以礼为准。“生事之以礼，死葬之以礼，祭之以礼。”假使在孝亲上一违于礼，还有甚么孝顺可言？是故遇亲有何乖谬，并非也要为人子者去顺从。那时为人子者既不顺从，又怎么行？让其父母陷于不义，当然不好，必须善为，使父母晓得那种错误，加以谏阻；不过，谏阻有道，不能粗暴拦截，孔子故说“事父母几谏”（《里仁》）。谏若不入，仍要起敬起孝。所以孔子于“几谏”下，紧接着说：“见志不从，又敬不违，劳而不怨。”不怨依然不违，始终是孝顺。

2. 孝敬

孝不单顺，尤要敬。所谓敬者有三，即谨其身，敬其和，怡其色。

①**谨其身**　“身体发肤，受之父母，不敢毁伤。”毁伤了身体，就有伤于亲心，不孝孰甚？所以，

> 孟武伯问孝，子曰：“父母唯其疾之忧。”（《为政》）

因为父母之于子女，惟其爱之也深，是以忧之也切，无疾常虑其有疾，有疾更是惴惴不安；为人子者，能够体念及此，谨守己身，不纵耳目之欲，竭力免除一切致病之由，即为孝敬其亲。

②**敬其养**　养生，为人子对于父母应尽的起码义务；不过，徒养其身，而不能敬以养其志，殊非所以孝亲之道。所以，

> 子游问孝，子曰：“今之孝者，是谓能养；至于犬马，皆能有养，不敬，何以别乎？”（《为政》）

③**怡其色**　有些直义的人，每每孝心有余，孝行不缺，就只在词色之间，不免因何疾怨而露不愉，致父母也感受不快，这也

是不孝敬。所以，

> 子夏问孝，子曰："色难！有事，弟子服其劳；有酒食，先生馔。曾是以为孝乎？"（《为政》）

服劳，奉养，固可使亲安逸温饱，凡有力有财者，皆晓得做；惟无婉容以敬爱其亲，则亲仍不得乐，此为人子者所以要敬其貌。

孝敬父母，我们已经说过要谨其身，敬其养，怡其色；这些，都是及于亲存之道。亲若殁，为人子者又如何？孔子说，孝子必定还是不缺敬意。所谓"父在观其志，父没观其行，三年无改于父之道，可谓孝矣"（《学而》）。因为亲在不敢自专，处处以亲为主，是事理所当然；及亲不存，诸事皆由自身担承，那时仍然不行己意，而以父旨为重，自非纯孝不能。所以曾子曾说：

> "吾闻诸夫子，孟庄子之孝也，其他可能也；其不改父之臣与父之政，是难能也。"（《子张》）

（乙）仁

孔子言仁，孟子言义，学者常以之相对举，足见仁学在孔子学说上居首要；《论语·子罕篇》首虽说孔子平常少有言仁，究竟这一本书关于孔子与其门人论仁的记载也不为不多。我曾就《论语》所记载关于仁的一切，分仁为体—相—用三方面说。

1. 仁之体

仁体广大，人的各种善美的品德，几乎无一不包，以致孔门弟子皆莫明其妙，都欲一探究竟，而孔子对于他们的答覆又各别，正足以显明仁体的不易捉摸。所以子思直谓："仁者，人也。"（《中庸》）孟子也有同样的话；以仁体即人格，泛指人格有关的诚信，忠恕，直义，恭敬……在内，舍仁不足以言人。是故孔子说：“君子去仁，恶乎成名？”君子乃儒家理想的人格标准，不仁不足以称君子，即言其人格有亏。是故“君子无终食之间违仁，造次必于是，颠沛必于是”（《里仁》）；“无求生以害仁，有杀身以成仁”。正是因为成仁即成为人，失仁即失为人，关系于人格者如此。

2. 仁之相

仁体虽然广大，并非不能认识，因为仁有其相；执其相，就可以认识仁。其相何如？

①**性质** 孔子说：“仁者静。”静就是仁者的特性。性静，自然安舒；安舒，能影响肉体生活，所谓“心广体胖”，所以又说“仁者寿”（《雍也》）。

②**言语** “司马牛问仁，子曰：‘仁者，其言也讱。’‘其言也讱，斯谓之仁矣乎？’子曰：‘为之难，言之得无讱乎？’”（《颜渊》）是以言语不苟为仁；否则，“巧言令色，鲜矣仁”（《学而》）。

③**态度** “仲弓问仁，子曰：‘出门如见大宾，使民如承大祭，己所不欲，勿施于人，在邦无怨，在家无怨。’”（《颜渊》）又：“樊迟问仁，子曰：‘居处恭，执事敬，与人忠。’”（《子路》）这都是言仁者态度必庄敬，必忠厚。这样的人，自可仰不愧于天，俯不怍于人；他的态度当又愉快，所以又说：“仁者不忧。”（《子罕》）

④**精神** “颜渊问仁，子曰：‘克己复礼为仁。一日克己复礼，天下归仁焉。为仁由己，而由人乎哉？’”（《颜渊》）所以，“仁远乎哉？我欲仁，斯仁至矣。”（《述而》）“有能一日用其力于仁矣乎？我未见力不足者。”（《里仁》）问题只在人有没有这种克己精神。克己精神就是勇敢。王阳明说：“破山中之贼易，破心

中之贼难。”克己并非易事，须有勇敢，始底于成，孔子故说：“仁者必有勇。”（《宪问》）

⑤**行为**　行为有积极与消极之分。从积极言，仁者的行为，如：

> 子张问仁于孔子，孔子曰：“能行五者于天下，为仁矣。”“请问之、”曰：“恭宽信敏惠。恭则不侮，宽则得众，信则人任焉，敏则有功，惠则足以使人。”（《阳货》）

从消极言仁者的行为，即颜回所说“约我以礼”，凡事以礼为准则，“非礼勿视，非礼勿听，非礼勿言，非礼勿动”（《颜渊》）。

⑥**待人**　“樊迟问仁，子曰：“爱人。”（《颜渊》）人既爱人，自然处处为人着想，要人得利，不单为己打算。孔子故说：

> “夫仁者，己欲立而立人，己欲达而达人；能近取譬，可谓仁之方也矣。”（《雍也》）

仁者待人之道，就在善能推己及人，“我不欲人之加诸我也，吾亦欲无加诸人”。

以上六项，皆言仁相，显出仁之不能拘执，所以“微子去之，箕子为之奴，比干谏而死”，三人所显仁相不一，而“孔子曰：殷有三仁焉”（《微子》）。子路和子贡皆怀疑管仲人格，以“桓公杀公子纠，召忽死之，管仲不死，又相之”，是似不仁？孔子却又本乎他的功业，称赞他说：“如其仁！如其仁！”（《宪问》）

3. 仁之用

仁的作用有二，即主观的与客观的。所谓主观的作用，可说是伦理的，关于本人的修养；如克己复礼，爱人敬事，无一非为求仁，以完成其内生活。是故孔门弟子莫不以此为学，结果“回也，其心三月不违仁，馀则日月至焉而已矣”（《雍也》）。虽高明如仲弓、子路、冉求、公西华，贤达如令尹子文、陈文子，孔子皆不许其为仁，可见求仁之难！只因它这么难求，曾子故说：

> “士不可以不弘毅，任重而道远。——仁以为己任，不亦重乎？死而后已，不亦远乎？”（《泰伯》）

人必下大决心，方足行仁。求仁行仁的人，是以仁为目的，为职责；假使职责已尽，目的已达，内生活业经完成，自可不顾其他一切，所谓“仁者安仁”（《里仁》）。正如

> 子贡曰：“伯夷叔齐，何人也？”子曰：“古之贤人也。”“怨乎？”曰：“求仁而得仁，又何怨？”（《述而》）

所谓客观的作用，是政治的，又是伦理的，关于外界的交接。如孔子说：

> “如有王者，必世而后仁。”（《子路》）

这是仁的政治作用，王者施行仁政的效验；是故孟子后来力劝当代诸侯施行仁政，惟仁者足以王天下。假使仁者不得其位，对于外界仁的作用并不失去；如敬人，恕人，爱人，立人，达人，固皆仁者的社会道德。

四　人格的标准

据《论语》，人们可取的人格有四，即圣人，君子，善人，和有恒者。这四种人格，一级较高于一级。孔子曾论其等第说：

> “圣人，吾不得而见之矣，得见君子者，斯可矣；善人，吾不得而见之矣，得见有恒者，斯可矣。”（《述而》）

按这四级，又可分为二等；圣人与君子是高等，兼学、行、言，为士子所企及的人格；善人和有恒者是次等，是以质言，为平民所应具的品德。

（甲）高等的人格

圣人与君子，不但要有德性，而且要有学识，是故决非普通人所能修到；惟志于道的士子，所学者即圣人，即君子，此孔子所以曾勉子夏为“君子儒”。圣人与君子怎么样？

1. 圣人

圣人为人格的尤最级，极其难得，孔子深叹未之曾见；当时有人以此拟议孔子，孔子也不敢自承。或以其人格过于高尚，孔子故少勉门人以圣，而仅以君子示范，此《论语》对于圣人讲究所以稍略。虽然，我们据孔子答子贡问博施济众之“不但为仁”，断为“必也圣乎”，可见圣之所以为圣，无所不造其极。是故

> 大宰问于子贡曰：“夫子圣者与？何其多能也！”（《子罕》）

按吴大宰嚭这问，显以孔子多才多艺为圣者，偏于能的方面说话，对于圣人人格的认识不全。子贡故加以纠正说：

> “固天纵之将圣；又多能也。”

圣人不单多能，多能乃圣人的兼有事；他在一切德业上，皆不可限量，所以说是“天纵”。正如《五仪解》说：

> 所谓圣人者，德合于天地，变通无方；穷万事之终始，协庶品之自然，明并日月，化行若神，下民不知其德，睹者不识其邻。

荀子也有类似的话说：

> 所谓大圣者，知通乎大道，应变而不穷，辨乎万物之情性者也。——大道者，所以变化遂成万物也；情性者，所以理然不取舍也。是故其事，大辨乎天地，明察乎日月，总要万物于风雨，缪缪肫肫，其事不可循；若天之嗣，其事不可识；百姓浅然，不识其邻。

2. 君子

“君子”，原为我国古代贵族阶级的通称，如《诗经》中“君子至止”，“君子来朝”等句，皆指诸侯而言；周末不但诸侯称此，卿大夫等均同，如《论语·泰伯篇》曾子临终对孟敬子言，即以“君子”代名在位执政掌权者。因为这种名号已随封建制度而渐次破坏，浸假而由分别社会阶级的称谓，又变为分别个人品格的称谓；在《论语》中，除有三数点以“君子”指有位者外，大都系指才德兼具之士，所以这里所谓君子，已非古之所谓君子了。

《论语》所谓君子者何如？按《论语》全卷讲君子处，约八十次，可总归为以下几层说明：

(1) 君子的名义

甚么叫作“君子”？孔子说：

> “质胜文则野，文胜质则史；文质彬彬，然后君子。”（《雍也》）

人们最易偏向，不是重彼轻此，就是重此轻彼；惟君子深有得于中庸之道者则不然，轻重莫不适宜。是以为文为质，既不使过，又非不及；文足以副其质，质足以实其文，两不相胜。人若徒然质胜，如“由也喭”，任意率真而不知周旋之度，径情直遂而不知风雅之遗；或若徒然文胜，如“师也辟”，专事繁缛而朴诚之不足，习熟仪节而实意之多疏；皆非君子之道，皆为孔子所不取。虽然君子固要文质适中，惟不得已，人生与其文胜质而史，不如质胜文而野；因为“质之胜文，犹之甘可以受和，白可以受采也。文胜而至于灭质，则其本亡矣，虽有文，将安施乎？然则与其史也宁野。”（《集注》）是故孔子曾经发出以下补救时弊的话说：

> “先进于礼乐，野人也；后进于礼乐，君子也。如用之，则吾从先进。”（《先进》）

周代本以文名，孔子所谓“周监于二代，郁郁乎文哉”者是。然而那种文制，仍是从夏商之质，二者相得益彰，孔子故说“吾从周”（《八佾》）。及其末世，喜其繁文以为有度，习其缛节以为有章，反视先进于礼乐者为简陋，为俚鄙，虽以君子自居，而实乖其义甚。孔子故在此又说吾宁从先进野人之用礼乐，而不愿从时下君子者流，以文胜不如质胜之为得。虽然质胜较善于文胜，然而我们若以孔子完全赞同人为野人，那就大谬不然；当代固有一班人嫉俗崇尚虚文、徒务外仪，乃提倡还真返朴，主张废弃一切文饰，可是那是老子学说而非孔子本意。所以，

> 棘子成曰：“君子质而已矣，何以文为？”子贡曰：“惜乎夫子之说君子也！驷不及舌。文犹质也，质犹文也；虎豹之鞟，犹犬羊之鞟。”（《颜渊》）

棘子成欲仅以真诚之心，行简朴之事，抹煞一切文采价值，正如老子一样，未免矫枉过正，子贡故以其出言失当为可惜！文虽不及质的可贵，然而除掉文，无由显其质的真实价值何如，好像犬羊与虎豹之鞟，徒以毛去而难分轩轾。是社会上的诸般文物制度，怎可废弃掉？质固君子所宜崇尚，文也是君子所不可忽。然则质是甚么？《卫灵公篇》有言：

“君子义以为质；礼以行之，孙以出之，信以成之，君子哉！”

可见“质”是概括一切德性而言。人若没有道德，怎能算为君子？是故“君子去仁，恶乎成名？君子无终食之间违仁；造次必于是，颠沛必于是”。他又不单这么专务道德而已，还注重文。文是甚么？《公冶长篇》载：

子贡问曰：“孔文子何以谓之文也？”子曰：“敏而好学，不耻下问，是以谓之文也。”

据此可知，“文”是直指学问而言。学问是对于客观事物的探究，为君子致知的功夫；通达诸般文物制度，以养成一种斯文性格和礼貌，皆属学问上事。君子要在非徒有此学问，乃在以此涵养其德性，培植其品格，《大学》所谓格物致知以诚意正心，而使其身修者是。孔子故说：

“君子博学于文，约之以礼，亦可以弗畔矣夫。”（《雍也》）

君子博学是为约礼，子夏所谓“君子学以致其道”（《子张》）者是；假使“博学于文”而不“约之以礼”，就必蹈文胜质的弊，求其不背于道也难。惟君子既对诸般文物制度考究精博，又约而归诸身，循谨合法，已是知行并进，虽不及圣人那么与道合体，究竟也已至于道了。是即君子之所以为君子。

(2) 君子的修养

上条已经论过君子是个“文质彬彬”的人。可是要追问一句，人怎样能得到这地步？这不是生成如是，纯系修养得来。那么，为君子者是怎样修养？在《学而篇》有一段论到君子修养的话说：

“君子食无求饱，居无求安；敏于事而慎于言，就有道而正焉，可谓好学也已。”

不求安饱，于以见其志之笃；敏而且慎，于以见其行之力；就正有道，于以见其学之诚。“好学近乎智，力行近乎仁，知耻近乎勇。”知斯三者，则知所以修身。据孔子说：

“君子道者三……仁者不忧，智者不惑，勇者不惧。”（《宪问》）

为君子者，既然这么修养，笃志力行而好学，深合于君子的智仁勇三道，则其得成功为一君子，自在意中。我们不妨将君子这三种修养，分别一说：

A. 笃志

君子的志，不在饱暖，不求安逸，是因另有所向，较之安饱更有意义，更有价值。就如孔子的话：

“君子谋道不谋食。耕也，馁在其中矣；学也，禄在其中矣。君子忧道不忧贫。”（《卫灵公》）

君子所志在道，以道为高，自不会以求饱求安为事。孔子说过：“朝闻道，夕死可矣。”（《里仁》）道且胜如生命，那样，在志于道的君子看来，食何足谋？贫何足忧？孔子自道：

“饭蔬食饮水，曲肱而枕之，乐亦在其中矣；不义而富且贵，于我如浮云。”（《述而》）

他的高足颜回也是一样，所以他称赞他说：

“贤哉回也！一箪食，一瓢饮，在陋巷，人不堪其忧，回也不改其乐。贤哉回也！”（《雍也》）

孔、颜虽然贫穷，而仍有乐，是其得道之据；乐是乐道，即千古来儒者所追寻的“孔颜乐处”。至于志道不笃的人，处在他们那种境遇，岂能免于忧而不急谋解决呢？以子路之贤而从学孔子有年，当孔子在陈绝粮，从者病，莫能兴，还不免中心忿怨而问孔子说：“君子亦有穷乎？”孔子答覆他说：“君子固穷，小人穷斯滥矣。”（《卫灵公》）我们不晓得子路闻言之下，当是怎样惭愧！这正证明他志道不笃，致遇穷而不能作安于穷的君子。君子难保一生没有穷困，惟其处穷而乐，不像小人遇穷则放荡于礼法之外，而无所不至。这是君子和小人最大的分歧点。小人“以食为天”，难怪鸡鸣而起，孳孳为利，以求其生活问题的得解决；至于君子惟道是务，则凡“道义所在，君子蹈之如饥之必食，如渴之必饮，不可改也”（张南轩语）。所以孔子曾说：

“君子之于天下也，无适也，无莫也，义之与比。”（《里仁》）

又说：

“君子喻于义，小人喻于利。”（《里仁》）

“喻”是说人有此知识，有此见解。人为甚么单有这种见识呢？要在他们各人的志趣不同。志于利者，则处处所见到的是利禄，所知道的是利禄；志于道者，时时所见到的是道义，所知道的是道义。所以“君子食无求饱，居无求安”，是因笃志于道，而极自然的不以那些为念，并非矫揉造作；正同于小人惟利是图那么一样，不假造作而然。因为君子若还顾及食恐不饱，而居或不安上去，还能盼望有何长进？有何成就？所谓“士志于道而耻恶衣恶食者，未足与议也”（《里仁》）；所谓“士而怀居，不足以为士矣”（《宪问》）；意即在此。君子故以笃志为其修德进学，以成其为君子的第一步；即如孔子能够到从心所欲而不踰矩，当基于他十五岁时立志诚笃，而后自甘淡泊的缘故。

B. 力行

君子不单笃志于道，而且力行其道。事易至不足，则敏焉竭蹶以图，不敢有一念的怠惰；言易至有余，必慎之谨凛以出，不敢有一语的纵恣。这么“庸德之行，庸言之谨，有所不足，不敢不勉，有余不敢尽；言顾行，行顾言。君子胡不慥慥尔！”（《中庸》卷一第十三章）从此看来，人成功为一慥慥笃实的君子，又是由他“敏于事而慎于言”那么力行修养所致。“敏于事”是积极的创造行为，“慎于言”是消极的保守品德；两者相辅而成，有一不当，不足以显其行之力。其行不力，就是怠于体认；怠于体认的人，又可反证他志不笃。不以安饱为念的志道者，事必敏，言必慎，这是自然一贯的事；他愈敏勉谨慎的体认其理，愈使其志笃实坚定，进行不懈。所以，

> 子贡问君子，子曰：“先行其言，而后从之。”（《为政》）

君子行于未言之前，则其行专而力，是敏于事；言于既行之后，则其言实而信，是慎于言。他为甚么这样“敏于事而慎于言”呢？原来，

> “古者言之不出，耻躬之不逮也。”（《里仁》）

君子具有古风，“耻其言而过其行”（《宪问》），是以“欲讷于言而敏于行”（《里仁》）。“故君子名之必可言也，言之必可行也；君子于其言，无所苟而已矣。”（《子路》）他所言的，就是他所行的；他所行的，就是他所言的。因为他是这么敏勉，又是这么谨慎，宜乎君子言行未有不相顾者。至于普通的人，“其言之不怍，则为之也难”（《宪问》）；那是事情还没有做起，“法螺”已吹得震天价响。孔子故恶佞者！为此，我们若仅凭言貌取人，极不可靠。孔子有言：

> “论笃是与，君子者乎？色庄者乎？”（《先进》）

言貌不足凭以辨别君子人品，于此可见。从前孔子也曾有过这种错觉，如他自述其经验说：

> “始吾于人也，听其言而信其行；今吾于人也，听其言而观其行。于予与改是。”（《公冶长》）

宰予在孔门中是一位辩士，和子贡同有能言名；然而他虽能说会道，可是志气昏惰，如不可雕的朽木，不可圬的粪土，无所取材，致令孔子一变向来对人的观察法，不再以言取人，而以能否力行为断。力行然后见君子。

C. 好学

君子笃于志，验于行，使其道深切著明；惟所志合不合，所行对不对，他还怕不自知，或知之有不善，乃“就有道而正焉”。君子的谦虚为怀，勤恳用功，有如是者！“可谓好学也矣！”惟其好学，缺欠得以补足，差谬得以更正，道德学问自会日新月异，他何得不成为文质彬彬的君子咧？至于平常的人，“亡而为有，虚而为盈，约而为泰”（《述而》），怎么愿学？更不能说到好学了。这种人才本极难得，不但普通社会为然，连当日孔门中也不多。如

> 哀公问弟子孰为好学，孔子对曰：“有颜回者好学，不迁怒，不贰过。不幸短命死矣！今也则亡。——未闻好学者也。”（《雍也》）

“或曰：‘《诗》《书》六艺，七十子非不习而通也，而夫子独称颜子为好学，颜子之所好，是何学与？’程子曰：‘学以至乎圣人之道也。……若颜子之非礼勿视……听……言……动，不迁怒贰过者，则其好之笃，而学之得其道也。……今人乃谓圣本生

知，非学可至；而所以为学者，不过记诵文辞之间，其亦异乎颜子之学矣。'" 看了这段注解，足明记诵文辞，游玩艺术，颜子无何异于七十子之徒；惟其不迁不贰，乃其好学的符验，为他同学所不及，此其所以独得“好学”之称。后来曾子也有同感说：

> “以能问于不能，以多问于寡，有若无，实若虚，犯而不校；昔者，吾友尝从事于斯矣！”（《泰伯》）

《集注》马氏以这话是指颜渊，据上所引孔子答哀公问，论及颜子的话，可证马氏断语不错；因为孔门中，除颜子外，无第三人有此资格。在这里，不单可看到颜子好学的情形，更可看到他所以好学的原因；因为他虽多能实有，自视却是虚无，反乎常人“亡而为有，虚而为盈，约而为泰”的心理与习尚，他故敏而好学，不耻下问。此颜子之所以为亚圣，并藉以叫我们愈知君子好学之谓何。

上列笃志、力行和好学三项修养，是关于君子成功法；下文我们对于君子整个人格，尚须加以详细剖视。

(3) 君子的思想

孔子说：

> “君子有九思：视思明，听思聪，色思温，貌思恭，言思忠，事思敬，疑思问，忿思难，见得思义。”（《季氏》）

(4) 君子的气节

曾子说：

> “可以托六尺之孤，可以寄百里之命，临大节而不可夺也。君子人与？君子人也！”（《泰伯》）

(5) 君子的情态

君子的情态，可用“乐而不淫”这一句话包括；这一句话是说明君子情态的两面，一是快乐，一是虔诚。

A. 快乐

君子无入而不自得，不论生活是否顺适，环境有无变迁，他的心情总不改常；因其不为物欲所蔽，不以名利为役，仰不愧于天，俯不怍于人，所以他的快乐是没有甚么夺得去的。故孔子说：

“君子坦荡荡，小人长戚戚。”（《述而》）

小人遇事，患得患失，多怨多尤，快乐从何而来？此其一生所以长是戚戚不已，和君子平安宽舒的生活情态正成对照。因而，

“司马牛问君子，子曰：‘君子不忧不惧。’曰：‘不忧不惧斯谓之君子矣乎？’子曰：‘内省不疚，夫何忧何惧？’”（《颜渊》）

据司马牛意思，人而不忧不惧，似颇平易，君子为一有高尚人格的人，怎么仅有这种平易的情态就足以为君子？讵知不忧不惧，是仁者勇者的事，乃君子的三道。假使仁勇不足，内省有亏，忧惧在所不免，那还怎能有资格为君子呢？在《荀子》中也有一段记载，可资互相发明，录之于下：

子路问于孔子曰：“君子亦有忧乎？”孔子曰：“君子其未得也，则乐其意；既已得之，又乐其治；是以有终身之乐，无一日之忧。”

B. 虔诚

乐易流于放荡；可是君子虽然终身快乐，并无放荡之弊。何解呢？君子原来一面快乐，一面又很虔诚；虔诚足以免除快乐流弊，而保其快乐长存，可说君子快乐不在虔诚之外。君子的虔诚

情态，显于三戒、三畏上。

何谓三戒？

> “君子有三戒：少之时，血气未定，戒之在色；及其壮也，血气方刚，戒之在色；及其老也，血气既衰，戒之在得。”（《季氏》）

何谓三畏？

> “君子有三畏：畏天命，畏大人，畏圣人之言。小人不知天命而不畏也，狎大人，侮圣人之言。”（《季氏》）

试想君子一生都是戒慎，敬畏，何致于放荡呢？三戒，是本于自身的生理作用；三畏，是基于客观的道德价值。无论内外情形，皆使君子不能不采取虔诚的生活情态。

（6）君子的仪表

君子的仪表是威严，是庄重，令人见而肃然起敬；不过决不盛气陵人，使人畏惧。所以说：

> “君子正其衣冠，尊其瞻视，俨然人望而畏之。斯不亦威而不猛乎？”（《尧曰》）

“威而不猛”，足显君子庄严的是表面，实则内里德性充盈，和善易与。子夏故说：

> “君子有三变：望之俨然，即之也温，听其言也厉。”（《子张》）

所谓“三变”，并非说君子有几种变相，实际上君子但率其常而未尝有变，不过自人望之、即之、听之，则觉其有异；又非人望之、听之、即之的时候，忽幻为俨、为温、为厉，君子本俨而温，温而厉，具备这种全德而著为仪表。所以，

“君子所贵乎道者三：动容貌，斯远暴慢矣；正颜色，斯近信矣；出辞气，斯远鄙倍矣。”（《泰伯》）

(7) 君子的才具

君子博学，应该有才有艺，不过不以一才一艺见长。所以说：

“君子不器。”

器虽有用，可是它只能有某项专门作用，或迁其地不能为美，或易其事未必适宜。惟君子德艺双绝，才学兼优，像孔子为委吏而料量平，为乘田而畜蕃息，以之摄行相事则国治民安；大用大效，小用小效。君子岂局于器之为用呢？然而人得成为这种全材，谈何容易！以子贡闻一知二的干才，孔子但许其为瑚琏，而不能说“不器”；夏琏商瑚①，饰以金玉，盛以黍稷，承祭礼于宗庙，虽算贵重华美，究竟为用有限。所以君子虽然博学，而不拘于小技，他并非对于百工百艺都会；莫说那在事实上万不可能，即使能够做到，其为用也有限量得很，仍不足算为不器的君子。因而吴大宰赞美孔子多能，孔子听了却说：

“大宰知我乎？吾少也贱，故多能鄙事。君子多乎哉？不多也。”（《子罕》）

君子不在多能鄙事，以其为学自有大道之精，本原之地，何暇为琐屑之务？为此，樊迟请学稼圃，孔子拒绝教授，并斥其为小人。何解这些琐屑鄙事，君子不以为务呢？子夏说：

“虽小道，必有可观者焉；致远恐泥，是以君子不为

---

① 《集注》“夏曰瑚，商曰琏”，朝名错置，据《礼·明堂位》，琏是夏器名，瑚是商器名。

也。”（《子张》）

君子不学小道，并非将它的价值抹煞掉，它自有它的价值在；徒以“百家众技皆有所长，时有所用，然一偏一曲之士，譬如耳目口鼻，皆有所明而不能相通也”（《庄子·天下篇》）。这样，为君子者，岂肯忽大而图小，以一技一艺累其生呢？故孔子说：

“君子不可小知，而可大受也；小人不可大受，而可小知也。”（《卫灵公》）

君子对于小事，或还不及小人那么理会得来；不过若和君子讲到大道，担负大任，则自优为，而非小人所可得以相提并论了。

（8）君子的自治

君子很讲究克己工夫，不容自身稍有非礼越分的言语举止；他故能够“不失足于人，不失色于人，不失口于人”（《礼记·表记篇》）。那么，君子就完全没有差错了么？那很难说；因为君子对于人，或可周旋得体，终难保其心时时不离于仁。如孔子说：

“君子而不仁者有矣夫；未有小人而仁者也。”（《宪问》）

颜子大贤，其心也不过三月不违于仁，余则日月至焉而已，可见人要完全之难！君子固也有时不免不仁而生过失，不过他能急起直追，痛切悔改，具有自治的勇敢，使其过失日渐减少，仁德日益增进。子贡故说：

“君子之过也，如日月之食焉。过也，人皆见之；更也，人皆仰之。”（《子张》）

“过而不改，是谓过矣”（《卫灵公》）；“过而能改，善莫大焉”（《易·文言》）。“君子以见善则迁，有过则改”（《易·益卦》)；惟“小人之过也，必文”(《子张》)。文过则过愈重，孔子故谓君子“过则勿惮改”(《学而》)。在自治上，君子和小人是这样大异其趣，所以，

“君子上达，小人下达。”(《宪问》)

何解人生必是这样勇于自治，以求上达呢？殆因人生稍有不慎，则足以玷生平，俗谓“一失足成千古恨”。人生岂可怠于克己呢？例如，

“纣之不善，不如是之甚也；是以君子恶居下流，天下之恶皆归焉。”(《子张》)

“下流”乃小人不能自治而下达的结果；人居下流而众恶归于其身，不但人这么皈之于他，他自身已因习于恶而失自治能力，放辟邪侈，无所不为，欲天下之恶不皈聚于其身不得。人不勇于自治的弊害如此！

(9) 君子的处世

君子的处世态度，有从其自身人格出发，有以环境关系而然者。我们当从这两方面加以观察。

A. 据本然人格言

君子处世为人，可说是不越分，不好名，不争执，不结党，不骄傲。

①**不越分**　君子处世，惟求尽其本分当然的事，不敢作非分想，不敢胡行妄为。如孔子说：

“不在其位，不谋其政。”(《泰伯》)

“谋”字旧解作“筹计”；我看应作“营谋”讲，和“君子谋道不谋食”的“谋”字同义。曾子故曾就孔子这句话，引用《易·艮卦》大象《传辞》申述其意义说：

“君子思不出其位。”（《宪问》）

在职位以外的政权，君子不去营求，单是安分守己，脚踏实地的将其事做得尽美尽善，等另外到了一个甚么地步，再说甚么话。子思子讲得好：

“君子素其位而行，不愿乎其外。素富贵，行乎富贵；素贫贱，行乎贫贱；素夷狄，行乎夷狄；素患难，行乎患难。君子无入而不自得焉。在上位不陵下，在下位不援上；正己而不求于人，则无怨。——上不怨天，下不尤人。”（《中庸》卷一第十四章）

②**不好名**　人生“不患无位，患所以立”（《里仁》），君子故惟讲求实学。我有学问德能，别人晓得不晓得，佩服不佩服，那有何妨？此孔子所以说：

“君子病无能焉；不病人之不己知也。”（《卫灵公》）

君子学以为己，虚名何与？是故达巷党人赞叹孔子博学而无所成名，实属不知孔子。只是三代以下，谁不好名？君子独能不好，此其清高可贵！《论语》开宗明义第一章，说学既时习，有得于心，并足以孚同类，使朋远道来从，未必即可在社会上得一地位，受人尊崇；假使因而心怀不平，愤嫉时俗，是仍以学作沽名钓誉的工具。不过，

“人不知而不愠，不亦君子乎？”（《学而》）

虽然君子不好名，能不以人不知其实学为怪。“实至名皈”，难道君子也不动于中么？所以君子不好名者，是虚名。至于副实之名，又何尝不好呢？孔子故又有话说：

“君子疾没世而名不称焉。”（《卫灵公》）

人生“名之所在，利亦随之”，此常人所以汲汲欲成名于当世。君子为甚么又反常，不以人生当世之名为意，而以没世之名不称为疾？这是因为人生当面讨好者多，所以当世之名，或不免于虚誉，或不免于阿谀，未必真有其里。至于死后，人既无求于我，我也无欲于人，那时人还不期然而自然的称其名，是必实有其事，方足以得。正如齐景公有马千驷，在生何尝不享盛名呢？及其离世而去，名也随而湮没，无足称述；至如伯夷、叔齐，做一对饿死鬼，后世居然景仰不置。则君子疾没世而名不称，岂非正理？况君子既疾没世无名，则其在生，必努力为善以求其实可知。

③**不争执** 君子自治既严，已忘物我之见，已释竞躁之情，遇事“躬自厚而薄责于人”（《卫灵公》），“求诸己而不求于人”（《卫灵公》），那么存心忠厚，何得与人有争？是故孔子敢于肯定：

> “君子无所争。必也射乎？揖让而升，下而饮，其争也君子。”（《八佾》）

君子处世本来不争，惟在礼上争个高低，争个是非；像行射礼一般，处在必争之地，行那必争之事，还是雍容揖逊，足见君子处世不争的盛德。

④**不结党** 君子为人和善，绝无乖戾之心，是以很能合群；不过合群并非欲人从己，也不曲以徇人，遇何违礼伤德的事，决不阿附。是故孔子说：

> “君子和而不同；小人同而不和。”（《子路》）

“不同”，就是君子不党同以伐异的表示；以君子与人和好，原无结党营私意。所以又说：

> “君子矜而不争；群而不党。”（《卫灵公》）

君子不党，是表其存心大公；合群，是表其用情普遍。惟其用情普遍，而存心又大公无私，所以又说：

“君子周而不比；小人比而不周。”（《为政》）

像君子这样处世为人，他能合群而得众，似乎不成问题。不过，他既“不同”，“不党”，“不比”，岂不获罪见怪于人？那些与君子能和、能群而为其所容者，无非也是君子之流。君子与君子以道义相结合，何党之有？至于那些“比”而从“同”的小人，又当然欲党于君子不得。在这点上，君子和小人于社会间自然对立；为此，君子虽然不党，不过情势使人不能不觉得这一群和那一群有异。据人生社会的实际经验讲，人生决难讨好于全民众，也不致成众矢之的那么孤独；所谓“德不孤，必有邻”（《里仁》）。善德固然有邻，恶德也是一样。所以，

子贡问曰：“乡人皆好之，何如？”子曰：“未可也。”“乡人皆恶之，何如？”子曰：“未可也。不如乡人之善者，好之；其不善者，恶之。”（《子路》）

又说：

“众好之，必察焉；众恶之，必察焉。”（《卫灵公》）

众好之，也许那人是“乡愿”；众恶之，也许那人是特立独行，所以宜察。宋玉的曲高和寡（《楚辞》），孟子与匡章友善（《孟子》），耐人寻味。

⑤**不骄傲** 君子和而不同，当是君子操守正而固；操守正而固者，往往易流于刚愎自是，君子却无这种流弊。如孔子说：

“君子贞而不谅。”（《卫灵公》）

贞是操守正，不谅即不刚愎；惟其如此，所以君子处世，毫

无骄傲慢人之态，所谓：

> “君子泰而不骄；小人骄而不泰。”（《子路》）

何谓“泰而不骄”？

> “君子无众寡，无大小，无敢慢。斯不亦泰而不骄乎？”（《尧曰》）

B. 据环境关系言

我们已从君子本身人格上，看到他的处世态度，不好名与不骄傲；至从环境关系说，他的态度是无所拘牵。最好拿蘧伯玉为代表来说明。孔子曾赞美他说：

> “君子哉蘧伯玉！邦有道，则仕；邦无道，则可卷而怀之。”（《卫灵公》）

君子处世，可以仕则仕，可以止则止，初无所容于心。因为君子修己的目的，原为“修己以安人，修己以安百姓”（《宪问》），当然非取得政治地位不行。不过“君子之仕也，行其义也”（《微子》）；倘不足以行义，则君子决不尸位素餐，同流合污，以枉其道，此蘧伯玉所以不闻卫侯衎出入而行（见《左传》）。孔子所说：

> “笃信好学，守死善道。危邦不入，乱邦不居；天下有道则见，无道则隐。邦有道，贫且贱焉，耻也；邦无道，富且贵焉，耻也。”（《泰伯》）

这可说是孔子处世态度的自白，正也是他心目中的君子样范。

(10) 君子的待人

君子待人，常以敬爱为主。

A. 爱人

“君子学道则爱人”（《阳货》）；孔子告诉过樊迟，爱人就是仁。“君子去仁，恶乎成名”；爱人是君子当然的事。不过，君子爱人以德，不是姑息。所以，

“君子成人之美，不成人之恶。小人反是。”（《颜渊》）

君子对于恶人，不但不成其恶，而且对于恶人恶事，深恶痛绝！如

子贡曰：“君子亦有恶乎？”子曰：“有恶。恶居下流而讪上者，恶勇而无礼者，恶果敢而窒者。”（《阳货》）

君子虽然恶恶人的那种恶行，是恶其恶而不侮辱别人人格。《子张》故说：

“君子尊贤而容众，嘉善而矜不能。”（《子张》）

贤固为其所尊，善固为其所嘉，对于俗众不能者，他也“容”而“矜”之；可见他恶恶是为欲人除恶，实非有何嫌怨。所以，任人怎样的坏，苟有片长足取，决不轻忽其价值。所谓：

“君子不以言举人，不以人废言。”（《卫灵公》）

小人的一句好话，尚且为君子所重视，何况其他？足见君子善与人同，和爱人以德之至意。

B. 敬人

君子对于各等各样的人，莫不恭敬有礼。“无众寡，无大小，无敢慢。”慢是小人的恶性，敬是君子的特色。所以，

子路问君子，子曰：“修己以敬。”（《宪问》）

君子平常以敬自修，念念如是，事事如是，待人自然而不期然的敬而无失，何致以人数的众寡和地位的大小而易其操。因而

君子和各等各样的人相处，无不如兄如弟。如子夏说：

"君子敬而无失，与人恭而有礼，四海之内，皆兄弟也。"（《颜渊》）

（乙）次等的人格

孔子既不敢以圣自居，虽君子也以为不如。一则说：

"文莫吾犹人也，躬行君子，则吾未之有得。"（《述而》）

再则说：

"君子道者三，我无能焉，……"子贡曰："夫子自道也。"（《宪问》）

孔子已否成圣？已否成为君子？那是另一问题；不过由孔子的这种言态看，足证圣人和君子人格的高尚，普通人欲得到这地步不易。上者难得，则求其次，即善人和有恒者。善人和有恒者怎样？

1. 善人

甚么人叫作善人？《先进篇》记：

子张问"善人之道"，子曰："不践迹，亦不入于室。"（《先进》）

善人在行事为人上，消极方面，不必定要规矩范围，礼法约束，他本其良知良能而自然行的合符道德；至于普通一班人则不然，如果没有人监督，如果不是怕制裁，就常放荡不羁，至其居心，更难究诘。惟善人为善纯系天真的行为，固较普通一般已失去天真而但循途守辙的人为高，究竟对于善不能发扬光大，是故说他"不践迹，亦不入于善人之室"。"不入于室"何解？这是指一种进德的阶段。从前孔子指着子路说：

“由也升堂矣，未入于室也。”（《先进》）

《集注》：“升堂、入室，喻入道之次第；言子路之学，已造乎正大高明之域（影射“堂”字），特未深入精微之奥耳。”这就是说，子路虽没有进入圣的阶段，可是他还有强过门外汉处。那么，子路的人格究竟怎么样？据《子路篇·卫君章》孔子说的“野哉由也”一语上，显出子路是个质胜文的人；子路所以不单不是圣者，并且不是文质彬彬的君子，他可说是一个上等的善人，他处处以质胜。

善人人格低于圣人和君子，推究其功能，也是不及圣人远甚。例如论到善人的功能，说：

“善人教民七年，亦可以即戎矣。”（《子路》）

“善人为邦百年，亦可以胜残去杀矣。”（《子路》）

至于圣人执政，孔子说：

“如有王者，必世而后仁。”（《子路》）

《说文》：“三十年为一世。”受命而兴的圣人，足使天下翕然同皈于仁，较善人治国百年之久，不过即戎御侮，明识大义，胜残去杀，拘礼守法而已，功能显然大大不同。

2. 有恒者

人生任作何事，没有恒心不能成功。所以孔子说：

“南人有言曰：‘人而无恒，不可以作巫医。’善夫！‘不恒其德，或承之羞。’（引《易·恒卦》九三爻辞）子曰：“不占而已矣。”（《子路》）

巫所以交鬼神，没有恒心，则诚不聚而神不享；医所以治死生，没有恒心，则术不精而医不效。这两样事是如此，推而至于一切，当无不然。恒心关系人生如此其大！既然这样，人为甚么没有恒心呢？孔子说：

> “亡而为有，虚而为盈，约而为泰，难乎有恒矣。”（《述而》）

《蒙引》谓“有恒者非他，有为有，亡为亡，虚为虚，盈为盈，约为约，泰为泰。如是质实无伪，所以为有恒”。今若以亡为有，以虚为盈，以约为泰，那么浮夸，伪饰，张大，怎能望其有恒呢？此人生所宜切戒。

第二篇　《论语》的性命观

性命说，在儒家哲学中是个极重要的问题；后世儒家讨论集中在这一点，有孟、荀和宋代诸子，纷纷其说。惟孔子本人，据《子罕篇》，他少有说到这，子贡故曾有言：

“夫子之文章，可得而闻也；夫子之言性与天道，不可得而闻也。”（《公冶长》）

孔子是个讲究实行的人，对于形而上学的问题略而不谈，自在意中；虽然，为事实的关系，他也并非绝对不说，所以《论语》还有一些关于这一类的零星记载。

一　性　论

《论语》论性，单《阳货篇》有几句：

“性相近也，习相远也。”

“性相近”是甚么意思？“习相远”是甚么意思？孔子皆未明言，因而后此异说纷起；在孟、荀那种性善、性恶的绝对说未兴起前，即有几种思想。

（甲）世子说

有的孔门弟子，以为性有善有恶，性近于善者，如习于恶，则日远于善而会成恶性；近于恶者，如习于善，则日远于恶而会成善。倡之者，为周人世硕。据王充《论衡·本性篇》说：

> 周人世硕，以为人性有善有恶。举人之善性养而致之，则善长；性恶，养而致之，则恶长。如此，性各有阴阳善恶，在所养焉。故世子作《养性书》一篇。宓子贱、漆雕开、公孙尼子之徒，亦论情性，与世子相出入，皆言性有善有恶。

世硕，据《汉书·艺文志》，为孔子再传弟子，而非直接门生；惟宓子贱、漆雕开与公孙尼子，皆孔子亲授学徒，所著书概不传，仅有其名。

（乙）告子说

又有告子，年事较孟子为长①，主张“生之谓性”，（《告子上》）仿佛《诗经》“俾尔弥尔性”，《左传》“各保其性”等句的意思一样，性犹生命，人的心思行为，概随其生命自然而然；因为凡有生命之物，自然的有某项需要，就有某项表现。所以他说：

> “食，色，性也。”

食色是自然事，凡关于道德方面的种种，也是一样。这层意思，又如《荀子·正名篇》所谓：

> “生之所以然者，谓之性；……不事而自然谓性。”

性既是生之所以然，根本说不上善恶；好像孔子那句“性相近”的话，并没有指明或善或恶那么有含蓄而概括。告子故对于性的结论是：

---

① 告子较长于孟子，孟子谓“告子先我不动心”可证；所以在《墨子》里，也可看到告子。

“性无善无不善也。”（《告子上》）

后来这说，影响及于东坡、文定、五峰等人。如陈新安说：

苏东坡论性，谓自尧舜以来，至于孔子，不得已而曰“中”，曰“一”，未尝分善恶言也；……胡文定公论性，谓性不可以善言，才说善时，便与恶对，非本然之性矣；……五峰论性云，凡人之生，粹然天地之心，道义全具，无适无莫，不可以善恶辨，不可以是非分。

（丙）两或说

除世子、告子外，和告子同时，又有两种论性的学说，都可作孔子“性近习远”的注脚看。曾从公都子口中道出：

或曰：“性可以为善，可以为不善。是故文武兴，则民好善；幽厉兴，则民好暴。”或曰：“有性善，有性不善。是故以尧为君而有象，以瞽瞍为父而有舜，以纣为乙①之子，且以为君，而有微子启，王子比干。”（《告子上》）

第一或说“性可善可恶”，系于教化的良否，环境的顺逆；他对于性的本质是善是恶，也并不决断其究竟，完全是外界势力的影响。这和世子的说法相似而实异；世子以为性有善有恶，所以他所注重的是养，养属乎自修的作为，期使个性成为某种习惯；这第一或说有善恶的可能，在于外力的诱致，注重的是社会风俗的效果，孔子所谓：“君子之德风，小人之德草，草上之风

① 《孟子章句》原作“以纣为兄之子”，按与史书不符；金吉甫谓“兄”当作“乙”，因纣非微子启和比干的侄儿，系兄弟行，为帝乙所生。其说当从。

必偃。”（《颜渊》）正是这第一或说民之好善好暴，以上兴的人物为转移者，同其用意。

第二或说“有性善，有性不善”，和第一或说正是对立；他看善不善是生理作用，与一切政教习俗无关。例如尧与象为君民，瞍与舜为父子，纣与微子、比干为兄弟而兼王臣，善恶彼此判然，始终不被善感，不受恶化；足见尧之圣，象之凶，舜之孝，瞍之顽，纣之暴，以及微子、比干之仁，皆属生来资质有异。准此以谈，性到底是善还是恶，不能依类言，单可以人分。

上所举甲、乙、丙三说，无不持之有故，言之成理，对于孔子“性近习远”之旨，似皆各有所得。论性本近而所以为远者在个人习惯，则世子主张养性者是；论性原如白纸而始能习染着色者，则告子主张性无善无恶者是；论性可随时势发生变化以致近者远，则第一或说为是；论性近习远是社会相对的生理作用底事，则第二或说为是。这些说法，关乎性的善恶，都是相对的立言，并无绝对的主张。及孟子、荀子出，始有偏于善恶两极端的讲解。唐韩愈觉得两极端太偏，他想调和一下，所以又主性三品说；宋代诸子虽然特别注意性理，然而玄学意味太重，已非纯粹的儒学了。

据我看，孔子并不似后来儒者那么谈玄，未尝涉及性的本质是善是恶等类的问题，他是说到人性彼此本来相近，为甚么彼此在实际上现得出来相距又很远的原因；有的为圣人、为君子，有的为鄙夫、为小人，并非生而迥殊，实是习之有异。正如《四书镜》说：“天下有过乎仁，过乎义，过乎礼与智之人，而断无外此仁，外此义，外此礼与智之人；天下有不及仁，不及义，不及礼与智之人，而断无不可至于仁，至于义，至于礼与智之人。无他，其相近者性也，其相远者习耳。”所以孔子这两句话的着重点，不在本性的资质，是在习染的功能。本性的资质是先天的生理作用，和遗传有关系；习染的功能是后天的改进工作，系于本人所受的教育，所有的学养，所处的环境，及其人生的整个经验。对于这两种作用，孔子并不偏重哪一面，虽然“性近习远”的话是注意习力的转移，可是生性的固定资质也为他所不忽视。他故紧接着说：

“唯上智与下愚不移。”

何谓上智、下愚？据《季氏篇》说：

“生而知之者，上也；学而知之者，次也；困而学之，又其次也；困而不学，民斯为下矣。”

孔子在此将人分为三等，生而知之者，是上智；困而不学者，是下愚；学而知之和困而学之者，是次等人才。人类大概属乎次等人才者多，那种不移的上智与下愚很少。人固曾目孔子为天生圣哲，孔子却说他也是“好古敏以求之者”；颜子闻一知十，子贡闻一知二，都是“学而知之”的次等人。“中人以上，可以语上也；中人以下，不可以语上也。”（《雍也》）那么，孔子“性近习远”的话，是指绝大多数可道以上下的普通人言，或“学而知之”，或“困而学之”，及其成功则一；至于“生而知之”的上智，和“困而不学”的下愚，固定不变，是故以圣善的尧舜君临天下，尚不足以感化其子。此韩子所以说：

性之品有上中下：上焉者，善焉而已矣；中焉者，可道而上下者也；下焉者，恶焉而已矣。

二　论　命

性是人性，命是天命，从来讲命总不离天说话；如《书经》

"有命在天"（《西伯戡黎》），"祈天永命"（《召诰》）等句。《论语》记载孔子论命，自也基于他底天的观念；所谓"天厌"，"天丧"，"天生"，"天知"，都是表明他承认天有意志，有情感，有知识，有公义，有权威，凡天所命定者，具有不可遏阻的势力。例如，

> 公伯寮愬子路于季孙。子服景伯以告曰："夫子固有惑志于公伯寮，吾力犹能肆诸市朝。"子曰："道之将行也与，命也！道之将废也与，命也！公伯寮其如命何？"（《宪问》）

不但道行道废那种大事有命，非人力所能推移阻止；即每一个人的生死寿夭、穷通利达，莫不有天命在。如子夏说：

> "商闻之矣，死生有命，富贵在天。"（《颜渊》）

《注》谓：商闻之，盖闻之夫子，子夏述所闻于孔子者，以劝司马牛不必忧其所不当忧；良以诸事皆有天命，非我所能改易，非我所能强致。忧之何益？不如安常守素之为得。所谓：

> "富而可求也，虽执鞭之士，吾亦为之；如不可求，从吾所好。"（《述而》）

这是孔子极言事有定命，非人所可求得者，他原不伋伋于富贵；人不安命而惟名利是图者，徒然耗费心机，贬损人格而已。是故"赐不受命，而货殖焉"（《先进》），其才虽然足取，究竟未达于道，为孔子所不许。惟"回也，其庶乎！屡空"（《先进》）。颜子生产力虽然不及子贡，常常处境艰穷，可是他知天命而顺受之，孔子所以独称其贤。何解人生当如颜子知命安贫呢？孔子说：

> "不知命，无以为君子也。"（《尧曰》）

人要为一君子，非知命不行。这怎么讲？他说：

“君子有三畏：畏天命……小人不知天命而不畏也。”（《季氏》）

小人不知命而肆无忌惮，那种人格何堪设想？君子知命而戒慎恐惧，庶几不致见害而避，见利而趋，方得中道从容。这样看来，为君子岂可不知命呢？《集注》谢氏说：“富贵可淫，不知命也；使知‘富贵在天’，安得而淫之？威武可屈，不知命也；使知‘死生有命’，安得而屈之？”似此不淫不屈，知命者的人格何等光明正大！难怪孔子饭蔬饮水，曲肱而枕，乐亦在其中；上不怨天，下不尤人，下学而上达。（《宪问》）

知命于人生既有这等妙用，孔子以其为君子所当务也必。只是人要知命，谈何容易！孔子自述“五十而知天命”，足见天命之不易知；他平常少与门人言及，大概即以其难为之言。待后来子思和孟子等，方始阐述颇详；子思主张“居易俟命”，孟子主张修身立命，其说在命理上皆极重要。

附　论性的参考文献

1. 先秦文献

子思《中庸》

《孟子》《告子》、《尽心》二篇

《荀子》《性恶》、《正名》、《劝学》三篇

《庄子·善性篇》

2. 汉代文献

董仲舒《春秋繁露》《深察名号》、《实性》二篇

扬子《法言·修身篇》

班固《白虎通德论·情性篇》

王充《论衡》《率性》、《本性》二篇

3. 魏晋文献

荀悦《杂言》

4. 唐代文献

《韩文公集·原性》，李翱《复性书》，宗密《原人说》

5. 宋代文献

《程子语录》

《朱子语录》

周子《通书·诚几德章》，又《太极图说》

张载《正蒙·诚明篇》

《王荆公集·性情论》

《近思录》“心”、“性”二条

6. 明代文献

《王文成公文集》卷五二

胡广等撰《性理大全》

7. 清代文献

颜习斋《存性篇》

戴东原《孟子字义疏证》

俞樾《宾朋集性说》

孙星衍《原性》

清圣祖撰《性理精义》

附　论性五大派

1. 性善说：代表人物是孟子

2. 性恶说：代表人物是荀子

3. 混沌说：世硕倡性亦善亦恶
4. 中性说：告子主性无善无恶
5. 三叩说：韩愈说性有上中下三等

第三篇 《论语》的教育观

孔子是一位大教育家，这是任何人所肯定的事；他的一生，几乎尽是教育生涯，自就业后，无时无地没有和门人同在，施行教育。《论语》一书，大半就是记载他这种教育学生的话，所以这是一本教育性质的书。它所记的教育怎样？

一 教

《论语》的教育观，和古代的教育制度似乎有点异样。按《礼·王制篇》，命乡简不帅教者，如果移易不变，就必屏之远方，终身不齿；乡学这样，国学也是这样。足见古代有不蒙教化之地，有不屑教诲之民；并且在那些就教的人中，贵族阶级又较特殊，他们都能得优先权益，民间惟少数俊秀可沾其泽而已。至孔子则不然，大倡教育均等主义说：

"有教无类。"（《卫灵公》）

按"类"字，旧注以其指品性的善恶言，我觉得也是指社会阶级，无论甚么样的人，他都愿意加以教育；所以互乡难与言，孔子却与童子见，助其求进步。（《述而》）虽然他很愿意使教育普及，并无类别；可是他不施行现代所说的强迫教育，藉使人民入学；他不过来者不拒，教育那有求学的心志者。所以他说：

"自行束脩以上，吾未尝无诲焉。"（《述而》）

凡自行束脩者，是诚意来领教的表征；贵族可，平民也可，使皆不必进国立大学①而能受到高深教育。这算是古代教育的一大转变，不过这种转变非自孔氏始；孔子本人也是受平民教育者之一，未尝进过大学，致人莫明他的师承。卫大夫公孙朝就有这种疑问："仲尼焉学？"子贡答覆他说："文武之道未坠于地，在人；贤者识其大者，不贤者识其小者。夫子焉不学，而亦何常师之有？"（《子张》）意思是古代学制虽已随衰周而崩坏，学术并未因而消灭，已从少数贵族手中解放出来，到了一班平民手里，是故孔子学无定所，师无专主。虽然古制教育的改变是时势关系，不始于孔，究竟我们不能不承认，孔子是极努力教育平民化的一员；他的门生遍满当日之所谓天下，三千余众，那在当代是一个怎样可惊的学生统计数字！我们可将他的教育分为教旨，教法，教材，提论于此。

（甲）教旨

三代教育，原是一种政治手段，藉以达其政治目的。如《孟子·滕文公上》说：

> 设为庠、序、学、校以教之……皆所以明人伦也；人伦明于上，小民亲于下。

孔子教育虽也不离人伦，虽也有辅于政治，可是他的宗旨，究已和那种贵族式教育有别。贵族式的教育，是在造就一些官

---

① 古代教民，乡有乡教，国有大学。乡教，"夏曰校，殷曰序，周曰庠"。国学，"天子曰辟雍，诸侯曰泮宫"。周代采其制而兼用之，凡乡立庠，凡州立序，凡党立校。大学有五：南为成均，北为上庠，东为东序，西为瞽宗，辟雍乃中央大学之名；东学尚亲而贵仁，西学尚贤而贵德，南学尚齿而贵信，北学尚贵而尊爵，中央大学则承师而问道。

僚，禄蠹；孔子教育则不然，是要造就人，做个有人格的人，致用乃其次。怎样的人格？就是君子。他故对子夏说：

“女为君子儒，毋为小人儒。”（《雍也》）

“君子儒”，是孔子教育上的理想人格，他特为要造就各门徒到此地步；这虽是教训子夏的话，实无异其教育宗旨的宣告。“君子儒”是甚么学者呢？《论语》第一篇第一章说：

“学而时习之，不亦说乎！有朋自远方来，不亦乐乎！人不知而不愠，不亦君子乎！”

这一章是君子儒最好的描述。君子儒时时讲求实学，或个独自修，或与人切磋，总期日有进益，充积自身的德智技能，度着喜悦快乐（程子谓“悦在心”，属个人；“乐主发散在外”，属公同情感。）的生活；能不能得人的知遇，见不见用于当代，毫无所容于心。原来，学以修养自己为本，自非假以沽名钓誉，何容藉以求仕致禄；名位利禄都是末节俗务，非儒者所宜措意。所以子张学干禄，孔子虽未明明训斥其不可干，却是指教他的话，仍不外自修之道，要他多闻而慎言，多见而慎行，禄自在寡尤寡悔之中，无须用心学得；博见闻，谨言行，方是学者的正事。想子张在孔门中，也是不可多得之士，尚不免有利禄心，况等而下之的学者呢？所以孔子不胜其感慨说：

“三年学，不至于谷，不易得也。”（《泰伯》）

学三年而不以利禄为念者，尚且少有，使学日久而稍有本事，岂不更以为材堪大用？孔子因为当代不这样存心的学者难得，于是引起他远想往古，说：

“古之学者为己，今之学者为人。”（《宪问》）

“今之学者为人”，虚荣心重，惟恐人不晓得他有某项学问，才干，一切都是皮毛，不讲实质；至于“古之学者为己”，在在着重己之修养，“不患无位，患所以立；不患莫己知，求为可知也”（《里仁》）。像这种古学者的态度，方是一个君子儒的态度；因为正是“君子病无能焉，不病人之不己知也”（《卫灵公》）。学者果能如是以提高自我人格为首要，为急务，教育的任务算已完成。否则，为名位利禄而学，固无价值，即为学术技能而学，似也非为上选；因为他看士必悫而后智能，徒有智能而不诚悫，譬如豺狼不可向迩（《家语》）。单单造就一些智识分子，怎能算是教育成功？是故“子使漆雕开仕。对曰：‘吾斯之未能信。’子说”（《公冶长》）。孔子欲使漆雕开去做官，漆雕开已具相当智能，可以概见；他自己却是不肯苟就功名，不以干才自恃，还说对于修己治人许多道理，尚未能深信而无疑，不配临民及物。其志学之笃，其务德之诚，殊为一般热中于富贵，及以才自任者所不及，孔子故不胜其喜！因为他的教育作用，正是如此。虽然孔子教育是以修养自我人格为第一要义，可是我们不要误会他要造就甚么清高自守的隐士；一个君子儒是“用之则行，舍之则藏”（《述而》），“邦有道则仕，邦无道则可卷而怀之”（《卫灵公》），“穷则独善其身，达则兼善天下”（《孟子》）。

（乙）教法

无疑地，按着《论语》所说，孔子是个善于教授的人。他的教授法：

1. 基于学生的个性教授

孔子教人，并非有何固定方案，刻版文章；他的说法，完全随人而异。同一问题，甲生和乙生所得的答覆不同，等到丙、丁来问，他的答覆仍然不一其词；例如论仁、论孝，孔子皆曾有多

方面的解释。良以学生各有各的个性，怎能一律告以同样的道理？所以，

> 子路问："闻斯行诸？"子曰："有父兄在，如之何其闻斯行之？"冉有问："闻斯行诸？"子曰："闻斯行之。"公西华曰："由也问闻斯行诸，子曰有父兄在；求也问闻斯行诸，子曰闻斯行之。赤也惑，敢问？"子曰："求也退，故进之；由也兼人，故退之。"（《先进》）

"子路有闻，未之能行，惟恐有闻"（《公冶长》），可见子路素性勇于赴义，所当行的不怕不行，只怕行之有过，孔子故用子弟不得自专之礼，以限制他的行为。至于冉求，尝说"非不说子之道，力不足也"（《雍也》），表明他赋性懦弱，难免见义不为，孔子故勉励他即闻即行，不可中道而废，不可画地自限。退者进，进者退，莫不针对其个性而发。不但对于子路和冉求，他平素洞悉他们个性，对于其他门人，也是一一了解其个性何如；"柴也愚，参也鲁，师也辟，由也喭"（《先进》），他若不熟谙门人个性，怎能这样简明概括加以判断？他因对于学生个性曾经用过精密的观察，教授乃能恰到好处。

2. 基于学生的心情教授

教授所教授的内容要充实而有价值，方能引起学生注意；同时学生若不注意集中，就不能了解教授事实的意义，这是双方有关系的事。"心不在焉，视而不见，听而不闻，食而不知其味"；可见注意力不集中于某项，则某项事理不能成为我们的知识。孔子怎样设方引起学生注意力来，我们在《论语》中看到，他或藉无名的感叹，或用一句莫名其妙的话语，故使门人发生问难；因为他知道，要教授学生以某项真理，非促起学生有某项心理预备不为功。他故曾说：

> “不愤不启，不悱不发；举一隅，不以三隅反，则不复也。”（《述而》）

开启其意，必原于学生未知此理而不安不知，已有发愤求知之心；发达其词，必原于学生将知此理而犹未能彻，已有欲言不能之态。否则，辅庆源说：“不待愤悱而启而发，是强聒之耳。”原来“聪明因愤而生，精神因愤而奋，不愤则无由显示而引诱；意见因悱而化，辩难因悱而明，不悱则无自繁称而征告”（《困勉录》）。惟因既愤既悱而已启发，学生假使仍不能因而触类旁通，是表明他们容受性不大，乃不更端以告；这并非放任学生对于所学不明不理，不反不复之意，系不另外加教课程而已。因为学生既然执滞不通，告之也是杆〔扞〕格不入，莫如待他细细体会现前所学，使之融会贯通，好像反刍动物那么食草的动作。

3. 基于学生的才力教授

“因材施教”，这是教育学上至当不移的真理。“中人以上，可以语上也；中人以下，不可以语上也。”这是孔子因材施教的话。孔子当日有那么多的门生，各人才力高下不等，或闻一以知十，或闻一以知二，……孔子执教若是一律，怎能教得通？据他高足颜子言，我们知道他常实因各学生才力的高下而不一其教，使各学生皆能竭尽其才其力，以求进步不已。正如

> 颜渊喟然叹曰：“仰之弥高，钻之弥坚，瞻之在前，忽焉在后。夫子循循然善诱人！博我以文，约我以礼。欲罢不能，既竭吾才。如有所立，卓尔！虽欲从之，末由也已！”（《子罕》）

“高坚前后，语道体也；仰钻瞻忽，未得其要领也。惟夫子循循善诱，先博我以文，使我知古今，达事变；然后约我以礼，使我尊所闻，行所知。如行者之赴家，食者之求饱。是以欲罢而

不能，尽心竭力，不少休废；然后见夫子所立之卓然，欲从无由。”（《胡注》）一个教授，能使学生如此不得不用全副精神于其所学，力图知其所应知，行其所应行，不以其高不可及，坚不可入，在前在后之无方体，难以捉摸而荒怠，这种教授法真也算神妙了！

对于颜回那种高材生，有合宜的教法，使能循序渐进；即使无知无识的俗子，他也善能竭其才力以教。他曾自道：

> “吾有知乎哉？无知也。有鄙夫问于我，空空如也；我叩其两端，而竭焉。”（《子罕》）

鄙夫虽然“空空如也”，无知无识，似难领受孔子的教诲，明了孔子的见解；孔子却就其问题的两端加以反叩，发其深省，而力为之开导，使其空空而来，饱饱而去。他若以教高材生颜回者，来教无知无识的鄙夫，那就等于对牛弹琴；惟因他能注意到来学者才力的高下而因以为教，庶乎教无不当，使各学生能竭其才，欲罢不能。今日常听见有教师说，教大学生易教，小学生难；这话就是显示他自身胶执教法与其教材，不善运用所有知能，致非某种程度的学生不能听懂他所讲的。那是要学生合他的式，他不能合学生的式，几何而不徒劳无功？孔子上可教亚圣，下可教鄙夫；既可为长者师，又曾为互乡和阙党童子的先生。像孔子，才配称为因材施教的教育家。

（丙）教科

孔子教人，因人心性才力而殊，各自造诣当然不能一致；计那些门人中，各人所见长的，约可分为四科，有十哲为其代表。

> “德行：颜渊，闵子骞，冉伯牛，仲弓；言语：宰我，子贡；政事：冉有，季路；文学：子游，子夏。”（《先进》）

这里记孔门四科，是德、言、政、文；据另一记载，在字面上略有不同：

> 子以四教：文，行，忠，信。（《述而》）

除“文、行”同于《先进篇》的“德、文”外，“忠、信”和“政事”、“言语”科异名。不过细绎其意，《述而篇》既已说“行”，“忠信”如照旧法指伦理言，当被包括在“行”之内，何能单独另列？按“忠”是事君之道，当属政治；“信”是“言可复也”，当为言语；所以《述而篇》的四科，和《先进篇》所记，名异而实不异。

按这四科，不一定是孔子当日这么分科教授，不过记者随各学生的造诣而这么划分；实则据颜子所说，孔子教授生徒，不外博文约礼而已。举凡言语、文学、政事，皆属“博文”工夫；“约礼”虽在某种情形下与政事有关系，要在德性的修养，伦常的实践。

这所教的科目，用些甚么书为教科书以致其用呢？《述而篇》说：

> 子所雅言，《诗》《书》执礼，皆雅言也。

《诗》当属言语和文学科，《书》当属政事科，礼当属德行科；礼又言“执”，即表明非诵读而已，尤须实践。至于古有《乐经》、《易经》，孔子不常言《易》，论者以《易》道精微难晓，孔子还待假年以学，是以少与门人论及；《乐》则《诗》礼相联，每每以礼乐或雅乐相提并论。《书》虽也为孔子所常言，可是《论语》除“子张问高宗谅闇章”外，再无他处，《论语》关于这方面的讲论底记述，或有遗漏？为此，今日我们可知道孔子的常言，是诗教，是礼教。正如陈亢问于伯鱼曰："子亦有异闻乎？"对曰："未也。尝独立；鲤趋而过庭。曰：'学《诗》乎？'对曰：'未也。''不学《诗》，无以言。'鲤退而学《诗》。他日，又独立；鲤趋而过庭。曰：'学礼乎？'对曰：'未也。''不学礼，无以立。'鲤退而学礼。闻斯二者。"陈亢退而喜曰："问一得三，闻《诗》闻礼，又闻君子之远其子也。"（《季氏》）

这段记载，表明孔子对于学校教育或是家庭教育，一样重《诗》重礼。我们不妨分述于下：

1. 孔子为甚么着重诗教

孔子曾对他儿子伯鱼说：

"女为《周南》、《召南》矣乎？人而不为《周南》、《召南》，其犹正墙面而立也与？"（《阳货》）

正墙面而立者，一物无所见，一步不能行；人不学《诗》，也是一样。因为

"《诗》可以兴，可以观，可以群，可以怨。——迩之事父，远之事君。——多识于鸟兽草木之名。"（《阳货》）

《诗》能这么发育人的情性，增加人的知识，操练人的才干，难怪孔子教人以此为急务。他并且以为，一个人对于《诗》学假使已经领教，还没有被造就成材，那个人就难有甚么大希望。如《子路篇》所载：

"诵《诗》三百，授之以政，不达；使于四方，不能专对，虽多亦奚以为？"

子夏长于文学，子贡善于辞令，要皆深于《诗》学；《论语》中惟见他们二人，都曾得"可与言《诗》"的称许。

《诗》虽有以上所举多方面的妙用，要不外乎博文；孔子教育，不以博文为止境，博文是为约礼。孔子《诗》教，岂仅以其博文可取呢？《诗》教固不单使人博文而已，《诗》教也是约礼之道。这话怎讲？孔子曾说：

> “《诗》三百，一言以蔽之曰：思无邪。”（《为政》）

“思无邪者，诚也。”（《程注》）诚可涵盖一切《诗》义，足见《诗经》仍是要在实践的伦理道德。本来《诗》是讽咏的文词，雅、颂的歌句，纯为客观的民情俗尚；约而归诸于身，又尽在“思无邪”一句之中。是故《朱注》引范氏说：“学者必务知要，知要则能守约，守约则足以尽博矣。经礼三百，曲礼三千，亦可一言以蔽之曰：毋不敬。”

2. 孔子为甚么着重礼教

因为人生立身处世，莫不依违于礼。所谓：

> “不知礼，无以立也。”（《尧曰》）

“立于礼”，孔子曾经再三说过这句话；人若不知礼，则一切将无定见，无定力，身心无所约束，德性失所平衡。其何以立？因为

> “恭而无礼则劳，慎而无礼则葸，勇而无礼则乱，直而无礼则绞。”（《泰伯》）

待人以恭，原是美德，惟若恭而无礼则不安；处事以慎，原是美德，惟若慎而无礼则逡巡；临变以勇，原是美德，惟若勇而无礼，则一朝之忿以逞其血气，徒然滋生事端；持躬以直，原是美德，惟若直而无礼，则以亲生子证其父攘羊，未免太不近情。这样看来，人生无礼怎么行呢？孔子故常常以礼为训，并且与其门徒时时加以实习，虽在风尘仆仆中，也不辍废；如在宋习礼于

大树下，致招司马桓魋伐树的警告，即其显著的一例。但习礼是仪表，和诵礼一样，属乎学问上的事；孔子对于礼文虽不忽视，却更特别重视礼的精神。所以说：

> “礼云，礼云，玉帛云乎哉？乐云，乐云，钟鼓云乎哉？”（《阳货》）

玉帛的交奉虽足以彰礼，而礼究非玉帛；钟鼓的铿锵虽足以成乐，而乐究非钟鼓。盖必有存乎玉帛钟鼓之先，贯乎玉帛钟鼓之中，而后礼不为具文，乐不为虚器；是故礼之要，在其实质。《汉书·礼乐志》讲述得不错：

> 乐以治内而为同，礼以修外而为异；同则和亲，异则畏敬。畏敬之意难见，则著之于享献，辞受，登降，跪拜；和亲之说难形，则发之于诗歌，咏言，钟石，筦弦。盖嘉其敬意，不及其财贿；美其欢心，而不流其声音。故孔子曰：“礼云，礼云，玉帛云乎哉？乐云，乐云，钟鼓云乎哉？”此礼乐之大本也。

“敬意”是礼之实，“欢心”是乐之质；离开礼乐的实质，无礼乐之可言。所以，

> 林放问“礼之本”，子曰：“大哉问！礼与其奢也，宁俭；丧与其易也，宁戚。”（《八佾》）

这是举吉、凶二礼的实质，以明其他诸般礼制的精神及其作用何在。“礼始诸饮食，故汙尊而杯〔抔〕饮，为之簠簋笾豆罍爵之饰，所以文之也，则其本俭而已；丧不可以径情而直行，为之衰麻哭踊之数，所以节之也，则其本戚而已。”（杨龟山注语）吉礼如果失德，虽踵事增华，有何价值？凶礼如果不哀，虽弔祭大开，有何意义？此所以说：“与其奢也，宁俭；与其易也，宁

戚。”既然礼以本质为重，又何须有那些仪文呢？据有子说：

> “礼之用，和为贵；先王之道，斯为美，小大由之。有所不行，知和而和，不以礼节之，亦不可行也。”（《学而》）

“和”算是礼的本质底实用，“节”就是礼的仪文底礼节。虽则礼贵在和，自古以来，小而动作威仪，大而纲常伦纪，莫不遵循此道；惟和又每每使人易于流荡忘返，非礼节之，也会失去本然作用。这就是说，礼也有文有质，二者不能偏废；孔子故既教人习礼之文，又教门徒讲究约礼（指质言）。约礼何解？就是他对颜回所说：

> “非礼勿视，非礼勿听，非礼勿言，非礼勿动。”（《颜渊》）

这是孔子教颜子的目。视听言动，皆须以礼为准，非礼则勿，就是以礼自约；以礼自约，就是克己精神，能克己方能复礼。孔子说：“克己复礼为仁。”足见能够约礼的人，人道自得完全；孔子教育以造就人格为宗旨，礼既可使其完成教育任务，无怪乎他谆谆以礼训徒了，

二　学

论教育，少不了学。《论语》开卷就讲到，这可见学在《论语》中占着怎样的地位。

（甲）为何要学

人为甚么要学？这个问题在《论语》中可得三种答案。

1. 从求知言要学

人若不学，知识难开；单凭思虑想象，并不能增加甚么真知

灼见。孔子故说：

“吾尝终日不食，终夜不寝，以思，无益，不如学也。”（《卫灵公》）

这是孔子极言空思幻想之无益，惟学才能使人有实质的进步。无论人生何种事件，皆须求学以致其知；大而临民及物，小而修己尚德，莫不如是。《礼·学记》说：

发虑虑，求善良，足以谀闻，不足以动众；就质体远，足以动众，未足以化民。君子欲知化民成俗，其必由学也乎？玉不琢，不成器；人不学，不知道。……虽有嘉谷，弗食，弗知其旨也；虽有至道，弗学，弗知其善也。是故学然后知不足。

“学然后知不足”，可见人愈不学愈自满，自满就是没有知识的表现；人若学而求知，识见愈高，眼界愈阔，方知我的有限，真理无穷，志学之心愈决。

2. 从成德言要学

知识赖学增加，赖学开通，道德也是赖学而成；因为人若不学，即使赋性纯良，终究不得其正。孔子故教子路以学为人生所不可少说：

“由也，女闻六言六蔽矣乎？”对曰：“未也。”“居！吾语女。好仁不好学，其蔽也愚；好智不好学，其蔽也荡；好信不好学，其蔽也贼；好直不好学，其蔽也绞；好勇不好学，其蔽也乱；好刚不好学，其蔽也狂。”（《泰伯》）

仁、智、信、直、勇、刚六言，谁都知道是美德，是人所宜学；惟好六言，假使未能好学，则难免偏蔽，而不能见其全体，单任性之所向而行。仁或至于可陷可罔；智或至于穷高务远；信或至于伤人害物；直或至于证父谤君；勇或至于肆行妄作；刚或至于骄矜自是。不学何足以明理？不学何足以成德？

3. 从致用言要学

求知成德，皆所以成己；人类社会不单有我，兼有许多人存在，学以成己故犹嫌不够，又要成人。成人必须有致用之术，致用之术赖学而成，不学无术，怎能致用呢？所以，

> 子路使子羔为费宰。子曰："贼夫人之子！"子路曰："有民人焉，有社稷焉，何必读书然后为学？"子曰："是故恶夫佞者。"（《先进》）

按"柴也愚"，足见子羔质虽肫厚而知不足，子路竟欲引用他治费，孔子不以为然；以子羔学问既没有到可致用的地步，那种政治地位既足以妨其修己之功，并足以妨其邑人之事。子路虽欲强自辩护其过举，说治民事神，皆所以为学；究实从政但可证验所学，而非本然求学之道，其言似是而非，孔子故恶御人以口给者。《左传·襄公三十一年》子产说："学而后入政，未闻以政学者也。"其意见和子产一样。

（乙）所学何事

学是学个甚么？上引《子路》说为学不一定在读书，也有几分真理；孔门中虽也免不了读书声，可是学非单单诵书学书而已，是可断言。他们学到底学甚么呢？从前孔子答哀公"弟子孰为好学"之问，举出颜回为代表，并说他"不迁怒，不贰过"，以为颜子好学之据；又自述他志学以后，每十年有一种新进境，都是关于道德修养事。所以孔门中所学，就是这个；从师学，从书学，无非要学成一个完善的人格。朱子故说："学，效也；是效其人。未能孔子，则效孔子；未能周公，则效周公。"至于读

书造词，考古稽史，那属次要的工作。孔子所谓：

> “行有余力，则以学文。”（《学而》）

学文为行的余事，行则为学的第一要务。子夏故说：

> “贤贤易色，事父母能竭其力，事君能致其身，与朋友交言而有信，虽曰未学，吾必谓之学也矣。”（《学而》）

人能善践个人伦理，家庭伦理，国家伦理，社会伦理，非有大学问者不能；这种人虽或未尝学问，然而学问之道尚有何加于此？古代教育即所以明人伦，能是四者，不惟见道明，而且践履笃，不得不承认他为一大有学问的人。子夏素以文学著称，他对于学的观念这样，足见古之所谓学者，并不在文艺之末，而重躬行之实；文艺仅为入学的初步课程，求道的辅助工事。《礼·学记》曾有关于这种学的程序底话说：

> 古之学者家有塾，党有庠，术（“术”当作“州”，音近而误。）有序，国有学，比年入学，中年考校。一年视离经辨志，三年视敬业乐群，五年视博习亲师，七年视论学取友，谓之小成；九年知类通达，强立而不反，谓之大成。

（丙）怎样的学

我们已经说过，人不可不学，并已晓得儒家所学何事，现要问问怎样的学？求学之道，在勤奋，在记忆，在思疑，在会通，在实习。

1. 勤奋

人生要学，原为己有所不知，己有所不能；化不知、不能以为智者、能者，皆赖于学，学岂可怠惰从事呢？孔子说过：

“学如不及，犹恐失之。”（《泰伯》）

“如不及”，是要赶上前；“犹恐失”，是怕落于后。一个学者是那样存心，那种态度，怎敢怠惰？《伊索寓言》中那个龟兔竞走的故事，善走的兔只缘懈心一生，反不及爬行的龟先达目的地，牠终于失去了竞走的资格，诚可发人猛省，耐人寻味。我们在为学上，如果以为今日不学有来日，今年不学有来年，行见“日月逝矣，岁不我与”，将必一事无成，老大徒悲。是故

宰予昼寝，子曰：“朽木，不可雕也；粪土之墙，不可杇也。于予与，何诛！”（《公冶长》）

宰我虽然口才擅长，独以志气昏惰，而见重责于孔子，譬为不可雕的朽木，不可杇的粪墙；以其既不勤学，则循循善诱的孔子，也觉得没有办法。教师善教，还要学生勤学，教育方得成功。勤学是甚么一回事呢？子夏说：

“日知其所亡，月无忘其所能，可谓好学也已。”（《子张》）

“日知其所亡”，就会敏勉以求；“月无忘所能”，就是服膺弗失。学者这么样在学问上日积而月累，日新而月异，真可算勤学之士哩。吕蒙曾语鲁肃：“士别三日，即当刮目相看。”当指这种勤学之士而言；不勤学的人，莫说三日无别，恐怕一世也没有进步，没有变化，终究是那么一个不成材的人而已。学者若果勤学，日月各呈其功，新故交致其力，至为圣为贤，又有何难？孔子之所以成为孔子，就在发愤忘食，不知老之将至；颜子之所以成为颜子，就在语之不惰，见其进而不止；为圣为贤，莫非从勤学而来。从此我们得明白一层人生真理，各人造诣的不同，就在勤学与否；因为天资虽有高下不等，勤学足可救其偏而补其弊。

“或生而知之，或学而知之，或困而知之，及其知之一也；或安而行之，或利而行之，或勉强而行之，及其成功一也。”（《中庸》卷二第二十章）人而不勤学的话，纵令天资美好，未必有甚么特别成就。孔子故曾借喻于谷物说：

> “苗而不秀者，有矣夫；秀而不实者，有矣夫。”（《子罕》）

“苗而不秀”，喻人单有实质而无学功；“秀而不实”，喻人虽学而未足以成德。这样看来，人还可以天资颖异自恃，而为学不勤奋呢？

2. 多记

人为学，单凭他的记忆力，死记一些物事，或理论，那不过成为一个书箱子，似非孔子所重为学之道。他故问子贡说：

> “赐也！女以予为多学而识之者与？”对曰：“然。非与？”曰：“非也。”（《卫灵公》）

孔子否认他是一个多记的人，原因他看多记的那种知识，并非学问的上选。所谓：

> “多闻，择其善者而从之；多见而识之，知之次也。”（《述而》）

虽然孔子不自承为多记的学者，并且以记忆为次等的学问，那是很明显的事实；不过我们若执以为孔子不赞成多记以求学，却又大谬不然。孔子所反对者，不是说记忆不好，是在那些以多能记诵若干典故而自居博雅之士；他也不愿意他门人看他是那种学者之一。人之为学，单能记忆，当然不够有学者的资格，可是人若对于所学不能记忆，也不得成为学者；譬如以筛承水，灌注勤，接受繁，依然无何成绩，以其没有容纳之所，随流随漏，彼此不生关系。人若对于所学不能记忆，怎能讲究学问呢？例如他说：

“吾与回言，终日不违，如愚；退而省其私，亦足以发，回也不愚。”（《为政》）

颜子整天听孔子讲授，好像无知的愚人，一句话也不说，岂不是在默识么？及退到私室来自省，有新发明。省是省甚么？发是发甚么？岂不是他那一天从孔子所听得，那一天在课堂所记得的么？他若不能记忆孔子的话，将必无由省发了。然则多记为求学的始基。孔子有言：

“默而识之，学而不厌，诲人不倦，何有于我哉？”（《述而》）

这是为学的三种步骤。首必“默而识之”，方可言学；继必“学而不厌”，方可言教。本来孔子教人博学于文，多记是必然。他本人被人认为博学，定然由于他记的多。——不过，他们不以多记为求学的惟一至上法门而已。

3. 思疑

学要多记，尤贵思疑。颜回若但将孔子的演讲词一股脑儿装着，不退而深省，那和村童诵读有何异？又何足以发？孔子故说：

“不曰如之何，如之何者，吾末如之何也已矣。”（《卫灵公》）

“如之何，如之何”，是反省生疑，深思熟虑之意；孔子自谓对于没有疑问和思考的人，最无办法。颜回能够退省而发，固然不愚；惟其受课之际，像愚者之沉默不语，使孔子在教授上也要感到困难。所谓：

“回也，非助我者也，于吾言无所不说。”（《先进》）

颜回对于孔子教言，不论多少博约，精微显著，皆能默识心通，丝毫没有疑惑，致现露得无所不悦；这为颜回自己计，未始不是诚然可喜，究衡以“教学半”（《商书》）之意，他纯全不足使孔子得些借助。不像子夏因疑素绚而问，闻绘事而悟礼在后，启发他的心思；问题由诗的文字探讨，进而至于义理的研究，可见学问的无穷无尽。诱致学问作无穷无尽的探究者，是在人善疑，善思；善疑善思的于学问，好像抽丝剥笋，抽出一根又一根，剥去一层又一层，直至最后整理就绪，发现底蕴。所以善疑善思，是求学的必要方法。孔子说：

“学而不思则罔；思而不学则殆。”（《为政》）

孟子也说：

“思则得之，不思则不得也。”（《告子上》）

人求学不用思想，不能明所学之究竟，那就等于盲从，虽然记住，也不算得真实学问；孔子故常在教授上，故意使人生疑来问，多方使人运用思考。

4. 会通

学要思考，又贵能融会贯通；人若记得多，对于所记的也思想明达，如不能融会贯通，那是一些零片知识，仍不足算真学问。孔子既曾否认他是多学而识之者，又告诉子贡他是甚么样的学者说：

“予一以贯之。”（《卫灵公》）

他不仅多见多闻而多记，尤其是个善于融会贯通知识的人；好像前代用制钱，一个一个套在一根绳上，使之彼此发生关系，整理而有系统，不复是些散漫的思想而已。这在求学上是怎样的紧要！子夏曾说小道虽有可观，而君子不学，即在“致远恐泥”，胶执不通之故。孔子为甚么说：

“攻乎异端①，斯害也矣。”（《为政》）

异端之为害，即在见道偏而不全，学之徒然散漫其心思，拘执其小见；即使有成，不过庄子所谓一偏一曲之士，于道无足贵。荀子也说蔽于一曲而闇于大理，是人之患。可见学者莫不公认，学偏了，学小了，皆非为学之道；学要窥其全貌，学要知其全体。庄子所谓：

“能通一，万事毕。”

凡欲成为一个大学问家，就非这么融会贯通其所学不可。我们不及孔子，即在不能和他一样那么一贯。子贡论人事而悟《诗》意，子夏论《诗》意而悟礼，原皆能触类旁通，融会所学，庶近于孔子一以贯之的为学法门，孔子所以不胜其喜。

5. 实习

学既有得于心，又须加以实习；实习是固其所已得，使其学问因经验而愈明确。实习又不但固其所已得之学而已，并且是以其已得的学问为研究资料，另图新的知识，由粗而精，由博而约，以至于彻上彻下，通前通后；好像孩童学步，初虽扪物靠

---

① “异端”，《集注》直指其如杨、墨、佛等；实则孔子本意，是在求学宜全而不偏之道，无与于《注》中的讲解。善哉《黄氏日抄》的话说：“孔子本意，似不过成学者他用其心耳。后有孟子辟杨墨为异端，而近世佛氏之害尤甚，世亦以异端目之；凡程门之为佛学者，遂阴讳其说而曲为回护。至以‘攻’为‘攻击’，而以孔子为不攻异端；然孔子时未有此议论，说者自不必以后命之事，反上释古人之言。”

壁，终则独立行走，起坐来往自如。学者至是，学的本事已完。孔子说：

“温故而知新，可以为师矣。”（《为政》）

这样说来，实习具有两方面的意义，单温故不是好的实习，必在故中知新；能温故而知新者，是已不为客观事物所限制，已将客观知识化成主观生活而创造思想。孔子说这种人不单自己可以为学，而且知足以辨疑解惑，学足以喻道进德，堪为人师；像他自己能够对付任何学生的任何问题，要皆平素学习之功。问仁问孝，有许多的讲解，总皈一个真理；譬如一座大钟，大叩大鸣，小叩小鸣，随叩随应，无不需应适宜。

学习的意义已如上述，学习的事项怎样实行呢？《学而篇》第一章是专论学习的第一节，说要“学而时习之”；学习重在“时”字。“时”字有二义，一则学贵及时实习，现在学得的现在就习，不要等到下一点钟；下一点钟有下一点钟的课，恐怕过时未习，或已遗忘，并且又有别课宜习，稍一迁延，即不免有遗误。二则时习是没有间断，不是“一日暴之，十日寒之”，乃是念念不忘；牢牢记忆，多多思想，常常分晰之，总合之，笃行之，不厌不倦。

实习又不单为个独事，并且有待于朋友；孔子故于“学而时习之”句后，第二节紧接着说“有朋自远方来”，彼此切磋琢磨，同享求学之乐，同得求学之益。原来“君子以文会友，以友辅仁”（《颜渊》）；进德修业，乃朋友事。古者学校将“敬业乐群”，“论学取友”，列为考成之一，可见朋友共学之功；不然，“独学而无友，则孤陋而寡闻”。何况我的新知得失，没有朋友，怎得印证？实习所以少不了朋友。

至于第三节说的“人不知，而不愠”，那是学习的大成功！

或是那是为学习的大考题；学者果能此道，就已试验及格，准许授予“君子儒”的文凭。因为儒家为学，本不单属书文理论，尤重伦常道德，上文曾屡言及；实习故也不单温故知新，顾在力行何如。子思论学，于学问思辨之外，以笃行所学为最上级，笃行就是实习之功。一个学者若是虚荣心重，看见人不佩服，不恭维，便不免心怀不平，那就表明已但能对于客观事物博学审问，慎思明辨，尚未将其所学化成主观之德，实习的功力不到，实习的功力不够，不配称“君子儒”，是故论实习不忘笃行。孔子说：

> “法与之言，能无从乎？改之为贵；巽与之言，能无说乎？绎之为贵。说而不绎，从而不改，吾未如之何也已矣！”（《子罕》）

所以在孔子教育上，教师固然要善教，言之有物，诱之以方；更要紧，学生也要善学，要实习不懈。否则，言者谆谆，听者藐藐，虽有好教师何益？连孔子也要徒唤奈何了！

到这地步，我们可明白学习是怎么一回事；学习是在时时重演所学，践履所学；或是个独自修，或是与朋友共。

三　士

士是儒家对于学者的通称；据《穀梁传》，古以士居四民之首，可见他们在封建时代的社会底尊崇。我们已经讲过教与学，关于学者的本身，自当提论一下。

（甲）士的品第

甚么资格的人才能称为士？这在孔子有过详细的说明。

> 子贡问曰：“何如斯可谓之士矣？”子曰：“行己有耻，

使于四方，不辱君命，可谓士矣。”曰：“敢问其次。”曰：“宗族称孝焉，乡党称弟焉。”曰：“敢问其次。”曰：“言必信，行必果，硁硁然小人哉，抑亦可以为次矣。”（《子路》）

孔子在这里告诉子贡，士有三等：第一等的才德兼具，第二等的有德无才，第三等的仅知自守。

1. 上士

儒教以君子为人格标准，士即学君子者，孔子论上士品格，故和论君子近同；君子文质彬彬，上士也必立志清高，才堪用世。

上士立志清高，“行己有耻”，凡是不合道义的不为。所谓：

“富与贵，是人之所欲也，不以其道得之，不处也；贫与贱，是人之所恶也，不以其道得之，不去也。”（《里仁》）

因为上士志在道义，其他非己所计，富贵好，贫贱也好；富贵不能淫，贫贱不能移。倘若身为士子，对于富贵尚有欣羡之心，对于贫贱尚有憎嫌之意，其人势将为环境所左右，为外物所蔽惑，与凡夫俗子有何别？孔子故说：

“士志于道，而耻恶衣恶食者，未足与议也。”（《里仁》）

又说：

“士而怀居，不足以为士矣。”（《宪问》）

富贵贫贱，是士子人格的最大试验；富贵非不可处，贫贱非不可去，不过得之以道，此其所以不同于汲汲皇皇惟利是图的凡夫。是故从来真正的士子，对于去处莫不审慎，不耻其不若人。《韩诗外传》有一段有趣的记述：

原宪居鲁，环堵之室，茨以蒿莱，蓬户瓮牖，桷桑而无

> 枢，上漏下湿，匡坐而弦歌。子贡乘肥马，衣轻裘，中绀而表素，轩不容巷而往见之。原宪楮冠藜杖而应门；正冠则缨绝，振襟则肘见，纳履则踵决。子贡曰："嘻！先生何病也?"原宪仰而应之曰："宪闻之，无财之谓贫，学而不能行之谓病；宪贫也，非病也。若夫希世而行，比周而友，学以为人，教以为己，仁义之慝，而车马之饰，衣裘之丽，宪不忍为之也。"子贡逡巡，面有惭色，不辞而去。原宪乃徐步曳杖，歌《商颂》而反，声满于天地，如出金石。(《新序》卷七同)

这是士子"行己有耻"的一段事实；原宪就是一个行己有耻的士。子贡素来"不受命"，不安于贫贱，要去经商发财；然则孔子告诉他行己有耻之为士，正也是为他而发。

上士不单行己有耻，那么志于道而已，而且要有相当才干，即如"使于四方，不辱君命"。一个人奉命出使，口才自是必要，行动也很惹外邦人注意；没有口才，不足以达其使命而说服对方；没有好的仪表行为，也易招人轻视，皆不能"不辱"。要做到"不辱君命"的地步，非有德有言者不行；有德有言，无论到哪一国去当公使都可。所谓：

> "言忠信，行笃敬，虽蛮貊之邦行矣。"(《卫灵公》)

子贡能言善辩，和宰我同科齐名；"有言者，不必有德"，孔子又特藉出使不辱，以勉其言行兼顾，才德并重。

2. 中士

较上士低一格的中士，其品性至少是"宗族称孝，乡党称弟"。按孝弟为仁之本，何以较"有耻""不辱"之士为次呢？朱子说：

“孝弟是第一等人，而圣人以为次者，仅能使其身无过，而无益于人之国；守匹夫之行，而不能广其固有之良。”

又饶双峰说：

“行己有耻，是事事不苟；孝弟固是行之大者，然是行己中之一端，而又无其能，故为其次。”

3. 下士

又有较中士更低一等的下士，其言必信；信是一种美德，曾子曾以为日中三省之一，为凡人所必具。孔子曾说：

“人而无信，不知其可也。大车无輗，小车无軏，其何以行之哉?”（《为政》）

人必藉信而行，如同车子一般，大车任重，以有缚轭驾牛之輗；小车致远，以有钩衡驾马之軏。无信者，像车已失其任重致远之具，决然不行。所谓：

“言不忠信，行不笃敬，虽州里行乎哉?”（《卫灵公》）

良以人而无信，为人不论做甚么事，都不能得着好感；即使利于人，忠于事，人也将以其为恶意。正如子夏说：

“君子信而后劳其民；未信，则以为厉己也。信而后谏；未信，则以为谤己也。”（《子张》）

一个本来善良的君子，未取得他人的信心，尚且好的变成了恶的；假使没有地位的人，没有信心，岂不更坏么？所以孔子说：

“自古皆有死，民无信不立。”（《颜渊》）

信且较重于生命，其为德的价值，于以至极！既然人非有信

不可，为甚么孔子竟以“言必信”之士，硁硁然为一小人呢？原来，

“君子贞而不谅。”（《卫灵公》）

《朱注》：“贞，正而固也；谅，则不择是非而必于信。”信固可贵，却不可必，如果不择是非而专执，不免偏私，虽有所守，究不得其正理；不如君子践履其言，原是他所深知灼见的至理名言，没有轻信盲从之弊。所以从前有一班人，对于管仲人格怀疑，以为他先事公子纠，桓公杀其主，管仲不死，反为桓公相，未免太无信义。孔子却说：

“管仲相桓公，霸诸侯，一匡天下，民到于今受其赐；微管仲，吾其被发左衽矣。岂若匹夫匹妇之为谅也？自经于沟渎而莫之知也。”（《宪问》）

管仲即为“贞而不谅”的人，与普通“言必信”的人有别，此其所以受孔子赞美；至若“匹夫匹妇之为谅也，自经于沟渎而莫之知”，这种行为有多大价值？孔子故虽不说全无可取，于道究为不高。

下士于言必信，于行必果；果也是一种不可多得的德行，临事不优柔，不寡断，必能坐而言，起而行，孔门中子路就是这种人。孔子曾对季康子说：

“由也果，于从政乎，何有？”（《雍也》）

果是子路的长处，可与决大疑，定大计，使之从政，必能振作民气，所谓“千乘之国，摄乎大国之间，加之以师旅，因之以饥馑，由也为之，比及三年，可使有勇且知方也”（《先进》）。然而，果虽为善，究竟“行必果”的人，善非上选；因为不论事之可否而必期于果，弊害颇大，如子路终至死于孔悝之乱。为此，

孔子会切戒子路说：

> “暴虎冯河，死而无悔者，吾不与也；必也临事而惧，好谋而成者也。”（《述而》）

“暴虎冯河，死而无悔”，是“行必果”；“临事而惧，好谋而成”，是老成持重。毋意，毋必，毋固，毋我，当行则行，不可则止，那才是恰到好处的行为。这种行为，在士子极难得。孔子有言：

> “可与共学，未可与适道；可与适道，未可与立；可与立，未可与权。”（《子罕》）

“权”是为学的最上乘，有知常处变之明；“立”较权为次，单是笃志固执而不变，行果而已。士而一味固执，拘滞，不通，岂非下等呢？然而与其浮慕大人之变化而失于肆，孰若固守小人之志操而失之拘，所以可取。

（乙）士的精神

士子应有甚么样的精神？曾子说：

> “士不可以不弘毅，任重而道远。——仁以为己任，不亦重乎？死而后已，不亦远乎？”（《泰伯》）

曾子从士子所担负的道义责任，及其前途，论到士子应有弘毅的精神；弘是博大，毅是刚强，非博大不能任重，非刚强不能致远；士子既然“任重而道远”，自必具着弘毅的精神，始能担负，始能力行。孔子说：

> “当仁不让于师。”（《卫灵公》）

士子弘毅的精神，这句话可充分表出。“当仁，以仁为己任也；虽师亦无所逊，言当勇往而必为也。盖仁者，人所自有而自为之，非有争也，何逊之有？”（《朱注》）人若身为士子，尚无仁为己任的觉心，还同匹夫匹妇一样的麻木，哪里够得上为士的资格？士本然的有此责，他为学即在乎这个。子夏所谓：

“好学而笃志，切问而近思，仁在其中矣。”（《子张》）

儒家从来不以学问单属客观知识方面的事，仁即在其学问之中，仁也是学问；士而没有仁为己任的觉心，就是没有学问的表证，还能算为士呢？但士若没有弘毅的精神，单具此觉心，也属徒然。子张说：

“执德不弘，信道不笃，焉能为有？焉能为亡？”（《子张》）

“执德不弘”，就是没有弘大的精神，所以有所得而守之太狭，无容纳众善之量；“信道不笃”，就是没有刚毅的精神，所以有所闻而信之不诚，无担荷强忍之力。无弘量不能兼具全德，不足任仁；无毅力不免半涂而废，更难行仁。这种人，子张说世界有他不多，无他不少。信乎曾子所说“士不可以不弘毅”。

（丙）士的态度

精神是含蕴在内的，态度是显著在外的。士要有弘毅的精神方足为士，又要有怎样的态度呢？从前，

子路问曰：“何如，斯可谓之士矣？”子曰：“切切偲偲，怡怡如也。——朋友切切偲偲，兄弟怡怡。”（《子路》）

这是一段论到士子态度的话。据旧解，士子为人的态度，不外诚恳、和悦，朱子所谓“切切者，教告恳切而不扬其过；偲偲者，劝勉详尽而不强其从；二者皆有忠爱之诚，而无攻讦之状，

与刚直相反”。“子路，勇者也。勇则气浮，未能切切；勇则疏略，未能偲偲；勇则亢直，未能怡怡。”（王观涛语）然则孔子告子路以士的态度如此，正也同告子贡以士的品格一样的用意，欲以矫其“行行如也”的气象。使知于朋友，则“忠告而善导之”，以尽其义；于兄弟则友恭，以教天伦之乐。此所谓朋友兄弟，特举以例其余；并非朋友兄弟外，就可不用此态度。又并非限定某种态度单为兄弟，某种态度单为朋友；无论对于谁何，总是一个态度。

上文士的态度观，是就他对人的态度而言；我看孔子在这里的语调，更是着重士子的自持。士子虽受切切之告，偲偲之劝，仍怡怡然，有乐于接受他人忠告之意，所谓“闻人告之以过，则喜”，并不以人或有拂逆而生愠。下文朋友、兄弟二句，为上文“切切偲偲怡怡”的注脚，使知切切偲偲怡怡的意义何如，并非告以对待兄弟朋友之道。

（丁）士的处世

士子怎样修身处世？子张说：

> “士见危致命，见得思义，祭思敬，丧思哀，其可已矣。”（《子张》）

人生最难冲破的是利害关头，最不易治的是祭丧事宜；为士子者，就在这些上，显出其学养和流俗不同。临难毋苟免，临财毋苟得，慎终，追远，四者都属人生大节。大节倘若有亏，士何足以为士？在这些上能够持守得当，庶乎与为士的身分相称。这些事可分作两面观，一是处常之道，一是处变之道。见危致命是处变，决之于一旦；思义敬哀是处常，思之于平时。试一略为申述。

1. 怎样处常

平常士子修身处世之道，不外乎义与礼而已；一切以义为准，以礼为度。在这里特别提论的，义之于得，礼之于丧于祭；丧礼祭礼，乃儒家素所重视。

（1）见得思义

孟子曾说："孔子进以礼，退以义，得之不得，曰有命。"这段话，是表明孔子对于得失不容于心，得之不喜，失之不忧，以其属定命，无关我事，我惟礼义自持而已。因为权位名利的得失，与人身家关系不大，要紧的是义理；是故见得，士子并不以其可据为己有而急遽将就，必深思其合义与否。孔子所谓富贵之处，贫贱之去，皆必以道；非以其道而得，则不处或不去。孟子也说：

> "一箪食，一豆羹，得之则生，弗得则死。嘑尔而与之，行道之人弗受；蹴尔而与之，乞人不屑也。万钟则不辨礼义而受之，万钟于我何加焉？"（《告子上》）

（2）丧祭尽礼

一部《礼记》，有不少的篇章论到丧祭；儒家重视丧礼祭礼，于此可见。他们为甚么这样重视丧礼祭礼呢？曾子说：

> "慎终追远，民德归厚矣。"（《学而》）

丧礼是为慎终，祭礼是为追远；丧尽其哀，祭致其敬，这是为德之厚道，化民成俗，乃其大效。是故周政"所重，民食，丧祭"（《尧曰》）。孔子及其门人，生在那个重丧祭的时代，他们何得不特别讲究呢？故以"祭思敬，丧思哀"，为士子处常的大节。否则，"居上不宽，为礼不敬，临丧不哀，吾何以观之哉？"（《八佾》）

2. 怎样处变

人生难免没有忧患灾祸，没有学问修养的人，一遇事变当前，少有不惊惶失措，不顾一切的想着设计去逃避；至于士子，素有操守，遭逢甚么事变，足以妨害其操守者，则虽牺牲性命也所不惜。因为“笃信好学，守死善道”，是士子的正务，何得以忧患灾祸而易其操守呢？孔子故说：

“志士仁人，无求生以害仁，有杀身以成仁。”（《卫灵公》）

孟子也说：

“生亦我所欲也，义亦我所欲也；二者不可得兼，舍生而取义者也。生亦我所欲，所欲有甚于生者，故不为苟得也；死亦我所恶，所恶有甚于死者，故患有所不辟也。如使人之所欲，莫甚于生，则凡可以得生者，何不用也？使人之所恶，莫甚于死，则凡可以辟患者，何不为也？由是则生，而有不用也；由是则可以辟患，而有不为也。是故所欲有甚于生者，所恶有甚于死者；非独贤者有是心也，人皆有之，贤者能勿丧耳。”（《告子上》）

对于贤士见危致命的道理，孟子算是发挥得最透辟；贪生怕死，人格攸关，此临难所以不可不审。《宪问篇》说：

“见利思义，见危授命，久要不忘平生之言，亦可以为成人矣。”

然则一个有人格的人，为要保全自己人格，谁又不要有这种决心，有这种勇气，准备牺牲性命以为保全自己人格于万一的时机呢？

（戊）士的达德

前段是论士子修身处世，属于个人学养；本段论其达德，属乎士子处世为人之宜，怎样和社会民众发生关系。甚么叫达？

> 子张问："士何如斯，可谓之达矣？"子曰："何哉？尔所谓达者？"子张曰："在邦必闻，在家必闻。"子曰："是闻也，非达也。夫达也者，质直而好义，察言而观色，虑以下人；在邦必达，在家必达。夫闻也者，取仁而行违，居之不疑；在邦必闻，在家必闻。"（《颜渊》）

平常人对于闻达相提并论，具着和子张一样的错误观念，以为闻达没有分别。讵知闻是声誉，不必名副其实，人已听见我；达是德孚于人而行无不得，我的人格有实在的感力及人。所以闻与达，似同而实不同。孔子故告子张闻达有异，不可相混，并详辨其异点：达者质直而好义，与闻者取仁行违异；达者观察而虑下，与闻者居之不疑异。这里，我们但要晓得士子怎样求达？

1. 质直

士子处世，惟本其素朴质直以为人。原来，

> "人之生也直，罔之生也幸而免。"（《雍也》）

人生应以直道相处，庶好共存共荣；否则尔诈我虞，人类社会怎能维系。是故孔子曾对哀公说：

> "举直错诸枉，则民服；举枉错诸直，则民不服。"（《为政》）

"举直错诸枉"是甚么意思？樊迟曾经问过子夏说：

> "向也，吾见于夫子而问知。子曰：'举直错诸枉，能使

枉者直。’何谓也?”子夏说:“富哉言乎!舜有天下,选于众,举皋陶,不仁者远矣;汤有天下,选于众,举伊尹,不仁者远矣。”(《颜渊》)

据子夏的言语看来,“举直错诸枉”,是推崇直道,而以行直道者为可贵;那么,相率成风,枉者也将变直,彼此推诚相与,人类社会未有不治平者。直固为人生生存要着,然而怎样算直呢?论到这问题,从前叶公沈子高和孔子有过一段有趣的谈话:

叶公语孔子曰:“吾党有直躬者,其父攘羊,而子证之。”孔子曰:“吾党之直者异于是;父为子隐,子为父隐,直在其中矣。”(《子路》)

叶公所语,为矫情立异之论,恐未必实有其人;惟郑康成《论语注》,“直躬”作“弓”,以弓为名,又似确有其事。《吕氏春秋》曾这么记载着:

楚有直躬者,其父窃羊,而谒之上;上执而将诛之,直躬者请代之,将诛矣,告吏曰:“父窃羊而谒之,不亦信乎?父诛而代之,不亦孝乎?信且孝而诛之,国将有不诛者乎?”荆王闻之,乃不诛也。孔子闻之曰:“异哉直躬之为信也!以〔一?〕父而载取名焉;故直躬之信,不若无信。”

无论当日吕不韦门客是否据《论语》而捏造故事,《郑注》又是否因《吕览》而定名姓,不过在人类社会中,这种人或是存有叶公那种道德观念的人,所在多有,矫情以沽名,立异以鸣高;自以为亲莫如父,亲的罪恶尚且据直实说,何况其他,直必无过于是,当受人们钦佩,当受人们敬礼。讵知过犹不及,子证父窃,那么不顾天伦,不合人情,其直岂是真德?简直是枉道而行了。因为直道多端,父子相隐乃情理之常,则父窃而子不证,是顺常情、依常理而行，何必反乎情理方为直呢？子贡“恶讦以为直者”(《阳货》)，诚非无因。所以直道必顺情，必依理；举凡不合实情实理的言行，皆不得谓之直，不仅父子相处之道为然。孔子为甚么不承认微生高直呢？就是因为他的行为与实情不对，“或乞醯焉，乞诸其邻而与之”；不说有就有，没有就没有，已是行的弯曲，又为甚么说“匿怨而友其人，左丘明耻之，丘亦耻之”(《公冶长》)；无非以直人怨则怨，友则友，匿怨而又故示无怨，已是行的诈伪，不符理性。

2. 好义

君子处世为人，孔子说“义以为上”(《阳货》)，凡事的可否，与人的交往，一概依违于义。正如孔子又有话说：

“君子之于天下也，无适也，无莫也，义之与比。”(《里仁》)

君子的处世态度，非常活泼自如，无可无不可；他这样现得灵通，并非没有骨节，乃有主义者。因为

“君子喻于义，小人喻于利。”(《里仁》)

君子聚精会神在义上，和小人喻于利无别；小人惟利是图，不顾其他一切，君子于义也是这样。所以，凡与义相背的事不做，凡与义相违的人不与；至于“义之所在，君子蹈之，如饥之必食，如渴之必饮，不可改也”(张敬夫语)。为此，“士穷不失义”(《孟子》)，士盖以君子为模范者；士不但不失义而已，甚至“杀身成仁，舍生取义”。

3. 察言

孔子说：

“不知言，无以知人也。”(《尧曰》)

据此，为人处世，不知言怎么行？因为不知言，无以知人，人生成的不能单独存在，必然和人发生关系，度社会生活，在社会间而不知人，那种危险性是多大？原来，“益者三友，损者三友。友直，友谅，友多闻，益矣；友便辟，友便佞，友善柔，损矣”（《季氏》）。我若不知其人，贸然与之相交，将蒙受怎样的损害？这但从朋友方面说；至于用人任事，更非知人不可。要知人不可不知言，士故处世以察言为善。

4. 观色

言为心声，察言固为知人的一法；惟若专恃人言以判别是非善恶，未见得一定可靠。孔子即曾失之宰予。是故察言不够，又须观色。因为

> “论笃是与，君子者乎？色庄者乎？”（《先进》）

专凭人的言语，不能认清人；单照人的外貌，也难认清人，所以说要观色。因为有的小人，色厉而内荏，徒执其色之威严神圣，遽然以为其人有为有守，那就大谬不然。孔子说：“色厉而内荏者，譬诸小人，其犹穿窬之盗也与？”（《阳货》）

色不单指容貌，兼指行止举动；观色，是对于整个人格加以精密的观察。观察之道，孔子曾经这么论及：

> “视其所以，观其所由，察其所安，人焉廋哉？人焉廋哉？”（《为政》）

假使人是这样用心观察，不怕人在色上善于巧饰。能饰“所以”，以逃我之视，必不能饰“所由”，以逃我之观；能饰“所由”，以逃我之观，必不能饰“所安”，以逃我之察。士子果能这么处世，尚有何失？孔子说：

> “可与言而不与之言，失人；不可与言而与之言，失言。

知者不失人，亦不失言。”（《卫灵公》）

我怎么会知道人可与言或不可与言，使人与言两不相失？自非察言观色不可，那就是知者的事；士子以智为达德，这么用心观察，也其所当务。

5. 思虑

思虑也是为人处世必不可少之道；为人而不用思虑，欲其事之有成，欲其与人无尤，决然难得。是故孔子有言：

“人无远虑，必有近忧。”（《卫灵公》）

《惜阴录》说：“为治不远虑，则万几堕；为学不远虑，则百业荒；所行不远虑，则滋悔；所言不远虑，则罪集。”无论怎样，人生虽然不要畏首畏尾，不要患得患失，虑却不可不有；士子得免于卤莽灭裂，平生能平安稳妥，即在其虑而审慎周详。

6. 下人

士子既然质直而好义，既会察言而观色，而且思虑周密远到，其德其智，皆已超乎流俗，他却并不因而自满自足，自高自大；还是谦卑逊让以处世为人，“以能问于不能，以多问于寡，有若无，实若虚”，下人而不居于人上。这非有大学问，有真修养的士子不能；理学家以为，孔门中只有颜回到了这地步。这种地步虽是士子最难有的功力，可是凡为士子所应具；否则，“如有周公之才之美，使骄且吝，其余不足观也已”（《泰伯》）。人而有周公的美才，尚因矜夸鄙啬〔吝〕而无足取，为人处世还容有骄傲狂妄呢？“跂者不立，跨者不行，自见者不明，自是者不彰，自伐者无功，自矜者不长。”（老子《道德经》）是故孔子说，士必虑以下人，方能“在家必达，在邦必达”。孔子对于那骄傲狂妄而不下人之辈，表示深恶痛绝。如

原壤夷俟。子曰："幼而不孙弟，长而无述焉，老而不死，是为贼。"以杖叩其胫。(《宪问》)

另一方面，对于不骄傲狂妄而下人者，孔子又极称许奖劝，说：

"孟之反不伐。奔而殿，将入门，策其马曰：'非敢后也，马不进也。'"(《雍也》)

第四篇　《论语》的政治观

孔子一生过的教育生活，同时也是过的政治生活，虽然在位年数不多，莫由展其抱负，却是无时无地不求致用，或与当代诸侯卿大夫言，或与门弟子互相讨论政治，他故又为一大政治学家；《论语》关于他的政治主张，记载颇为不少。原来他看要行其道，致其义，莫如取得政治地位；平日用以教其门人者，无非也是些修己治人之理，所以在他门下，出的政治人才很多。如：

> 季康子问："仲由，可使从政也与？"子曰："由也果，于从政乎，何有？"曰："赐也，可使从政也与？"曰："赐也达，于从政乎，何有？"曰："求也，可使从政也与？"曰："求也艺，于从政乎，何有？"（《雍也》）

这里但说子路、子贡、冉求三人有为大夫从政之才，是随季康子所问而答；假使季康子多问几个，我想定然还有哩。他从前答孟武伯问，也说：

> "由也，千乘之国，可使治其赋也。……求也，千室之邑，百乘之家，可使为之宰也。……赤也，束带立于朝，可使与宾客言也。"（《公冶长》）

除由与求外，又多了一个赤；并且将他们能够居的地位，能够做的事工，为之直捷说明。不但孔子对于他们是这么期许，他们自己也是这么自信。《先进篇》载：

子路、曾皙、冉有、公西华侍坐。子曰："以吾一日长乎尔，毋吾以也，居则曰：'不吾知也。'如或知尔则何以哉?"子路率尔而对曰："千乘之国，摄乎大国之间，加之以师旅，因之以饥馑，由也为之，比及三年，可使有勇且知方也。"夫子哂之。——"求！尔何如?"对曰："方六七十，如五六十，求也为之，比及三年，可使足民；如其礼乐，以俟君子。""赤！尔何如?"对曰："非曰能之，愿学焉。宗庙之事，如会同端章甫，愿为小相焉。"……

子路、冉有、公西华道志的话，正如孔子对孟武伯之所言；孔子虽然哂由，非哂其无此才力而夸大，乃哂其率尔而对，毫无谦让的礼貌。在这几个人外，又有

"雍也，可使南面。"（《雍也》）

仲弓不但可为诸侯大夫，其德且可君临天下；颜渊问为邦，颜渊也是这种大有可为之才。这都是已见于《论语》记载者，其他未见于《论语》记载的政治人才，不知凡几。所以《先进篇》说"政事：冉有，季路"，那不过是举他二人为代表，并非说孔门中仅有他二人长于政治。据传孔子不得大用于楚，即以他门下政治人才太多，而见忌于人的缘故。《史记·孔子世家》说：

楚昭王将以书社地七百里封孔子，楚令尹子西曰："王之使使诸侯，有如子贡者乎?"曰："无有。""王之辅相，有如颜回者乎?"曰："无有。""王之将率，有如子路者乎?"曰："无有。""王之官尹，有如宰予者乎?"曰："无有。""且楚之祖封于周，号为子男五十里；今孔丘述三王之法，明周召之业，王若用之，则楚安得世世堂堂方数千里乎？夫文王在丰，武王在镐，百里之君，卒王天下；今孔丘得据土壤，贤弟子为佐，非楚之福也。"昭王乃止。

令尹子西劝阻昭王用孔子的话，为楚国利害计，殊为动听，不容昭王不为所惑；至于他论到孔子政治学识，及其门下政治人物之夥，从各方面可以证明是实。以他们师徒这些政治天才，济济一堂，不时研讨，宜乎有超人的政治意见发挥出来；总其所论，约可别为贤才主义，德化主义，正名主义，安民主义数端。

一　贤才主义

(甲) 贤才主义的根据

国家政治能否致治，孔子认为完全系于执政者；执政者是贤才，则政治必得其正，无贤才则天下不平。如他曾说：

> “文武之政，布在方策。其人存，则其政举；其人亡，则其政息。人道敏政，地道敏树。夫政也者，蒲卢也。故为政在人。”（《中庸》卷二第二十章）

“为政在人”，这是贤才主义的立脚点；从来政治的成功，莫不有赖于贤才。例如舜的天下何以治呢？

> “舜有臣五人，而天下治。”（《泰伯》）

朱子说：“舜之臣众矣，而独称五人者，盖舜之天下所以治者，五人而已，他人不得与也。”五臣是谁？金仁山说：“禹为司空，平水土；后稷教民稼穑，民是以不饥；契为司徒，民是以有教化；皋陶为士师，民是以不犯；伯益为虞官，掌山泽，是以鸟兽鱼鳖不可胜食，材木不可胜用，而恶物不为民害。”

虞、舜而外，周代何独不然？

> 武王曰：“予有乱（或作乱，治也。）臣十人。”（《泰

伯》)

武王伐纣，成其匡时救世的大功，要由于有周公旦、召公奭、太公望、毕公、荣公、太颠、闳夭、散宜生、南宫适等，为之辅佐，并有邑姜为后赞襄于内；孔子说自唐虞以降，贤才之盛，不过于是。

孔子默察前代以及本朝所以致治之因，莫非贤才为用，即在当世诸侯，仍不外此，所以力主贤才为政。

(乙)贤才主义的实行

凡为君者，本身贤，而又得贤才辅佐，固然尽善尽美；倘使本身不贤，只要用人得当，仍可保持现势。例如：

> 子言卫灵公之无道也，康子曰："夫如是，奚而不丧?"孔子曰："仲叔圉治宾客，祝鮀治宗庙，王孙贾治军旅。夫如是，奚其丧!"(《宪问》)

卫灵公虽然荒淫不德，其国终不至于灭亡，以有仲叔圉等从政之故，贤才为用之关于国家，不很大么?贤才为用，又不单以其有能治事，使其国家底定；并且用贤才是树之风声，使不贤不才者知勉而化。此子夏所以说：

> "舜有天下，选于众，举皋陶，不仁者远矣；汤有天下，选于众，举伊尹，不仁者远矣。"(《颜渊》)

假使为政而不以贤才为主，朝廷若属一班小人，那还谈得上政治么?孔子有言：

> "鄙夫可与事君也哉?其未得之也，患得之；既得之，患失之。苟患失之，无所不至矣!"(《阳货》)

"无所不至"，包括鄙夫多少罪恶而言!其为政也，何堪设想！试考孔子时代一班从政者，怎样呢？

> 子贡问曰："今之从政者，何如？"子曰："噫！斗筲之人，何足算也！"（《子路》）

孔子看当代卿大夫，如鲁三家之属，譬如斗筲之器，才具小，不堪大用，致其政治也不足观。人才之贤不贤，关系政治如此。是故《诗》说：

> 无竞维人，四方其训之。（《大雅·抑之篇》）

可见人选是怎样要紧的事，无论强国弱国，大国小国，莫不皆然；孔子既深明此道，他故在政治上教门人以举贤才为务。如对仲弓说：

> "先有司，赦小过，举贤才。"（《子路》）

他对于当代在位者的人格，即常就其能否举贤才为断。对于那举贤才的人，不胜其赞美！如：

> 公叔文子之臣大夫僎，与文子同升诸公。子闻之曰："可以为文矣。"（《宪问》）

公叔文子以其家臣僎贤而有才，既不以其原居己下而耻与同列，又不以其贤才自私，推荐之于公朝，使为国效劳，孔子故称其真有文人人格。反是，人若有举贸才的地位和机遇而不为，孔子又不胜其恨恶！如：

> 子曰："臧文仲其窃位者与？知柳下惠之贤而不与也。"（《卫灵公》）

臧文仲知柳下惠贤而不引与共事，似有独享荣华富贵的欲念，孔子看这种人行同盗贼！以其只知有己，不知有人；只知有家，不知有国。为此，他虽称贺管仲为"人"，子产为"惠"，可是他说子产不及子皮贤，管仲不及鲍叔贤。那是何解？因为“鲍叔进管仲，子皮达子产，未闻二子之达贤己之才者也”（《家语·贤君》）。“知贤，知也；推贤，仁也；引贤，义也。有此三者，又何加焉？”（《韩诗外传》）足见进贤达贤，原非易事！

孔子理想中的世界，就是公同以贤才任事的社会。《礼·礼运》说：

“大道之行也，天下为公，选贤与能，……”

怎样选举贤才呢？仲弓曾经拿这问题，和孔子讨论过。

仲弓曰：“焉知贤才而举之？”曰：“举尔所知。尔所不知，人其舍诸？”（《子路》）

可见孔子之所谓选举，选是在位者的挑选，而非民众的推选；举是在位者的荐举，而非民众的公举。他的选举观，非同于今世的选举法。

二　德化主义

孔子既然注重贤才，当然趋向德化；可说贤才人选，即为德化政治故。德化主义怎样？

（甲）德化主义的背景

孔子为甚么提倡德化主义呢？

1. 当代的重税政策

孔子时代的执政者，既属“斗筲之人”，还能有甚么好政治出现？那种小才小器的人，自不知从大处着眼，专门只顾目前一己利益，哪管百姓的死活？于是横征暴敛，多事搜刮，他们将古代税制改变，以遂其私欲。如《左传》说：

季孙欲以田赋，使冉有访于仲尼。仲尼曰："丘不识也。"三发，卒曰："子为国老，待子而行，若之何子之不言也？"仲尼不对，而私于冉有曰："君子之行也，度于礼，施取其厚，事举其中，敛从其薄；如是，则以丘①亦足矣。若不度于礼，而贪冒无厌，则虽以田赋，将又不足。且子季孙若欲行而法，则周公之典在；若欲苟而行，又何访焉。"弗听。十二年春王正月。用田赋。

他们欲改变古代税制，孔子知其必行，不明谏阻，惟托冉求一言；后果不遵先公典籍，竟用田赋，其税率于以特高。高到甚么程度呢？哀公之言可资参考。

哀公问于有若曰："年饥，用不足，如之何？"有若对曰："盍彻②乎？"曰："二吾犹不足，如之何其彻也？……"（《颜渊》）

按哀公语意，那时税率已较彻法加倍，十取其二；赋税虽然加重，可是于哀公十二年、十三年皆有螽，加以连年有事于邾，又有齐儆，以致政用仍感不足，正应了孔子"贪冒无厌，……将又不足"的话。不过，公家虽然贫乏，大臣却已私藏甚丰，甚至

① 邱，十六井。赋法：按孔颖达《疏》，因其田产，通出一马三牛；季孙氏用田赋，是不仅依一邱民之家赀取一马三牛而已，另托田之收入，又取一马三牛为税。

② 彻法：朱晦庵说："周时，一夫受田百亩。乡遂用贡法，十夫有沟；都鄙用助法，八家同井；耕则通力合作，收则计亩而分，故谓之彻。"黄癸峰说："百亩者，八夫各授私田百亩，又共受公田百亩也。彻者，八家通出其力，以合作公田，惟据益田百亩所登之谷，而收之于官也。"

“季氏富于周公”，那时冉求正为季氏宰，初既与闻其政而不阻其行，继且为之聚敛附益。孔子故表示深恶痛绝，说：“求也，非吾徒也，小子鸣鼓而攻之，可也。”(《先进》，参《孟子·离娄》)所以孔子对于当代重赋政策，始终立在反对地位；因为那种政策的推行，徒饱私囊，徒招民怨。

2. 当代的重刑政策

上文虽但就孔子本邦鲁国而言，我们读《诗》《伐檀》、《硕鼠》等篇，以及别的书传，知道那是周末其他诸侯的普通行为，以致当代人民皆不聊生。如《苕之华》诗说：“知我如此，不如无生。”当代人民这种厌世思想，即当代那种政治所造成。老子所谓：

“民之饥，以其上食税之多，是以饥；民之难治，以其上之有为，是以难治；人之轻死，以其生生之厚，是以轻死；夫惟无以生为者，是以贤于贵生也。”(《道德经》七十五章)

人民既然因为赋税不堪担负，一旦年荒岁歉，老弱者转乎沟壑，或是自寻死路；少壮者不免铤而走险以求生，以致盗贼蠭起，社会紊乱不宁。如鲁季康子，即深以此为患。《颜渊篇》记其事说：

季康子患盗，问于孔子。孔子对曰：“苟子之不欲，虽赏之不窃。”(参《左传·襄公二十一年》臧武仲与季孙氏论盗一段)

足见盗贼的发生，政府应负相当责任。上不重税，民不缺食；上不有为，下不难治；上不厚生，下不轻死；上不逞欲，下不窃取。可是那时执政诸公，并不如是反省而顾及该项社会病态发生的原因，力求弭除，反倒严刑峻法，仅事消极的制裁。讵知民已厌世而无以生为，以为生不如死，那种严刑峻法有甚么用呢？徒使社会那种紊乱情势，愈增严重而已。老子所谓：

> "民不畏死，奈何以死惧之？若使民常畏死，而为奇者，吾得执而杀之，孰敢？常有司杀者杀。夫代司杀者杀，是谓代大匠斲；代大匠斲，希有不伤其手矣。"（《道德经》七十四章》）

政府不能随民之好恶以为治，专门运用政治手段以临百姓，拿着就杀，结果政治行的不通，"希有不伤其手"而发生困难。这样看来，重刑有何益呢？是故莫如重德。

（乙）德化主义的意义

对于当代那种主杀政策，孔子原也极不谓然。如：

> 季康子问政于孔子曰："如杀无道以就有道，何如？"孔子对曰："子为政，焉用杀？子欲善，而民善矣。君子之德风，小人之德草，草上之风必偃。"（《颜渊》）

他看专门主杀不是事，要在位执政的以德化人；以德化人者，好像风行偃草一样。所谓：

> "上好礼，则民莫敢不敬；上好养，则民莫敢不服；上好信，则民莫敢不用情。"（《子路》）

儒家认定"上有好者，下必有甚焉者矣"，他们责望政府故殷。人民不德，是因政府中人不能为之表率；人民善良，惟在政府中人教劝示范。孔子故说：

> "临之以庄，则敬；孝慈，则忠；举善而教不能，则劝。"（《为政》）

曾子也说：

“君子笃于亲，而民兴于仁；故旧不遗，则民不偷。”（《泰伯》）

因为“未能正己，焉能正人？”所以大学之道，言治平必自修身始。正是：

“苟正其身矣，于从政乎，何有？不能正其身，如正人何？”（《子路》）

季康子问政于孔子，孔子对曰：“政者，正也。子帅以正，孰敢不正？”（《颜渊》）

又说：

“其身正，不令而行；其身不正，虽令不从。”（《子路》）

人民好，还要执政的好，因为凡事，执政者必先为之导；不能责成人民如何如何，自身却不去做，或是做的不对。所以，

子路问政？子曰：“先之，劳之。”请益，曰：“无倦。”（《子路》）

这是孔子的政见，和当代刑治主义最大的分歧点；刑治主义以法令威严来制裁并镇压反动，德化主义是要以自己人格来教劝。前者相信客观律条的束缚力，后者着重道德的感动力；这两种力量之于人，前者万不及后者的自然而著效。孔子说：

“道之以政，齐之以刑，民免而无耻；道之以德，齐之以礼，有耻且格。”（《为政》）

刑治主义虽或使人因其法制之密，禁令之严，而知所恐惧，不敢为非作歹；究竟他的心念仍不忘恶，有了相当时机就会放肆起来，那非根本为政的好办法。何况据老子说，民不畏死，奈何

以死惧之？即从消极的制裁言，刑治主义也未必有效呢。何如以德为天下倡，使民欢感兴起？以礼齐其风俗，使民循规蹈矩；无形中发育其善善恶恶之心，而格其非。这么样去为政，天下岂有不治呢？孔子故说：

> “为政以德，譬如北辰居其所，而众星拱之。”（《为政》）

北辰，古视为天的中极，凝然端居其所，不觉其动，而左右经纬的众星，皆四面环绕以一其趋向；孔子说为政以德，也有如此妙化之功，必可得到群众的拥护与爱戴，自然无为而治。《集注》引范氏说：

> “为政以德，则不动而化，不言而信，无为而成；所守者至简而能御烦，所处者至静而能制动，所务者至寡而能服众。”

这种论调，可说和老子共鸣；现代虽有一部分人士，怀疑老子在孔子先，我觉得《论语》中有好几处学理，和《道德经》可互相发明，私衷总以老、孔先后同代的意见为然。虽则他们两个在政见上有若干分别，可是他们注重德化是一样。后儒以为老子“无为而治”是清静无为，和孔子为政以德有异，为政以德还是有为而后显其不为之治云；讵知老子无为之旨，本也不能视同佛教徒的禅寂，他不过不满意于当代“法令滋彰，盗贼多有”（《道德经》五十七章），那种政治社会的情况，提倡“为无为，事无事”，使民“自化”，“自正”，“自富”，“自朴”，不必用甚么条文去督促限制，并非道德也不躬行了。孔子说：

> “无为而治者，其舜也与？夫何为哉？恭己正南面而已矣。”（《卫灵公》）

这话，正像是老子无为而治的注语；所谓“恭己正南面而已”，明是在上位者正己以正人之意，不用律上加律，令上加令，这里一点，那里一点，那么多是多非的做。不过孔子的德化主义，我们若以其即老子的无为主义，那就不免毫厘千里之差。孔子主张为政，不但“道之以德”，又要“齐之以礼”；老子看“礼者，忠信之薄，而乱之首”（《道德经》三十八章）。礼治使人趋向文饰，和刑治使人徒谨外行一样。孔子却极主张礼制以为德化天下的辅助作用，说：

> “知及之，仁不能守之，虽得之，必失之；知及之，仁能守之，不庄以莅之，则民不敬；知及之，仁能守之，庄以莅之，动之不以礼，弗善也。”（《卫灵公》）

知及仁守，内美算已充实；庄敬莅民，威仪也已显著；个人修身之道，可说无亏。惟使民若不以礼，则但能使民敬其德而不化；较之刑治主义虽已进步，究未竟德治主义之全功。必定

> “上好礼，则民易使也。”（《宪问》）

何解好礼则使民易？李岱云说：“好礼则礼达，礼达则分定，分定则情安，而易于使。”原来，“礼者，君之大柄也；所以别嫌，明微，傧鬼神，考制度，别仁义，所以治政安君也”（《礼·礼运》）。“所以章疑别微，以为民坊者也；故贵贱有等，衣服有别，朝廷有位，则民有所让。”（《礼·坊记》）因为“圣人之所以治人七情，修十义，讲信修睦，尚慈让，去争夺，舍礼何以治之？”（《礼·礼运》）故礼在孔子政治论中，占极重要的地位。曾说：

> “能以礼让为国乎，何有？不能以礼让为国，如礼何？”（《里仁》）

不能以礼让为国，国将不成体统；能以礼让为国，则国家致

治不成问题。正如《家语》、《史记》及《说苑》等书记载着一个故事：虞、芮二国之人，争田不已，乃相与朝周，入其境，耕者让畔，行者让路；入其邑，男女异路，斑白者不提絜；入其朝，士让为大夫，大夫让为卿。二君见而感之，乃以所争之田为闲田。这个故事，可充分的说明孔子德化主义注重礼治的意义。

（丙）德化主义的功用

德化主义有甚么功用？可举孔子答叶公问的话说明。

> 叶公问政，子曰："近者悦，远者来。"（《子路》）

近悦是国内治平，远来是国际诚服；所以不论对内对外，德化主义比刑治主义徒使人怀明威而生畏者强。近悦远来之道，其详如何？

1. 悦近之道

悦近之道有二，一是宽，一是惠；宽对重刑主义而言，惠对重税政策而言。

（1）宽

孔子既不赞成刑治，对民自然主宽，在上者以宽容为原则；否则，"居上不宽，……吾何以观之哉？"（《八佾》）他告仲弓以政，即在"先有司，赦小过"（《子路》）；凡执政者，都应具有道种宽大精神。像《汤诰》说：

> "朕躬有罪，无以万方；万方有罪，罪在朕躬。"（《尧曰》）

又《泰誓》说：

> "百姓有过，在予一人。"（《尧曰》）

执政者能够这么存心，对于罪犯自负责任，岂愿过事苛求？

所以大禹途遇罪犯，下车垂问而泣；他以尧舜之民，皆以尧舜之心为心，至其为君而民心不向善，是其德不足以感化人民之故，他故觉得这是深可痛心的事。历来谈德化政治者，莫不以尧、舜、禹、汤、文、武为则范；总以社会问题的发生，执政者必须代尸其咎。是故

> 孟氏使阳肤为士师。问于曾子，曾子曰："上失其道，民散久矣；如得其情，则哀矜而勿喜。"（《子张》）

士师执掌法权，不要以审明案情为快，要心存哀矜，即有宽容之意；因为民之不德，是由"上失其道"而然。照这么说，政府官吏，不在会办奇案，不在会辨冤狱，如一班人所钦羡的包龙图；要在使他的政权所及地的属民，没有甚么奇案或冤狱的出现。孔子所谓：

> "听讼，吾犹人也。必也，使无讼乎？"（《颜渊》）

怎样能使无讼？是非明，曲直判，未必可以做到；必然像文王之为国，使虞、芮二君受感而自动放弃其争端。换句话说，刑治主义不能达到无讼的目的，惟有德化主义方可成功；刑治主义不单不能使人无讼，恐怕愈使社会人士增加纠纷，缠讼不休。据《荀子》说，在孔子为鲁司寇的任期内，有某父子来告状，他老先生将他俩一齐收监三月之久，既不审判，又不开释；后来，那为父的自己呈请休讼，他始将他们一齐放出。事闻于季桓子，桓子很不喜悦，对冉有说孔子欺他，以其曾说"国家以孝为先"，他若治不孝子以罪，岂不甚好？为何将他放了呢？冉有以告孔子，孔子喟然叹息着说："呜呼！上失其道，而罪其下，非礼也；不教以孝，而听其狱，是杀不辜也。……狱犴不治，不可刑也。何者？上教之不行，罪不在民故也。……故先王既陈之以道德，上先服之；若不可，尚贤以綦之；若不可，废不能以单之；綦三

年而百姓往矣。先修正乎在己者，然后徐责其在人者，威乎刑法，是知罪矣。《诗》曰：‘尹氏大师，维周之氐；秉国之钧，四方是维；天子是毗，俾民不迷！’是以威厉而不试，刑错而不用。今之世则不然，乱其教，繁其刑，使民迷惑而陷焉，又从而制之，是以刑弥繁而邪不胜也。……”（按：这一段传说，除《荀子》外，并见于《韩诗外传》、《说苑》及《家语》；《外传》与《说苑》以此为季康子时事者误，因孔子为鲁司寇，乃在康子父桓子秉政时代。）鲁国自经孔子那么治狱，刘向加述其后效说："讼者闻之，乃请无讼。"可见孔子已曾在司寇任上，根本化除民间的不平现象！无讼于庭！《易·象》言刑者六，始于“讼”，终于“中孚”；讼者刑之始，而象不言刑，但戒以作事谋始，即欲其无讼以期于无刑之意。

为政虽然以无讼无刑为上，必要时也并非绝对不可用；所以“孔子为鲁司寇，摄行相事，行朝政，七日而诛乱政大夫少正卯，戮之于两观之下，尸于朝三日”。诛一少正卯而鲁政得以不乱，刑又何不可用?《易·象》故于“讼”后，继以“噬嗑”曰“明罚勅法”，“解”曰“赦过宥罪”，“丰”曰“折狱致刑”，“旅”曰“明慎用刑，而不留狱”，中孚曰“议狱缓死”。必终之以中孚者，以讼之起为有孚窒，上以孚感，下以孚应，于是窒化为孚；窒化为孚的过程，虽其间或不免于用刑，究以德化及民为的。

（2）惠

德化又不单消极的待民以宽，至使民间无讼而无刑，并要养民以惠；惠是积极的施与，《尧曰篇》故引述周之大赉，以彰武王德政。《书·武城篇》说：

> 天下大定，乃反商政。……散鹿台之财，发巨桥之粟，大赉于四海，而万姓悦服。

纣以聚敛为事，大招民怨，武王反其道而行，散财发粟，以济贫乏，于是万姓欢腾；足征惠则足以悦人，足以使民。惟惠民，岂必在财粟的施与呢？

> 子贡曰："如有博施于民，而能济众，何如？可谓仁乎？"子曰："何事于仁？必也圣乎！尧舜其犹病诸。"（《雍也》）

博施济众，圣如尧舜，也觉歉然而为难，则为政如必以财粟惠及群黎，那在事实上怎能办到？孔子说：

> "君子惠而不费。"……"何谓惠而不费？"子曰："因民之所利而利之。斯不亦惠而不费乎？"（《尧曰》）

足见惠不一定在财粟上；为政者能够"敬事而信，节用而爱人，使民以时"（《学而》），则民已受惠无穷。是故《宪问篇》记孔子称许子产为惠人，何尝以其如周之大赉于四海呢？子产黜汰侈，崇恭俭，作封洫，铸刑书，其事多严，仍得"惠人"之称者，是因

> 子产有君子之道四焉，其行己也恭，其事上也敬，其养民也惠，其使民也义。（《公冶长》）

当子产时，郑多强族，食于都鄙，常越其分，子产则为之章，以示限制；火作而焚民居，则宽其居而与之材；以及《史记》、《吕览》所载，惠迹昭著。当日郑国百姓故有"谁嗣"之颂！（《左传·襄公三十年》）孔子称其为惠人，不是很合式么？那时郑国因子产而国泰民安，数十年蒙其泽，足征惠政易行，以及惠民之要。孔子答子张从政之问，故以惠为"五美"之首，不惠为"四恶"之极；（《尧曰》）惠与不惠之于民于政，关系甚切。

何谓五美？

子曰："君子惠而不费，劳而不怨，欲而不贪，泰而不骄，威而不猛。……因民之所利而利之，斯不亦惠而不费乎？择可劳而劳之，又谁怨？欲仁而得仁，又焉贪？君子无众寡，无大小，无敢慢，斯不亦泰而不骄乎？君子正其衣冠，尊其瞻视，俨然人望而畏之，斯不亦威而不猛乎？"（《尧曰》）

何谓四恶？

子曰："不教而杀谓之虐；不戒视成谓之暴；慢令致期谓之贼；犹之与人也，出纳之吝，谓之有司。"

五美中的不怨、不贪、不骄、不猛，皆与惠相联带；四恶中的虐、暴、贼、吝，皆属不惠的表证。为政以惠，方可与言"尊五美，屏四恶"，方可与言德化。

2. 来远之道

德化主义又非惟安内，并且是服外；对内既主宽主惠而不用刑，对外也是一样，凡帝国主义的武力侵略，皆德化主义所排斥。《论语》第十六篇载：

季氏将伐颛臾，冉有、季路见于孔子曰："季氏将有事于颛臾。"孔子曰："求！无乃尔是过与？夫颛臾，昔者，先王以为东蒙主，且在邦域之中矣，是社稷之臣也。何以伐为？"冉有曰："夫子欲之，吾二臣者皆不欲也。"孔子曰："求！周任有言曰：'陈力就列，不能者止。'危而不持，颠而不扶，则将焉用彼相矣？且尔言过矣！虎兕出于柙，龟玉毁于椟中，是谁之过与？"冉有曰："今夫颛臾固而近于费，今不取，后世必为子孙忧。"孔子曰："求！君子疾夫舍曰'欲之'而必为之辞。丘也，闻有国有家者，不患寡，而患不均；不患贫，而患不安。盖均无贫，和无寡，安无倾。夫如是，故远人不服，则修文德以来之；既来之，则安之。今由与求也相夫子，远人不服而不能来也，邦分崩离析而不能守也，而谋动干戈于邦内。吾恐季孙之忧，不在颛臾，而在萧墙之内也！”（《季氏》）

按：这一章，儒家颇有人疑其伪。《朱注》以冉有、季路二子仕季氏不同时，已开其端，后来儒者聚讼不已；总合那些反对意见，可以崔东壁为代表。《洙泗考信录·馀录》说：“此章可疑者五：《论语》所记孔子之言，皆简而直，此章独繁而曲；其文不类，一也。子路为季氏宰，在定公世；冉有为季氏宰，在哀公世；其时不合，二也。子路主堕都之谋，其刚直有素，归鲁之后，不肯承季氏意，以盟叛人，必不堕其晚节，以阿季氏，其理不似，三也。颛臾之伐，不见于经传；洪氏意其因孔子之言而中止，然则田赋之用，何以不因孔子之言而中止？其事无征，四也。僖二十一年《传》云：‘任宿，须句，颛臾，风姓也；实司大皞与有济之祀。’不言为东蒙主，亦不言为鲁有，其说不同，五也。且此篇称“孔子”，与前十五篇异，其非孔子之徒所记甚明。”

按崔氏这些意见，不无可商之处。第一项论《论语》之文及最后论孔子之称，以《论语》原有三种，今本乃混合编辑者，则其行文与称号之不一，自在意中。第二、第三，本章并未确定子路和冉有同仕于季氏，全章语气是重在冉有，冉有拉上子路来说话，孔子方始联带及之；因为子路那时虽没有和冉求共事一主，他究竟曾为过季氏宰，何况据《韩非子》“季孙为鲁相，子路为郈令”，郈虽为叔孙氏邑，到底是鲁官吏，他又何尝不可对其旧主家进一言？则孔子谓“由与求也相夫子”云云，未始说不上。至疑子路刚直，决不肯承顺季氏私意而行的话，本来子路未曾参与是谋，不过间接听冉有言及，并已表示反对，致冉有有“吾二臣者皆不欲也”之词，何得说他阿附其间？又有足令我们注意者，子路素来喜欢说话，惟独这一次守缄默在旁边，听冉有和孔子对谈，始终未发一言，是其本来置身事外之证。而且“季子然问：‘仲由、冉求，可谓大臣与？’”《注》：“子然，季氏子弟，自夸其家得臣二子，故问之。”则由与求也，或曾有一个简短时期共事呢？又“季子章”内说由、求不知进退，并有非弑父与君等大逆不道，未尝不从之意；从是因其不知其不可而为，并非阿附季康子。至于第四、第五，经传未必一一信而有征，见于此者不见于彼，录于乙者不录于甲，似非希罕的事。为此，我看姑以季氏曾有伐颛臾之议。

季氏要伐颛臾，为辟土地，为充府库，那是一个野心政治家的常情；孔子觉得那是当代所行的霸道，政治未得其正，乃极不以为然，严词责成冉有、子路当谏阻。他看远人不服，不在重武而在重文，不在用力而在用德；文若已修，德若已著，全不须以武力施展至外邦，自然“自东自西，自南自北，无思不服”（《大雅》）。行见“四方之民，襁负其子而至矣！”（《子路》）正如周初政绩：

> 谨权量，审法度，修废官，四方之政行焉；兴灭国，继绝世，举逸民，天下之民归心焉。（《尧曰》）

这种事实，给与我国人以良好深刻的印象；这种主义，成为我国人强固有力的思想；一路来，我们对外重文不重武，尚德不尚力，“柔远人，怀诸侯”，乃为天下国家九经之大者（《中庸》卷二第二十章）。如秦始皇，如元太祖，那种趋向武力统一的人，在我们民族中的地位只有那么高贵；我们的圣人，是尧舜禹那些德化主义者。到了竞雄尚武的今日，我们这惟修文德的民族就吃了大亏！

德化主义排斥武力，是以武力对外为不可靠的方法；以人纵然屈服在我武力之下，那究属表面的暂时的性质。所谓“以力服人者，非心服也，力不赡也；以德服人者，中心悦而诚服也”（《孟子·公孙丑上》）。所以，即使万不得已采取武力，也是“攻城为下，攻心为上”（马谡语）；无论如何，总以德化为归。何况专门武力对外，国内民生也不免受军事影响，或足引起其他革命爆发之虞。孔子故说：“远人不服而不能来，……而谋动干戈于邦内，吾恐季孙之忧不在颛臾，而在萧墙之内。”

三 正名主义

上文已经说过，孔子的政治观，既在“道之以德”，又要“齐之以礼”。《礼·礼运》说：“礼达而分定”；注重礼的作用，当然注意名分。这就和老子学说大相径庭，据老子看，名是起于人的分别心；有甚么好名，人会盗名欺世。所以说：

> 天下皆知美之为美，斯不美矣；天下皆知善之为善，斯不善矣。是故有无相生，难易相成，长短相形，高下相倾，音声相和，前后相随。（《道德经》二章）

有有就有无，有难就有易，有长就有短，有高就有下，有音就有声，有前就有后；不如将这一切名，两相泯灭，使人自行其道，自著其德。所以他说：“化而欲作，吾将镇之以无名之朴。”（《道德经》三十七章）原来真实的善美，不在名上；名为善美者，未必果有其实。正如

> 建言有之：明道若昧，进道若退，夷道若颣，上德若谷，大白若辱，广德若不足，建德若偷，质直若渝，大方无隅，大器晚成，大音希声，大象无形，道隐无名。（《道德

经》四十一章）

似此名实不相符合，我们还可执名以论实呢？是故

知者不言；言者不知。塞其兑，闭其门；挫其锐，解其纷；和其光，同其尘，是谓玄同。故不可得而亲，不可得而疏；不可得而利，不可得而害；不可得而贵，不可得而贱；故为天下贵。（《道德经》五十六章）

人生贵能实事求是，于名何与？有名方足假借，无名则人不可得而亲疏利害贵贱之了。故兑要塞，门要闭，锐要挫，纷要解，光要和，尘要同，总不落言诠迹象而已。但孔子则不然，以为没有文物制度，是野蛮社会的光景；及至人文进步，礼教兴，名分定，乃属世界的必然趋势。人岂可忽略名的作用呢？故

子路曰："卫君待子而为政，子将奚先？"子曰："必也正名乎？"子路曰："有是哉？子之迂也！奚其正？"子曰："野哉由也！君子于其所不知，盖阙如也。名不正，则言不顺；言不顺，则事不成；事不成，则礼乐不兴；礼乐不兴，则刑罚不中；刑罚不中，则是无所措手足。故君子名之必可言也，言之必可行也；君子于其言，无所苟而已矣。"（《子路》）

请看孔子是怎样注重名的作用！以为言之顺，事之成，礼乐之兴，刑罚之中，以及人民的治安，完全在正名上；名若不正，就谈不到政治。此尹文子所说：

"万物并存，不以名正之，则乱。自古及今，莫不用此而得，用彼而失；失者由名分混，得者由名分察。"（《大道篇》）

周末那种混乱纷扰的局面，莫非由于名不正的缘故。《荀子》

所谓：

> 今圣王起，名守慢，奇辞起，是非之形不明，则虽守法之吏，诵数之儒，亦皆乱也。……异形离心交喻，异物名实互纽；……如是，则志必有不喻之患，而事必有困废之祸。（《荀子·正名篇》）

像这样，名有大的关系于政治法律，道德学问，名还可不求其正呢？原来董子有言：

> “名生于真，非其真，弗以为名；名者，圣人之所以真物也。……欲审曲直，莫如引绳；欲审是非，莫如引名。名之审于是非也，犹绳之审于曲直也。诘其名实，观其离合，则是非之情，不可以相谰已。”（《春秋繁露·深察名号》）

名正而后可显物事的真实意义，凡百物事的真实意义，即系于名；顾名思义，循名责实，无有不得。人或盗名欺世，“挂羊头，卖狗肉”，那就是“异物名实互纽”，那就是非其真而以为名；这种情形，并非由于名不好，名的本身原是对的，不好是在“名分混”，不好是在“名守慢”。以致是非之情可以相谰，“志必有不喻之思，而事必有困废之祸”。即孔子所说的“名不正，则言不顺；言不顺，则事不成”。假使“诘其名实，观其离合”，谁还能盗名以欺世呢？故孔子看正名，为为政切要之图；名不正的话，一切措施都难适宜。即如那时卫出公，就是一个名不正的执政者，不父其父，而祢其祖；并且其立是由于南子（见《左传·哀公二年》），南子原为乃父蒯聩所欲杀的淫母（见《左传·定公十四年》），立蒯聩子以拒蒯聩，那是怎样乱伦而名不正已至极！祖非祢而祢，父非仇而仇，无父之人不可为君而竟君临卫国，卫政尚可为呢？是故卫不待孔为政则已，信如子路所言，“卫君待子而为政”，则第一件事，非先正其君臣父子之名不可。不过，

正名主义非单为卫而发，在政治上乃是普遍的应用。例如，

> 齐景公问政于孔子，孔子对曰："君君，臣臣，父父，子子。"公曰："善哉！信如君不君，臣不臣，父不父，子不子，虽有粟，吾得而食诸？"（《颜渊》）

君要认真的为君，臣要认真的为臣，父要认真的为父，子要认真的为子，那就是名副其实，名正言顺，为政之道已尽于是；君臣父子若不认真的为，则伦常乱，纪纲坏，莫说政治，连生存也是问题了。这种事实，春秋时代极为普遍，举不胜举，诸侯不以天子为君，大夫不以诸侯为主，陪臣又不以大夫为上，民间也失其尊卑长幼之序哩。故孔子不胜慨叹说：

> "天下有道，则政不在大夫。"
>
> "天下有道，则庶人不议。"
>
> "天下有道，则礼乐征伐自天子出；天下无道，则礼乐征伐自诸侯出。自诸侯出，盖十世希不失矣；自大夫出，五世希不失矣；陪臣执国命，三世希不失矣。"（《季氏》）

"天下有道"是"名分察"，天子、诸侯及大夫等，皆各按其本分去做；无道就是"名分混"，天子、诸侯与大夫等，皆不按本分行事，致不免有僭越之情，诸侯与大夫居然擅自使用起礼乐征伐来，陪臣而竟掌持国柄，庶人在下妄发议论，搅得周代一团糟。孔子尝有志于改革这弊端，说：

> "如有用我者，吾其为东周乎？"（《阳货》）

他之所以周游列国，以求见用于诸侯，就是想藉一政治地位，率使天下诸侯皆能尊周，以贯澈其正名主义。无如怀志不遇，晚年乃退而修《春秋》，假以达其心愿；宋均所谓"孔子志在《春秋》"者是。（《孝经纬·包〔勾〕命决》）他藉《春秋》怎

样表达其志呢？就是正名；正名为《春秋》第一义。所以董仲舒《春秋繁露》说：

> 春秋辨物之理，以正其名；名物如其真，不失秋毫之末。（《深察名号》）

又说：

> 春秋慎辞，谨于名伦等物者也。（《精华篇》）

《春秋》以正名为其内涵，它的作用也即在是。所以《庄子》说：

> 《春秋》以道名分。（《天下篇》）

《春秋》的作用是正名，《礼·经解》故说：《春秋》使人不乱，乱是名不正的结果；名正则会治而无乱事发生，所谓“天下有道，则礼乐征伐自天子出”，“政不在大夫”，而“庶人不议”，政治很有轨道。

四　安民主义

安民主义，可说是政治的究极目标；举贤才，行德化，正名分，无非为的治国安民。一个国家最大的困难，是民不安；政治上最大的成功，又莫过于人皆以我为乐土。孔子故说：

> “丘也，闻有国有家者，不患寡而患不均，不患贫而患不安。盖均无贫，和无寡，安无倾。夫如是，故远人不服，则修文德以来之；既来之，则安之。”（《季氏》）

国家的颠覆，惟在民不安，安则无倾，是故对内以安民为第一意义；对外邦人之因慕化而来居是邦者，也是在“安之”，而无使其感到任何不适。这就是孔子生平的大志：

“老者安之，朋友信之，少者怀之。”（《公冶长》）

孔子本人以老安少怀自矢，他理想中的模范人格，也是以安民为最高鹄的。如：

子路问君子，子曰：“修己以敬。”曰：“如斯而已乎?”曰：“修己以安人。”曰：“如斯而已乎?”曰：“修己以安百姓。——修己以安百姓，尧舜其犹病诸。”（《宪问》）

君子修己的用意，非徒为己，而实为人，期天下人人因其才德充实有位而得安乐。足证一个真正儒者的怀抱要怎样高超，眼光要怎样远大！可是修已以安百姓，谈何容易？至圣如尧如舜，尚以为病，何况通常的人呢？那么，究竟安民是怎样一回大事？或说要怎么样才能安民呢？

据上引《季氏篇》所载孔子的话，人民不安是因贫乏，及财富的不均；又因教化不行，远人不服，必须修文德以使其来而安之，可见安民主义的实现，有两种要素，一在富民，一在教民。所以富民、教民之道，为孔子所极重视。例如：

子适卫，冉有仆。子曰：“庶矣哉!”冉有曰：“既庶矣，又何加焉?”曰：“富之。”曰：“既富矣，又何加焉?”曰：“教之。”（《子路》）

孔子一入卫境，看到人民繁衍，赞叹之声冲口而出；以人民为国家基本，人民众多，当是国家之幸；他老先生假使生在现代，或也要如墨索里尼等一样奖励生殖。不过单有很多人民，如果不能生活，或尽是些无知识无道德的，有甚么用？所以“富之”，“教之”，实属必要的政策。

(甲) 富民

人生以能生存为最低限度的要求，政治上故以民生主义为尚；人民若无生存的机遇，欲保其无事为不可能。因为

> “贫而无怨难；富而无骄易。”（《宪问》）

伦理道德，常随境遇为转移。人民如果贫穷而不能生存，怎会安常守素？孔子本其人生经验及其观测人民的心理作用，深深知道贫而无怨难；怨贫自不甘于贫，国内治安就成问题。孔子所谓：

> “好勇疾贫，乱也。”（《泰伯》）

怨贫疾贫，是造事生乱的因子，历来政治家故莫不以解决民生问题为务；民生问题得解决，而后可与人民共治。以富虽足使人骄，究竟还可教导，容易除去那种心理病态，使其知廉耻，守礼义；《管子》所谓“衣食足，然后知荣辱”者是。《孟子》也说：

> “无恒产而有恒心者，惟士为能。若民，则无恒产，因无恒心；苟无恒心，放辟邪侈，无不为已。……是故明君制民之产，必使仰足以事父母，俯足以畜妻子，乐岁终身饱，凶年免于死亡，然后驱而之善，故民之从之也轻。”（《梁惠王上》）

富民还在教民之先，则其紧要可知。只是怎样使民富呢？使民富有之道，是要实行一种妥善的经济政策，叫百姓皆能在财产上及其享有，分配得匀，没有贫富悬殊的阶级在社会间对立；那样，虽寡不足患，虽贫也不足患，因为各人的财产及其享有既均而和，谁都不得有异言，谁都不得起野心。所谓“均无贫，和无

寡”，结果自然安而无倾了。不然，董子曾有话说：

> 有所积重，则有所空虚矣。大富则骄，大贫则忧；忧则为盗，骄则为暴。（《春秋繁露·调均篇》）

大富大贫，都与治安有碍，所以善为政者，当在经济上分配得宜。像老子的话说：

> 高者抑之，下者举之；有余者损之，不足者补之。（《道德经》七十七章）

是故我们的先哲，虽没有喊出现代“节制资本”，“平均地权”等口号，却是确有此意。

（乙）教民

民贫易生乱，民富又致暴，足见贫难为治，富而无教育，也是一样。至于受过真正教育而有道德的人，贫不失乐，富而好礼，国家治安有何足虞？为此，国家经济建设是必要之图，心理建设尤应加紧。所以，

> 子贡问政，子曰：“足食，足兵，民信之矣。”子贡曰：“必不得已而去，于斯三者，何先？”曰：“去兵。”子贡曰：“必不得已而去，于斯二者，何先？”曰：“去食。自古皆有死，民无信不立。”（《颜渊》）

国家在万不得已时，兵备可无，甚至食也可缺，惟信不可失；信是关于教化，无论如何不可无信，就是说教化较比其他国防、经济，尤为重要。良以国家无兵虽难保卫国土；无食虽难维护民生，究竟人皆有死，自古已然，人惟存得此信，虽穷城难恃，而义愤或倏转于崇朝；即危国终亡，而忠魂亦永垂于万古，人格国格得以不丧。否则，“民无信不立”，徒以食为天，或将养

成贪生之辈；以兵为防，或且造就一班盗匪。倘无教化，国又何以为国呢？因此我们的先哲在政治上，经济建设与心理建设必是双管齐下，富民而且教民；教民当然也不限止伦理道德之一端，实则足食足兵，也是教化之道。王罕解说得不错："教化兴于兵食之先，周于兵食之后，行于兵食之外，亦运于兵食之中。"孔子要人足食，乃极自然之理；惟他素重文德，又以足兵与足食相提并论，可证他原不怠忽武备。曾说：

"善人教民七年，亦可以即戎矣；以不教民战，是谓弃之。"（《子路》）

不教民战是弃民，他是怎样看重武备呢！原来他反对的是武力侵略，至于防乱戒敌，那是国家安民所不可缺；于来〔夹〕谷会齐侯，请具左右司马，可知其用意所在。是故他为贯澈安民主义，除富民外，又主教民以德，并且教民以战。这样看来，我们吃了和平主义的亏，是谁之咎？

五 大同主义

按：上论孔子的贤才主义，德化主义，正名主义，安民主义，是就《论语》中所记载的零星句语整理而成；这一切，都可包括在他正式发表过的一篇政治论文里。那论文虽未录于《论语》，它却与上述主义可相互发明，而且是孔子政治论的总归，不妨附抄于下。《礼·礼运》说：

大道之行也，天下为公，选贤与能，讲信修睦；故人不独亲其亲，不独子其子。使老有所皈，壮有所用，幼有所长，鳏寡孤独废疾者皆有所养；男有分，女有皈。货恶其弃于地也，不必藏诸已；力恶其不出于身也，不必为已。是故谋闭而不兴，盗窃乱贼而不作；故外户而不闭。是谓大同。

今大道既隐，天下为家，各亲其亲，各子其子，货力为己，大人世及以为礼，城郭沟池以为固，礼义以为纪，以正君臣，以笃父子，以睦兄弟，以和夫妇，以设制度，以立田里，以贤勇知，以功在己。故谋用是作而兵由此起；禹，汤，文，武，成王，周公，由此其选也。此六君子者，未有不谨于礼者也；以著其义，以考其信。著有过，刑仁讲让，示民有常；如有不由此者，在势者去，众以为殃，是谓小康。

孔子在这里将政治上的成功，分为大同、小康。小康是私天下，为夏、商、周三代的治绩，一切皆不离乎私；亲情，经济，权位，……莫不皆然。维持这种私有制度，完全系于礼义，继以权，谋，兵，刑。孔子说这种小康局面，是大道既隐后的现象。深合老子所说：

大道废，有仁义。（《道德经》十八章）

失道而后德；失德而后仁；失仁而后义；失义而后礼。（《道德经》三十八章）

只因《礼记》孔子的政治论，与老子学说这么相契，后世故多疑为伪造。宋代诸子，如吕东莱，如朱元晦，如李邦直，皆认为道家之言而杂入于《礼记》者。暂时我们莫辩驳这些意见对与不对，我们又可看看大同主义与《论语》孔子的政治主张，如何相同。按大同主义的特点，有以下数端：

第一，政府贤能。

第二，国际亲善。

第三，彼此相爱。

第四，共同生存。

第五，男女平等。

第六，生产公有。

第七，劳工神圣。

第八，人民自治。

第一，是《论语》的贤才主义，第二、第三是《论语》的德化主义，第三至第八是《论语》的安民主义。至《论语》的正名主义，反倒近乎小康制度。

下编 《论语》人物

第一篇 《论语》的仲尼观

孔子姓孔名丘字仲尼，生于周灵王二十一年——鲁襄公二十二年，即公元前五五一年；卒于周敬王四十一年——鲁哀公十六年，即公元前四七九年，享寿七十三岁。他的一生，不但名震当代，尤且流芳百世；我国民族在在表示受他的影响，不论伦理，政治，风俗，习惯，莫不皆然。我们试将他的一生，作一简要的论述于下。

一 孔子的先世述略

孔子尝自称为殷人，以其远祖本为微子启；微子因见纣王无道，抱着商朝先王祭器以去，后周取有天下，成王封微子启于宋，以存殷祀。传位至宋湣公，適嗣长子弗父何让位于弟，名宋厉公，自己降居卿位；弗父何三传至正考父，历佐戴、武、宣三公而有大勋。他有一个鼎铭记其事说：

> 一命而偻，再命而伛，三命而俯；循墙而老，亦莫余敢侮。饘于是，鬻于是，以糊余口。（《左传·昭公七年》）

这鼎铭，显明正考父执事谦恭，自奉俭约，很可为后世做官的模范！他又不但有德，而且好学，曾校《商颂》十二篇；不幸有七篇已经亡失，仅存五篇附于《诗》后。

正考父生孔父嘉，孔姓即自父嘉起始，为孔子六世祖；因自弗父何让位，至父嘉已六代，五世亲尽，别为公族，赐姓孔云。孔父嘉仕宋为太司马，受穆公遗命辅殇公；娶妻甚美，引起华督色欲，华督旋弑殇公，杀父嘉而夺其妻。（《左传·桓公二年》）

孔父嘉生木金父，木金父避华氏祸奔鲁，始为鲁人；其子睪夷，其孙防叔，以及曾孙伯夏，无何足述。

伯夏生叔梁纥，即孔子父，为鄹大夫，人故称孔子为“鄹人之子”；《左传》称孔子父为鄹叔纥，即以治邑联称。其人勇武有力，见称于时。据《左传》说：

> 鲁人从晋伐偪阳，围之。偪阳人启门，诸侯之士门焉；县门发，陬人纥抉之以出门者。”（襄公十年）

请看那一役，若非有纥顶举偪阳门闸，该有多少人被困陷于内而死难；纥能顶举门闸以救众，可见其勇武的一斑。又襄公十七年载：

> 高厚（齐人）围臧纥于防；师（鲁军）自阳关逆臧孙（纥）；至于旅松。鄹叔纥，臧畴，臧贾，帅甲三百，宵犯齐师，送之而复，齐师去之。

救臧孙出防邑围，复还守防邑，活画出鄹叔纥等，怎样在千军万马中左冲右突，如入无人之境！据《吕氏春秋》，孔子也很勇武有力，这或是遗传呢？还是战国说士附会之谈？我们未尝见孔子一显身手，无可考。

据《家语·本姓解》，鄹叔纥原配施氏，连生九女，依古礼以无子出；妾生一子而跛，乃名孟皮，一字伯尼。適既无嗣，庶出者又是残疾，纥故又求婚于颜氏，颜氏问三女说：

> “陬大夫，虽祖父为士，然其先圣王之裔；今其人身长十尺，武力绝伦，吾甚贪之，虽年大性严，不足为忧。三子

> 孰能为之妻?”二女莫对，徵在进曰：“从父所制，将何问焉。”父曰：“即尔能矣。”遂以妻之。

徵在既嫁郰叔纥，恐其年老无子嗣望，乃往私祷于尼山，旋生孔子，因名丘、字仲尼。有人误解《史记·孔子世家》“纥与颜氏野合而生孔子”句，谓孔子并非其父母正式结婚而生，晋张华《博物志》至斥叔梁纥为淫夫！惟唐司马贞《史记索隐》谓“野合”之意，以其“非当壮室初笄之礼”。野合，或也指其私祷尼山而生孔子而言?

二　孔子的出生成长

据《史记》，孔子生而叔梁纥死；据《家语》，叔梁纥死时，孔子年已三岁。后人关于他的诞生，附益不少神话，具载于晋王嘉《拾遗记》；王谟《拾遗记识》斥其“诬罔不道”，《晋书·艺术传》指其“记事多诡怪”。本为儒者所不应道。不意明何乔远撰《名山藏》三十七卷，曾将这种神话编入，至今冬烘先生还以资谈助，大背“不语怪力乱神”的孔子精神。

据《祖庭广记》，孔子生有异质，身长九尺六寸，腰大十围，相凡三十九表，类多杂揉诸般传说，附益一些神话而成。例如《史记》：“郑人或谓子贡曰：‘东门有人，其颡似尧，项类皋陶，肩类子产，自腰以下，不及禹三寸。’”这本是一种虚描，并非实写，他竟据以为真。虽然，我们从多方面的记载，可看到孔子相貌有点古怪。荀子说：

> 仲尼之状，面如蒙倛。(《非相篇》)

《白虎通》说：

> 孔子反宇，是谓尼甫。(《圣人篇》)

又《孝经援神契·钩命决》说：

> 孔子海口，牛唇，虎掌。

说到孔子相貌特别，各学者意见及其传说似皆一致，虽不必如《祖庭广记》“三十九表”的话。

孔子童年事，不多见于记载，惟《史记》说他“为儿嬉戏，常陈俎豆，设礼容”，是故少即以知礼名于时。如《左传·昭公七年》说：

> 孟僖子病，……将死，召其大夫曰：“礼，人之干也；无礼无以立吾。闻将有达者，曰孔丘，圣人之后也。……臧孙纥有言曰：‘圣人有明达者，若不当世，其后必有达人。’今其将在孔丘乎？我若获没，必属说与何忌于夫子，使事之而学礼焉。”

按：昭公七年，孔子年方十七，那次孟僖子并未病殁，到昭公二十四年才死，《左传》因昭公七年“孟僖子病，不能相礼，乃讲学之”，而类纪之以终言其事，《左传》是项行文例证颇多，《史记》执以为说与何忌从孔子学即昭公七年事者，误。

孟僖子心许孔子为达人，遗命二子将到孔子处学礼，一面可知孔子资质颖异，一面表示孔子知礼著称之早，致久见闻于卿大夫。当他初仕，入鲁周公庙助祭，对于礼文、礼器，莫不考审备至，以致引起某君讥疑说：

> “孰谓鄹人之子知礼乎？入大庙，每事问。”（《八佾》）

或人的话，即孔子少以知礼闻的反证。

孔子少年时代，因为父亲离世过早，家计赖其寡母维持．生活颇感困难；在那生活压迫之下，孔子不得不学些当代士大夫所不屑为的技能，以资度日。他故自道：

"吾少也贱，故多能鄙事。"（《子罕》）

"吾不试，故艺。"（《子罕》）

他曾为贫做过一些甚么俗工，不能有所深考；单晓得他约二十岁及二十一岁，在鲁国就任委吏、乘田等卑职，并且很能尽忠职务，颇著效能。孟子说：

孔子尝为委吏矣，曰："会计当而已矣。"尝为乘田矣，曰："牛羊茁壮长而已矣。"（《万章下》）

按"委吏"，《史记》作"季氏史"，"乘田"《史记》作"司职吏"，而且都是供职于季氏私家。考当时孔子已受君赐，似不能以其为季氏家臣？据《史记索隐》说，另本《史记》原作"委吏"，与《孟子》同，则今本《史记》"季氏史"，乃因"委季""吏史"等字形近而误；后人一误再误，以为"季史"不可解，乃臆加一"氏"字于其间，致成今本《史记》语式，实则孔子并未做过季氏家臣。至于《史记》"司职吏"的"职"字，《周礼》"牛人"读为"樴"和"杙"同义，乃系养牺牲之所；是《史记》"司职吏"与孟子"乘田"，称异而实同。

三　孔子所处的环境

（甲）家庭景况

据《史记》说："孔子贫且贱"；他的家庭景况，可以概见。本来他父亲生有九女一男，那个负担非常的重，死后没有多遗产传留给他们也当然；孔子寡母，既要抚孤，又须应付各女亲家，其生活困穷也不难想象。俗说："家贫出孝子"，及孔子长，果能事亲尽道，力负家庭生活费用；以致阙里子弟多蒙其化，各将渔猎所得分与亲人，外地不少青年慕化而来就学。

孔子家庭是个女子多的大家庭，周旋诸姊妹间，似不易处？他对于女子印象颇不良好，或是由于他的这种家庭情境而然？他说：

“唯女子与小人为难养也，近之则不孙，远之则怨。”（《阳货》）

（乙）家乡地理

孔子生于鲁昌平乡陬邑，陬故址在今泗水东南六十里，并与东岳泰山相去也不算远；我们晓得，孔子常时喜欢观山玩水，他的思想大大的受了地理环境的影响。

孔子曾屡临泗上，看到那川流不息的现象，深有感于怀，说：

“逝者如斯夫，不舍昼夜。”（《子罕》）

他看宇宙人生，就和那泗水一样的动态，永远没有止境，随地可以发展。正如李白的诗说：

前水复后水，永远〔古今〕相续流。（《天津三月时》）

孔子一生，就是得力于这种自然启示。对于门人，也特别注重精神奋发，乐观有为之士；至于画地自封的冉有，志气昏惰的宰予，莫不受到严词训斥，以其和流动的宇宙观和人生观不合。他到老年修《易》，仍是本乎这种自然启示去讲解，于《系辞传上》说：

“神无方而易无体。”

“易无体”，就是说宇宙但有流动的现象而无本体。宇宙既无本体，怎么会存在呢？同上传说：

> “生生之谓易。”

宇宙的存在，就系于生生不已，正如那滚滚不绝的流水，时间上既难确指哪一刹那为本体，空间上也难断定哪一部分为本体，惟见现象的变易而已。

孔子又不单临水观玩，鲁境各山也时有他的足迹；看到那种巍巍高阜，赫赫危崖，足使他的眼光远大，志气超迈。正如孟子的话：

> “孔子登东山而小鲁，登泰山而小天下。”（《尽心上》）

这两句，描述孔子因登高远眺而引起心境豁达，确属实情。孔子为人及其学说，关系于他所处地理环境，岂算小呢？

山与水的性质不同，孔子从它们所得的启示也不一；水是动象，山是静体。孔子由而感悟到，人生也不外乎这两种，说：

> “知者乐水；仁者乐山。知者动；仁者静。知者乐；仁者寿。”（《雍也》）

《朱注》：“知者达于事理，而周流无滞，有似于水，故乐水；仁者安于义理，而厚重不迁，有似于山，故乐山。动静以体言，乐寿以效言也；动而不括故乐，静而有常故寿。”这两种人生虽好，各有所偏，究不得其全，究不得其正；惟孔子既乐水，又乐山，他故生不失智，又不失仁，而能智及仁守。

（丙）社会情形

我们都知道，孔子孩童时代以礼为戏，少又以礼驰名，他怎会这样呢？要皆得力于社会教育，本邦鲁国原是重礼之国，从前晋韩宣子聘鲁，观书大史氏说：

"周礼尽在鲁矣。"(《左传·昭公二年》)

足证当代周室虽衰，周礼尽坏，那种国粹，还被保存于鲁；鲁本为周公封国，具有天子礼乐，和别的诸侯所能用的不同。(见《礼记·明堂位》)

周因于殷礼，殷因于夏礼；那时殷礼、夏礼，皆已渺不可考。如孔子说：

"夏礼吾能言之，杞不足征也；殷礼吾能言之，宋不足征也；文献不足故也。——足则吾能征之矣。"(《八佾》)

夏、殷之礼仅有传说而无征，惟周礼已集其成，曾极得孔子赞美说：

"周监于二代，郁郁乎文哉！吾从周。"(《八佾》)

孔子虽是殷人，却仍羡慕周文大备！那种礼文，又仅具于其本邦，孔子熏陶感染，则其一生过着礼的生活，自在意中。

孔子本邦礼文既盛，所养成的斯文人，在社会上随处不少。所以，

子谓子贱："君子哉若人！鲁无君子者，斯焉取斯？"(《公冶长》)

据传，子贱是个尊贤取友之士，他故能成其德；孔子即据子贱而论及鲁多君子，这不能不算周礼盛行于鲁的佐证。虽然注重礼文太过，外表行为暂得轨范，其流弊，不免有许多仅事文饰，假冒为善的斯文人，往来于社会间；孔子故又有与其从后进于礼乐的君子，宁可从先进于礼乐的野人之言，即针对当代那种礼文太过的社会情形而发。

（丁）国际大势

孔子出生之初，霸政已经衰歇，中原无复有能统领诸侯者。我们从宋向戌发起的弭兵会，（《左传·襄公二十七年》）看到晋楚争雄长，齐秦不相下，证明诸侯张大者已较前多；除这四大国外，华南又有吴越等国相继兴起。前此霸政时代，尚以扶危勘乱相标榜，当代则是弱肉强食，有若干弱小国家已被兼并；如仅就《左传》昭公之世言，计有楚灭赖（四年），灭陈（八年），灭蔡（十一年）；晋灭鼓（十五年），灭陆浑（十七年）；吴灭巢（二十四年），灭徐（三十年）。是故那次弭兵，虽也可表现一班人厌乱之心，实则单是楚、晋分赃，各国之于军备并不放弃，战祸依然相寻不已。每次战争，即或藉何细故以为出师名，究竟无非为抢地盘，夺财帛，以遂其欲，以利其私。孟子《尽心下》所谓：

"春秋无义战。"

在五霸时候，还要假仁假义，到孔子时代，则国际间已毫无信义可言，直以奸盗诈伪为事。

四　孔子时代的思潮

（甲）时代的认识

孔子时代，是个甚么时代？孟子曾说得好：

"世衰道微，邪说暴行又作，臣弑其君者有之，子弑其父者有之；孔子惧，作《春秋》。"（《滕文公下》）

在《孟子》说孔子作《春秋》的缘起内，可以看到那个时代怎样君不君，臣不臣，父不父，子不子，国政家道，都不堪问。

按《春秋》中弑君三十六，亡国五十二，诸侯奔走不得保其社稷者，不可胜数。单说孔子当世见过的大逆不道的事，就有周景王十六年（529 B. C.）楚公子弃疾弑楚灵王而自立为平王，周敬王元年（519 B. C.）被王子朝攻逐而避居狄泉，卫出公以子拒父，鲁季氏以臣逐君，其他崔子与陈恒先后弑齐君，皆已见于《论语》。并由《公冶长篇》记陈文子每至一邦，看到那些大夫说"犹吾大夫崔子也"，弃而他往者再；显明春秋时代，犯上作乱、无父无君的人，无国没有。孔子故发浩叹说：

"夷狄之有君，不如诸夏之亡也!"（《八佾》）

那时代的中国，已反不如夷狄之有道，朝廷纲纪荡然无存，以致大夫专政，陪臣执国命。如孔子说：

"天下有道，则礼乐征伐自天子出；天下无道，则礼乐征伐自诸侯出。自诸侯出，盖十世希不失矣；自大夫出，五世希不失矣；陪臣执国命，三世希不失矣。"（《季氏》）

礼乐征伐不出自天子，由来已经很久，"季氏旅于泰山"，"《八佾》舞于庭"，"三家者以雍彻"（均见《八佾》），请讨陈恒而曰"告夫三子者"（《宪问》），则孔子世，礼乐征伐且已不自诸侯出哩。① 不但不自诸侯出，那些专政的大夫也未必能专呢？孔子曾就鲁国三桓子孙②为大夫专政的实情说：

---

① 春秋时代，天子已完全没有政权。隐、桓、庄、闵、僖、文六公之世，政出于诸侯；宣、成、襄、昭四公之世，政出于大夫；定、哀二公之世，陪臣执国命，每下愈况。

② 三桓子孙，指孟孙、叔孙、季孙三家而言；三家皆鲁桓公后裔，故叫三桓。

“禄之去公室，五世矣①；政逮于大夫，四世矣；故夫三桓之子孙微矣！”（《季氏》）

上文言政出于大夫，五世而失；孔子计算鲁自季武子专政起，历悼、平、桓、子凡四世，政权即已旁落陪臣阳虎手，季氏（桓子）被囚，三桓被去。（《左传·定公五年》）由鲁可以推及其他诸侯国家，上下还不是一样陵夷？孔子说：

“鲁、卫之政，兄弟也。”（《子路》）

不但卫与鲁政相伯仲，齐、晋等大国又何独不然？《左传·昭公三年》说：

叔向曰：“齐其何如？”晏子曰：“此季世也。……民叁其力，二入于公，而衣食其一；公聚朽蠹，而三老冻馁。国之诸市，屦贱踊贵。……”叔向曰：“然虽吾公室，今亦季世也。戎马不驾，卿无军行；公乘无人，卒列无长。庶民罢敝，而公室滋侈；道殣相望，而女富溢尤。民闻公命，如逃寇雠。乐、郤、胥、原、狐、续、庆、伯，降在皂隶；政在家门，民无所依。君日不悛，以乐慆忧。……”

从叔向和晏子的对话里，认识春秋时代，像齐、晋等大国都已到了末日，著了灭亡之兆；后来齐果如晏子言，被陈氏所窃夺，晋也被各强族瓜分。齐、晋为盟主国，尚且如此，其他与国可知。他们在政治上既不得其正，人民痛苦因而日深，齐则“三老冻馁”，晋则“道殣在望”，民生凋敝至此，不亡何待。

人民既因苛政而困苦流离，拼命的求生存；至于社会道德方

① 《左传》载鲁文公妃敬嬴生宣公，宣公立，赖藉大臣外力，政权于是旁落，即孔子所说禄去公室之时，历宣、成、襄、昭、定，已是五世。

面，哪能顾及。所谓“救死之不遑，奚暇治礼义哉?”为此，当代社会道德已堕落到极点。孔子曾对子路大发感慨说：

“由！知德者鲜矣！”（《卫灵公》）

他为社会上知德者鲜，曾求圣人不得，而求次一等的君子；求善人不得，而求次一等的有恒人，其世也不多见。上自卿士大夫，下至贩夫走卒，都是一丘之貉。上喜阿谀，下好媚媚，相率成风，廉耻道丧。所谓：

“不有祝鮀之佞，而有宋朝之美，难乎免于今之世矣！”（《雍也》）

在那时代，要求生存，非佞不可，非美不可，足见那时代是一个私欲盛、色情狂的世界。所以孔子浩叹着说：

“已矣乎！吾未见好德如好色者也！”（《卫灵公》）

人既好色而不好德，习惯成自然，一切良知良能，尽已泯灭无存。所以又说：

“已矣乎！吾未见能见其过而内自讼者也！”（《公冶长》）

不见其过，不内自讼，是有所蔽惑，是毫无善念；不但外表行为有亏，根本上没有良心作用了。人既丧尽天良，还有甚么事行不得？以致愈趋愈下，坏而又坏。

“古者，民有三疾；今也，或是之亡也！古之狂也肆，今之狂也荡；古之矜也廉，今之矜也忿戾；古之愚也直，今之愚也诈而已矣。”（《阳货》）

狂、矜、愚，本已不好，那时代则狂而荡，矜而忿戾，愚而诈，其恶更甚。至于诸般善德，都已是过去的陈迹，单可在史书上看到。

"吾犹及史之阙文也，有马者借人乘之，今亡矣夫！"（《卫灵公》）

史阙文，是置疑不书，则朝有信史；马借乘，是与朋友共，则野有淳风；孔子出生之初，尚及一见，曾几何时而不复有于社会，于其一身顿分今昔，何胜浩叹！

（乙）思潮的涌现

我们已就春秋时代加一番检讨，晓得那是一种大变局，为战国的序幕；社会动荡的情形，不难逆睹。人类每每随其生活的转移与时势的刺激，发生变动；春秋时代，虽不是如后此战国时代的局面那么紊乱，而百家争鸣，可是也已开其端。那些思潮，约可分为两大类，四分派。

1. 重文与重质

周本礼文之邦，礼文盛况空前，我们已经说过；重文派不必举甚么人为代表，那种文士随处都有。他们有时单重礼文，未免忽略其真实意义；纯至精神毫无，礼文却依然具备，《论语·八佾篇》所记鲁"告朔之饩羊"，即其一端。这种事实，颇为一般士君子所不满，觉得那种礼文不过是虚仪，是伪饰，不如取消之为得。棘子成说：

"君子质而已矣，何以文为？"（《颜渊》）

这就是因周代重文太过而起的反动，棘子成不过是其中的一分子；为首的人物，当推老子。他是极端攻击礼文的人，《道德经》五千言，充满了这意味；他既提倡还真返朴，甚至举凡一切文物制度，他都欲摧毁而使其不存在。请看他的话说：

小国寡民，使民有什佰之器而不用，……虽有舟舆，无

所乘之，……使人复结绳而用之。（《道德经》八十章）

像老子这主张，不但以当代周之礼文为无用，连伏羲等取象制器，都系多事。

2. 辟世与救世

春秋时代，政治日非，民生日蹙，于是有些人发生厌世思想，离群他去。专就鲁国一隅说：

大师挚适齐，亚饭干适楚，三饭缭适蔡，四饭缺适秦；鼓方叔入于河，播鼗武入于汉，少师阳、击磬襄入于海。（《微子》）

上所举，仅系鲁国一部分乐官，或辟地，或辟世；其他如微生亩，晨门，荷蒉（以上《宪问》），楚狂，接舆，荷蓧丈人，长沮桀溺（以上《微子》）等，都是孔子在楚、卫等国遇着的。他说：

“贤者辟世，其次辟地，其次辟邑，其次辟言，………作者七人矣。”（《宪问》）

这是就孔子所晓得的而言，还有他不晓得的呢？可想见那时辟世之风颇盛。

有人厌世辟处，清高自守；同时又有人觉得世道愈衰，国政愈非，自己愈要尽心竭力来图补救，不能置身事外。如《论语·卫灵公篇》所说史鳍一流人物，“邦有道如矢，邦无道如矢”；生不能正其君，死且以尸谏而贯澈其主张，其事具载于《家语》及《韩诗外传》。

救世派中，各人见解不同，因而用以救世的手段有异，或尚德，或尚刑，不一其道；这等不同的见解，我们可以郑子产和晋叔向二贤大夫为代表，子产是尚刑主义者，叔向是尚德主义者。

子产为甚么尚刑呢？他说：

> “唯有德者能以宽服民；其次莫如猛。夫火烈，民望而畏之，故鲜死焉；水懦弱，民狎而玩之，则多死焉，故宽难。”（《左传·昭公二十年》）

他知道尚德虽是至上，唯有德者能，而且化行不易，不得已而求其次，使民畏法不犯，乃铸刑书。因而使尚德主义者非常失望，叔向曾贻子产书说：

> “始吾有虞于子，今则已矣！昔先王议事以制，不为刑辟，惧民之有争心也。……夏有乱政而作禹刑，商有乱政而作汤刑，周有乱政而作九刑；三辟之兴，皆叔世也。今吾子相郑国，作封洫，立谤政，制参辟，铸刑书，将以靖民，不亦难乎？《诗》曰：‘仪刑文王之德，日靖四方。’又曰：‘仪刑文王，万邦作孚。’如是，何辟之有？……肸闻之，国将亡，必多制。”（《左传·昭公六年》）

叔向的话，已将尚德主义的意见和盘托出；历来盛世如夏、商、周，莫非尚德而兴，刑辟是叔世之作，国愈到了末日，法律制度愈多，愈促其亡。子产曾于接到这书之后，他也承认叔向之论为美。不过他当时为要救急，不得不采取严厉手段，至其终身将有怎样败亡结果，就不能顾及了。

关于上述两类四派的思潮，彼此对立，各执一端；孔子以为他们都有所偏，都有所是，取其长而不附从其说。对于第一类重文与重质，他的意见是“文质彬彬”；对于第二类辟世与救世，他的意见是“无可无不可”。

五　孔子所受的教育

孔子在当代是个著名的大学问家，受人称扬。如《论语·子罕篇》说：

达巷党人曰："大哉孔子，博学而无所成名。"

孔子不以一技一艺见长，足见他学问的博大！说这话的达巷党人，据孟康《注》、董仲舒《传》，达巷党人是项橐，则这话非出自普通人的口；《史记·甘罗传》说，项橐七岁为孔子师，他既曾与孔子有过特别关系，他的见证必真。况于《史记》及其他子书看来，各国士大夫似皆知有鲁孔丘。他的博学多才，甚至令人惊疑其为天生圣哲，非人智能所及！孔子特加否认说：

"我非生而知之者，好古敏以求之者也。"（《述而》）

孔子自承不是生知，是由好求学问所致。怎样的好求学问呢？他说：

"三人行，必有吾师焉，择其善者而从之，其不善者而改之。"（《述而》）

他是随人、随时、随地，都在求学；善固可使其得益，不善也可藉以启发其思想。正如老子所谓：

"善人者，不善人之师；不善人者，善人之资。"（《道德经》二十七章）

这样，社会上还有甚么人不配为好学者的师呢？故

卫公孙朝问于子贡曰："仲尼焉学？"子贡曰："文武之道未坠于地，在人；贤者识其大者，不贤者识其小者，莫不

有文武之道焉。夫子焉不学，而亦何常师之有？”（《子张》）

贤者识大，不贤者识小，皆有文武之道存在，那就是说人尽可师；孔子既不限定甚么有资格的人才去请教，因此他的先生特别多。据《史记·仲尼弟子列传》，孔子之所严事，于周则老子，于卫蘧伯玉，于齐晏平仲，于楚老莱子，于郑子产，于鲁孟公绰；另据《吕氏春秋·当染篇》，尚有孟苏、夔靖叔；又据《淮南子·修务训》及《史记·甘罗传》，“项橐七岁为孔子师”。照孔子自道师行人，及子贡说仲尼无常师之言，史书所传这一物，似也可信；因为他的先生并非定要博学鸿儒，也不在乎受业多年，则虽孺子也可为其师了。他只要看见别人有甚么长处，为他所需要学习的，他总不放弃那机会，认真的去请教。如在本国，一听见郯子知官，立去求学。《左传》记其事说：

> 昭公十七年秋，郯子来朝。昭子问：“……少皞氏鸟名官，何故也？”郯子曰：“吾祖也，我知之。昔者黄帝氏以云纪，故为云师而云名；炎帝氏以火纪，故为火师而火名；共工氏以水纪，故为水师而水名；大皞氏以龙纪，故为龙师而龙名；我高祖少皞挚之立也，凤鸟适至，故纪于鸟，为鸟师而鸟名。凤鸟氏，历正也；玄鸟氏，司分者也；伯赵氏，司至者也；青鸟氏，司启者也；丹鸟氏，司闭者也；祝鸠氏，司徒也；鴡鸠氏，司马也；鸤鸠氏，司空也；爽鸠氏，司寇也；鹘鸠氏，司事也；五鸠，鸠民者也；五雉为五工正，利器用，正度量，夷民者也；九扈为九农正，扈民无淫者也。自颛顼以来，不能纪远，乃纪于近；为民师而命以民事，则不能故也。”仲尼闻之，见于郯子而学之。既而告人曰：“吾闻之，天子失官，学在四夷，犹信。”

郯子是夷人，孔子不以其不屑为教，还正式执弟子礼，何况对于中原学者？这是郯子已经到了鲁城，就便去问；他年，他闻师襄子善琴，他就特地去请教。《史记》上说：

> 孔子学鼓琴于师襄子，十日不进。师襄子曰："可以益矣。"孔子曰："丘已习其曲矣，未得其数也。"有间。曰："已习其数，可以益矣。"孔子曰："丘未得其志也。"有间。曰："已习其志，可以益矣。"孔子曰："丘未得其为人也。"有间，有所穆然深思焉，有所怡然高望而远志焉。曰："丘得其为人，黯然而黑，颀然而长，眼如望羊，心如王四国，非文王，其谁能为此也？"师襄子避席再拜曰："闻之师，盖云《文王操》。"

在这学琴的事上，看出孔子是怎样不好急功，惟求精进，非深有得于心不止；习其曲又要求得其数，得其数又要求得其志，得其志又要求得其人，务必将其事学澈底，不自安于浮浅，这足为千古求学者法。

他学琴外，又到周去问礼于老聃；去的动机和在学的情形，《史记》两载其事。现就《老庄申韩列传》和《孔子世家》所记，混合述录于下：

> 孔子谓南宫敬叔曰："吾闻周有老聃，博古知今，通礼乐之原，明道德之归，则吾师也，今将往矣。"敬叔言于鲁君，赐之车马侍御，与敬叔俱适周（以上《世家》），将问礼于老子。老子曰："子所言者，其人与骨皆已朽矣，独其言在耳！且君子得其时则驾，不得其时则蓬累而行。吾闻之，良贾深藏若虚；君子盛德容貌若愚。去子之骄气与多欲，态色与淫志，是皆无益于子之身。——吾所以告子，若是而已。"（以上《老传》）既辞去，老子送之曰："吾闻富贵者送人以财，仁人者送人以言；吾不能富贵，窃仁人之号，送子

以言。聪明深察而近于死者，好议人者也；博辩弘远而危其身者，好发人之恶者也。为人子者，毋以有己；为人臣者，毋以私己。归而求之于身，则道不远矣。”子曰：“敬受教。”（以上《世家》）孔子去，谓弟子曰：“鸟，吾知其能飞；鱼，吾知其能游；兽，吾知其能走。走者可以为罔，游者可以为纶，飞者可以为矰；至于龙，吾不知其乘风云而上天。吾今日见老子，其犹龙邪！”（以上《老传》）

据《史记》，孔子见老子，也说了一些话，不过那些话未被保存抄传，惟知那些话不见许于老子；后来竟有人臆造，具载于《庄子》中，以其不合时代性，伪迹显然，兹不烦引。

在周问礼于老聃外，又曾访乐于苌弘；《礼·乐记》说孔子与宾牟贾论武乐，孔子自称闻诸苌弘云。本来孔子对于音乐兴趣极浓，甚至“在齐闻《韶》，三月不知肉味”，（《述而》）自从受业于苌弘后，他于各种音乐，不单都能辨识其曲调，而且能分别其含义的善美。

“子谓《韶》，尽美矣，又尽善也；谓《武》，尽美矣。未尽善也。”（《八佾》）

舜《韶》善于武王之《武》，几微之差系在德上；孔子对于音乐，是不但听其声，观其容，兼且察及其蕴含的德性，正同于他学琴那么精进一样。他故后来自卫反鲁，能使乐正，雅颂各得其所。（《子罕》）并且居然可教司乐的大师以音乐乐理：

子语鲁大师乐曰：“乐其可知也，始作，翕如也；从之，纯如也，缴如也，绎如也，以成。”（《八佾》）

他能改正乐理在遗习上的谬误，并为鲁大师讲明其要理，足见他已成了一个音乐学专家，——专家如鲁大师，尚有不及他处。

当他就学于苌弘时，苌弘对于这高足非常钦敬，告诉刘文公说：

> "吾观孔仲尼，有圣人之表。……言必称先王，躬履谦让，洽闻强记，博物不穷，其圣人之兴者乎！"（《孔丛子》）

苌弘提及孔子的仪表，学问，兼及其求学的精神与态度，我们可藉以知孔子在他面前是怎样虚心受益！实则孔子不单对于苌弘一人如是，他随时随地对于任何人，都是一个好的学者态度，以致他能成功为一大学问家；他去请教人，人自然教他，他即不开口，别人也要会举其所疑以质，所知以告。正如

> 子禽问于子贡曰："夫子至于是邦也，必闻其政，求之与？抑与之与？"子贡曰："夫子温良恭俭让以得之。夫子之求之也，其诸异乎人之求之与？"（《学而》）

人的求学态度，关于其学问至为重要；孔子如不"温良恭俭让"，谁还愿意告他呢？只因他具备了那种德性，不自大，不自满，随时随地都有学问可得。既得之，又不浅尝辄止，必须寻根究底，弄个清楚明白；又非有兴趣时为然，无兴趣时则已，他的兴趣完全在学问上，始终并不减退。像他自述：

> "其为人也，发愤忘食，乐以忘忧，不知老之将至。"（《述而》）

可见他求学的精神，到老不衰，一生就是在学问中生活，难怪从他晓得讲求学问的年岁起，学问日进无疆。他曾经说：

> "吾十有五而志于学，三十而立，四十而不惑，五十而知天命，六十而耳顺，七十而从心所欲，不踰矩。"（《为政》）

孔子在学问上是人老心不老，真有“苟日新，日日新，又日新”的情景；他为学，只恨年岁之不足，总不以其所已得的学问自满。正如他说：

“加我数年，‘五十’① 以学易，可以无大过矣。”(《述而》)

常人到了五十岁，也可以休止哩，但他老先生做到老，学到老，以致六十、七十，还有长进；每每以能问于不能，以多问于寡，有若无，实若虚。“日知其所亡，月无忘其所能，可谓好学也已。”他老先生用以自豪的，也就是这一点。

“十室之邑，必有忠信如丘者焉，不如丘之好学也。”(《公冶长》)

六　孔子的日常生活

孔子日常的普通生活，可分为私人生活，家庭生活，和社会生活三方面说。

(甲) 私人生活

孔子的私生活，《论语》所载虽颇琐屑，并且也有些已失去

① “五十”，旧读均依《朱注》，据《孔子世家》“晚而喜《易》”的话，改作“卒”；愚意孔子“五十而知天命”，于该处读“五十”也对。《史记》孔子“晚而喜《易》”，是论赞《易》的工作；赞《易》与学《易》是两事，不能混为一谈。因为“子所雅言，《诗》《书》执礼”，平常不轻言《易》，独于晚年为要作《易传》，特别用功研究，翻阅了无数次，弄得“韦编三绝”，所以说“喜”。孔子五十以前，难道没有读《易》的么？

时效，究其间还有若干意义可取。

1. 饮食

孔子善饮，酒量很大。如他自道：

“惟酒无量，不及乱。”（《乡党》）

他知道酒能麻醉神经，使人态度失常，不过他幸而有自治力，使不及乱；明知道这是一种不好的嗜好，要他和大禹一样恶旨酒而疏仪狄，却是不能。所谓：

“不为酒困，何有于我哉？”（《子罕》）

足见一个人总有他的僻性，总有他的嗜好，不易戒除。虽然孔子不能戒酒，在饮食上他却并不随便，很是讲究卫生。

食不厌精，脍不厌细，食饐而餲，鱼馁而肉败，不食；色恶不食，臭恶不食，失饪不食，不时不食，割不正不食，不得其酱不食。肉虽多，不使胜食气。……沽酒市脯不食，不撤姜食，不多食。祭于公，不宿肉；祭肉不出三日，出三日不食之矣。食不语，……虽蔬食菜羹，必祭，必齐如也。（《乡党》）

2. 起居

孔子平常居处，衣装服饰都有定规，《乡党》记载颇详，兹以琐屑不录。原来孔子日常以庄敬为主，所以对于衣服也不随便；衣服如此，寝息也是一样。

“寝不尸，居不容。”（《乡党》）

尸则惰慢，容则装作，同属不敬；是故孔子寝不如尸，居不为容，惟随其自然而寝息，而安居。所以他虽起居动静不外乎敬，却不可误会他很拘谨，很古板；他的态度很自然，很活动。

他门人曾有为他作见证的说：

> 子之燕居，申申如也，夭夭如也。（《述而》）

申申者，其体舒；夭夭者，其色愉。这是一种自然流露的君子起居气象！拘迫非舒，有意排遣也非舒；严肃非愉，有意和婉也非愉。（本《题镜》说）

3. 情感

在各方面，我们知道孔子是个富有情感的人，而且他的用情极当，好恶适中，哀乐合度。怎样见得？

（1）好恶

“惟仁者能好人，能恶人。”（《里仁》）仁者大公无私，好恶不以己意为准，纯以他人对于仁之向背为转移。人而不仁，则将不免“爱之欲其生，恶之欲其死；既欲其生，又欲其死，是惑也”（《颜渊》）。“惑”是有私欲蒙蔽，有私欲蒙蔽则好恶不得其正；所以说好人、恶人，惟仁者能。孔子一生注重仁德，他的好恶即在于是。

他恶的甚么呢？他说：

> “恶夫佞者。”（《先进》）

又说：

> “恶紫之夺朱也，恶郑声之乱雅乐也，恶利口之覆邦家者。”（《阳货》）

他为甚么恶这些呢？孟子总解得好：

> “恶似是而非者；恶莠，恐其乱苗也；恶佞，恐其乱义也；恶利口，恐其乱信也；恶郑声，恐其乱乐也；恶紫，恐其夺朱也；恶乡愿，恐其乱德也。”（《孟子·尽心下》）

读此，对于孔子所恶的人，所恶的事，用意极明。惟所恶的人中有乡愿，乡愿何以也被列在可恶之类呢？孔子说：

> “乡愿，德之贼也。”（《阳货》）

孟子又曾引申孔子这语意说：

> “过我门而不入我室，我不憾焉者，其惟乡原乎！乡原，德之贼也。”曰（万章问）：“何如斯可谓之乡原矣？”曰（孟子答）：“何以是嘐嘐也，言不顾行，行不顾言，则曰古之人，古之人行何为踽踽凉凉？生斯世也，为斯世也，善斯可矣。阉然媚于世也者，是乡原也。”万章曰：“一乡皆称原人焉，无所往而不为原人，孔子以为德之贼，何哉？”曰：“非之无举也，刺之无刺也，同乎流俗，合乎污世，居之似忠信，行之似廉洁，众皆悦之，自以为是，而不可与入尧舜之道，故曰德之贼也。”（《孟子·尽心下》）

这段对于乡愿之可恶，及其为“德之贼”的讲解，甚是详尽；乡愿为人虽似谨厚，而实不然，同于《圣经》所载耶稣基督所恶那些假冒为善的法利赛人（Pharisees）。因人为人，贵在诚实，是就是，非就非，不容假借。所以一个真小人，犹强如一个伪君子，以伪君子不及真小人那么不忘本来面目，稍有可取。所以，

> “巧言令色，足恭，左丘明耻之，丘亦耻之；匿怨而友其人，左丘明耻之，丘亦耻之。”（《公冶长》）

举凡假冒为善的人，似是而非的事，皆为孔子所恶；我们由其所恶者，足可窥见他所好的当是甚么。

（2）哀乐

孔子富有同情心，与喜乐的人就同乐，与哀哭的人就同哀。所以说：

子食于有丧者之侧，未尝饱也；子于是日哭，则不歌。（《述而》）

又说：

见齐衰者，虽狎必变。……凶服者，式之。（《乡党》）

对于普通的人，尚且这样尽情尽礼，对于亲信当尤甚；所以“颜渊死，子哭之恸”（《先进》）。这是孔子的哀情。至于乐感呢？孔子是个“乐以忘忧”的人，除了遭遇特别事变之日，及临丧“哭则不歌”而外，音乐为他日常所最爱。

子与人歌而善，必使反之，而后和之。（《述而》）

听了门人曾点道志，说到“春服既成，……浴乎沂，风乎舞雩，咏而归”，正触着他老先生的痒处，不由的感叹说：“吾与点也！”（《先进》）从此足可想见他平常那种潇洒出脱的神情。

一讲到乐，极易流于放荡，孔子在这事上也很审慎，乐只乐其所可，乐其有益。甚么是有益的乐呢？孔子说：

“益者三乐，损者三乐。乐节礼乐，乐道人之善，乐多贤友，益矣；乐骄乐，乐佚游，乐宴乐，损矣。”（《季氏》）

（3）爱欲

“亲亲而仁民，仁民而爱物”，这是仁人当然的心理作用。孔子既然怛恻为怀，哀怜及众，所以对物也有不忍之心；即使为某项事实需要，不得不求生物的供给，也不任意残害。所谓：

子钓而不网，弋不射宿。（《述而》）

孔子虽然恻隐之心及于物类，可是并不因玩物而丧志，在他爱欲中，终以人为重。例如有一次，他的马厩被焚，等他退朝回来，问：“伤人乎？不问马。”（《乡党》）

4. 意志

一个情感盛的人，每每意志力薄弱；惟孔子则不然，虽然富有情感，却不为情所困，因为他的意志也很坚强。他说：

"三军可夺帅也，匹夫不可夺志也。"（《子罕》）

三军之帅可夺，匹夫之志不可夺，这非意志坚强者，不足语此。孔子志何在呢？

（1）志于学

孔子自说他志于学，是十五岁时起所决定；从此念兹在兹，终身不懈。

（2）志于道

求学是为明道，道即其志所在；《述而篇》"志于道……"的话，即孔子生平所自期。不论富贵贫贱，惟道是务；富贵非以其道不处，贫贱非以其道不去。（《里仁》）甚至说：

"朝闻道，夕死可矣。"（《里仁》）

原来人生"谁能出不由户，何莫由斯道也？"（《雍也》）是故"饭疏食饮水，曲肱而枕之，乐亦在其中矣；不义而富且贵，于我如浮云"（《述而》）。

（3）志于人

孔子为甚么志于学？为甚么志于道？虽是为己，到底也是为人；而且他最终的目的，远大的怀抱，就是人群。所以他说：

"鸟兽不可与同群，吾非斯人之徒而谁与？天下有道，丘不与易也。"（《微子》）

当代天下是怎样无道？他要为人群改造一番，做些甚么事呢？他曾对其爱徒颜回、子路述其志说：

"老者安之，朋友信之，少者怀之。"（《公冶长》）

那时天下无道，人民不能安居乐业，孔子目击时艰，常有志于老安少怀，此其终身所以栖栖皇皇，不暇宁处。

5. 言谈

孔子看言词是用以表示自己意见的，所以他说：

"辞达而已矣。"（《卫灵公》）

词在达意，用不着曲为之说，巧为之辩；"巧言乱德"（《卫灵公》），"巧言令色，鲜矣仁"（《学而》），是孔子不喜巧言之证。

孔子不但反对巧言，更是不喜妄语。他说：

"道听而涂说，德之弃也。"（《阳货》）

为此，孔子对于言语非常审慎，决不随便。据《论语》所记载，有的绝对不谈，有的间或一言，有的常时讲说，无非审情酌理，以期言无不当，言无不是。

孔子绝对不谈的是甚么？

子不语怪力乱神。（《述而》）

孔子日常少言的是甚么？

子罕言利与命与仁。（《子罕》）

孔子平时讲说的是甚么？

子所雅言，《诗》《书》执礼，皆雅言也。（《述而》）

6. 仪表

孔子深有得乎中道，其所著为仪表者，故极中和。曾有为他作见证的说：

子温而厉，威而不猛，恭而安。(《述而》)

7. 态度

仪表是一个人诚中形外的仪容态度，是一个人待人接物的形态。孔子的态度怎样呢？

第一，孔子为人的态度是豁达，所以

子绝四：毋意，毋必，毋固，毋我。(《子罕》)

态度豁达，不是抹糊随便，乃是大公无私，顺情顺理。

第二，孔子为人的态度是诚恳。所以他能对门人说：

“二三子以我为隐乎？吾无隐乎尔；吾无行而不与二三子者，是丘也。”(《述而》)

第三，孔子为人的态度是谦虚。人家尊他为圣人，为仁人，他否认说：

“若圣与仁，则吾岂敢？”(《述而》)

不但圣不自承，人家尊他为君子，他也加以否认说：

“文莫吾犹人也；躬行君子，则吾未之有得。”(《述而》)

“君子道者三，我无能焉；仁者不忧，智者不惑，勇者不惧。”(《宪问》)

又不但不自承为君子，人家尊他为天生智者，他也不以为然，说：

“吾有知乎哉？无知也。”(《子罕》)

“我非生而知之者，好古敏以求之者也。”(《述而》)

又不但不自承为天生知者，即人以其好学多识，他也否认说：

“默而识之，学而不厌，诲人不倦，何有于我哉？”(《述

而》)

甚至不但不自承为一学者，人家说他为人有礼，他也觉得不敢当，说：

“出则事公卿，入则事父兄，丧事不敢不勉，不为酒困，何有于我哉?”(《子罕》)

我们由上所举《论语》数节，孔子那种逊让不遑的态度，于以概见。

第四，孔子为人的态度是直率。人有过恶，他要指摘，教正；自有错失，他也决不掩饰。例如

陈司败问：“昭公知礼乎?”孔子曰：“知礼。”孔子退，(陈司败)揖巫马期而进之曰：“吾闻君子不党。君子亦有党乎? 君娶于吴为同姓，谓之吴孟子。君而知礼，孰不知礼?”巫马期以告。子曰：“丘也幸！苟有过，人必知之。”(《述而》)

陈司败突然问及鲁昭公是否知礼，孔子未尝想及其君有何差误违礼之处，急遽间答其知礼，致引起陈司败疑其有党；孔子毫不辩驳他疑之太过，惟自认不是而深以为幸，足见其与小人有过必文者异。

第五，孔子为人的态度是谨慎。怎样谨慎呢?

子之所慎，斋，战，疾。”(《述而》)

《集注》引尹氏说：“夫子无所不谨，弟子记其大者耳。”

第六，孔子为人的态度是敬礼。所以，

子见齐衰者，冕衣裳者与瞽者，……虽少必作，过之必趋。(《子罕》)

第七，孔子为人的态度是圆融。他说：

“麻冕，礼也；今也纯，俭，吾从众。拜下，礼也，今拜乎上，泰也，虽违众，吾从下。”（《子罕》）

可见孔子虽然拘谨守礼，只是并非如一班冬烘先生顽固，他是完全因时制宜，因人为礼，非常活动自如。《乡党篇》说：

孔子于乡党，恂恂如也，似不能言者。其在宗庙、朝庭，便便言，唯谨耳。朝与下大夫言，侃侃如也；与上大夫言，訚訚如也。君在，踧踖如也，与与如也。君召使摈，色勃如也，足躩如也。揖所与立，左右手，衣前后襜如也；趋进，翼如也。宾退，必复命曰：“宾不顾矣。”入公门，鞠躬如也；如不容。立不中门，行不履阈。过位，色勃如也，足躩如也。其言似不足者；摄齐升堂，鞠躬如也，屏气似不息者；出，降一等，逞颜色，怡怡如也；没阶，趋进，翼如也；复其位，踧踖如也。执圭，鞠躬如也。……享礼有容色。私觌，愉愉如也。

这段话，将孔子在野在朝，执事，享礼，及与私人交际的诸般态度，皆已一一叙出；虽然我们今日不必然，为人却是不可不知进退、合法度。

8. 才艺

孔子多才多艺，早已著称当世。他怎会这么多才多艺呢？琴牢述说：

“子云：吾不试，故艺。”（《子罕》）

“不试”，就是不见用于世，他故得有机会多去学习；并为生活计，他也不得不然。所以孔子多才多艺，可说是受贫穷之赐！只是他的才艺，非同于一般艺人，单用以糊口；他是小可小用，大可大用。怎样的大可大用呢？他说：

“苟有用我者，朞月而已，可也；三年有成。”（《子路》）

我们看到孔子为中都宰一年，诸侯以为法；摄行相事仅三月，邻国震慑；足征朞月而可、三年有成的话，并非自吹惑世之谈。

9. 信仰

孔子自己有那么大的才艺，自信心乃很强固，并且认为是天教他担负救人救世的责任。所以无论环境怎样坏恶，他不忧惧，他不疑虑；以为他的一身关系文化的兴衰，天下的治乱，天会保护他的，他还怕甚么呢？例如孔子过匡，匡人以其貌似阳虎，又以孔子仆御即前助阳虎攻匡的颜刻，当时颜刻面对匡城，还指手画脚地告诉孔子以阳虎攻匡的故事，匡人因误以孔子为阳虎而围困他。门徒多被冲散，孔子甚是耽心所爱的弟子颜回已遇害；勇武的子路护侍在侧，看到那种凶恶情势，想要奋战，以救其师，未得孔子许可。孔子不许他抗战，是因信任天命，说：

“文王既没，文不在兹乎？天之将丧斯文也，后死者不得与于斯文也；天之未丧斯文也，匡人其如予何！”（《子罕》）

匡难之后，又在宋遭司马桓魋之忌，将其常时习礼的大树砍倒，以示有杀害他的意思，他的门人故以为应该快逃性命，孔子却自泰然说：

“天生德于予，桓魋其如予何！”（《述而》）

凡此故实，不但证明孔子自信，兼且信天诚笃。

（乙）家庭生活

家庭由父子、兄弟、夫妇等所组成；孔子日常在家庭的生活，即论其在这方面怎样为人。

1. 父子

孔子无知无识时，父即离世而去，赖寡母抚养成人；二十四岁，他的母亲又离世，所以他为儿子的时间颇短。据传他事寡母极尽孝道，以致化行阙里。现在我们要看看孔子怎样做父亲呢？《论语》有一篇记载孔子父子相处及其家庭教育，说：

> 陈亢问于伯鱼曰："子亦有异闻乎？"对曰："未也。尝独立；鲤趋而过庭。曰：'学《诗》乎？'对曰：'未也。''不学《诗》，无以言。'鲤退而学《诗》。他日，又独立；鲤趋而过庭。曰：'学礼乎？'对曰：'未也。''不学礼，无以立。'鲤退而学礼。闻斯二者。"陈亢退而喜曰："问一得三；闻《诗》，闻礼，又闻君子之远其子也。"（《季氏》）

这是中国旧家庭的典型；旧家庭以《诗》礼传家为高尚，以严肃整齐为特点。

孔子不单有孔鲤这么一个独生子，还有一个女儿，一个侄儿（孟皮所生，名孔忠字子篾），三个侄女，皆曾受过孔子教育。在《论语》中，记载他怎样为其女儿和侄女择配，说：

> 子谓公冶长可妻也，虽在缧绁之中，非其罪也，以其子妻之。——子谓南容，邦有道不废，邦无道免于刑戮，以其兄之子妻之。（《公冶长》）

孔子择公冶长为子婿，是以其富有德，而不耻其穷囚；择南容为侄婿，是以其能守道，而非羡其富贵。据另一种传说：

> 南容三复《白圭》，孔子以其兄之子妻之。（《先进》）

"三复《白圭》"，是表明南容谨口慎言；因他深深觉得"白圭之玷，尚可磨也，斯言之玷，不可为也"（《诗·大雅·抑之篇》）。他惟能在言语上谨慎，乃能见重于有道之世，而不见忌于无道之人；此孔子所以许其不废，消极的也可免祸。

总之，孔子拣选南容、公冶长，不是看上他们的财富、名位和学识，就单注重他们有德，这在旧家庭中，算是一种择婿的好标准。

2. 夫妇

孔子年方十九，违礼早婚，娶宋幵官氏。自生了伯鱼和他妹妹后，不晓得为甚么缘故，孔子不顾夫妻情分，和幵官氏宣告脱离关系。惟见《礼·檀弓上》说：

> 门人问诸子思曰："昔者，子之先君子丧出母乎？"曰："然。"

子思的先君子就是伯鱼，伯鱼丧出母就是孔子元配幵官氏之死；幵官氏死了，伯鱼曾尽礼居丧，孔子不以为然。如《檀弓上》说：

> 伯鱼之母死，期而犹哭。夫子闻之，曰："谁与哭者？"门人曰："鲤也。"夫子曰："嘻！其甚也！"伯鱼闻之，遂除之。

唐孔颖达《疏》说：

> 时伯鱼母出。父在，为出母亦历十三月祥，十五月禫；言"期而犹哭"，则是祥后禫前；祥外无哭，于时伯鱼在外哭，故夫子怪之，恨其甚也。或曰："为出母无禫；期后全不合哭。"

孔子出妻，不让其亲子为亲母于"祥"外举哀，似乎夫妻情义未免太薄？讵知他孙子思（孔伋）更甚！子思也曾离婚，其子"子上（孔白）之母死而不丧"。为甚么孔白不必为母守丧礼呢？据子思答覆门人问，他的理由是："为伋也妻者，是为白也母；

不为伋也妻者，是不为白也母。”故孔氏之不丧出母，自子思始也。（《礼·檀弓上》）

按：孔子父鄹叔纥曾出施氏，孔子自己也出幵官氏，据《檀弓下》“子思之母死于卫”，知孔子子孔鲤，及上引《檀弓上》言孔子孙孔伋，皆曾演过离婚惨剧，孔子家庭竟像个离婚的场合！这是他家庭的大不幸！我们可藉以看到古代女子地位的低贱！

（丙）社会生活

我们从孔子“鸟兽不可与同群，吾非斯人之徒而谁与”的话，看出孔子许身社会的心志；他故一生在社会活动，找机会为人群服务，他那生活道德，颇可为我们后世人法。

1. 投身社会的准则

孔子投身社会，有甚么准则呢？

（1）恕

第一个居处社会的准则是恕。怎样见得？

> 子贡问曰：“有一言而可以终身行之者乎？”子曰：“其恕乎！己所不欲，勿施于人。”（《卫灵公》）

子贡是达者，孔子告以终身为人之道为恕；在另一章，曾子认忠恕为孔子道的一贯（《里仁》），足见恕道的重要。所谓：“忠恕违道不远；施诸己而不愿，亦勿施于人。”（《中庸》卷一第十三章）“所恶于上，毋以使下；所恶于下，毋以事上。所恶于前，毋以先后；所恶于后，毋以从前。所恶于右，毋以交于左；所恶于左，毋以交于右。”（《大学》十章）

既然恕的一面是“我不欲人之加诸我也，吾亦欲无加诸人”（《公冶长》），另一面推己及人之道，岂不是“我要人怎样待我，我也要怎样待人”（耶稣语）。“夫仁者，己欲立而立人，己欲达而达人”（《雍也》），那就是恕道的积极行为。

孔子既以恕道处世，恶人待他不好，他故能够宽宥，能够容忍，并不怎么图报复；此其所以被围于匡，不许子路与之决战。他对于那种横逆之来，只自省自解道：

> “何仁义之不免俗也！夫诗书之不讲，礼乐之不修，是丘之过也；若似阳虎，则非丘之罪也。命矣夫！”（《说苑》）

孔子这么“行有不得者，则反求诸己”，就是恕道精神的表现。正合符孟子所说：

> “君子所以异于人者，以其存心也。……有人于此，其待我以横逆，则君子必自反也：‘我必不仁也，必无礼也，此物奚宜至哉？’其自反而仁矣，自反而有礼矣，其横逆犹是也，君子必自反也，‘我必不忠’。自反而忠矣，其横逆犹是也，君子曰：‘是亦妄人也已矣。如此，则与禽兽奚择哉？于禽兽又何难焉？’”（《孟子·离娄下》）

人若这么实行恕道，遇事自省其过，于人何尤？处变善能宽解，与人何争？行见大度包容一切，在社会上为人总是温和，恭敬，谦让。

孔子恕道的精神，我们已经说过，非仅消极的宽恕人的过恶而已，更是积极的推善与人；他故周游各地，为要使社会人群因其得益，虽人视为极没有希望的人，他也欲促其进德修业。所以，

> 互乡难与言，童子见，门人惑。子曰：“与其进也，不与其退也，唯何甚？人洁己以进，与其絜也，不保其往也。”（《述而》）

(2) 义

孔子居处社会的第二个准则是义。他说：

“群居终日，言不及义，好行小慧，难矣哉！”（《卫灵公》）

恕是宽待人，惠济人；义是正己正人之道。人群如不以义结合相处，必不能长久；徒然靠使巧弄乖来与人交接，不免尔诈我虞，如何可以合群？此孔子所以以群居不及义之为难。

孔子既经认定社会生活以义为主，对于不义者，他故不予接纳，所以“孺悲欲见孔子，孔子辞以疾；将命者出户，取瑟而歌，使之闻之”（《阳货》）。不但对于普通的人为然，就是在位掌权的人，他也并不稍微迁就。例如：

阳货欲见孔子，孔子不见。孔子时其亡也，而往拜之，遇诸涂。谓孔子曰：“来！予与尔言。曰：‘怀其宝而迷其邦，可谓仁乎？’”曰：“不可。”“好从事而亟失时，可谓知乎？”曰：“不可。”“日月逝矣，岁不我与！”孔子曰：“诺，吾将仕矣。”（《阳货》）

阳货当时以陪臣执鲁国命，其威势炙手可热，意欲罗致孔子，特来相会，孔子竟享以闭门羹！“大夫有赐于士，不得受于其家，则往拜其门。阳货瞰孔子之亡也，而馈孔子羔豚；孔子亦瞰其亡也，而往拜之。”（《孟子·滕文公下》）在路上既然不期而遇，不得不说几句话；阳货欲多方以激其致仕，孔子虽以其理论对而加以承认，却因其人狡恶而不与。足见孔子虽然急于求为世用，仍是义以为上。孟子曾即据孔子以义居处社会之情，断定孔子主痈疽侍人之说的诬妄。

万章问曰：“或谓孔子于卫主痈疽，（《说苑》作“雍雎”，为人姓名。）于齐主侍人瘠环，有诸乎？”孟子曰：“否。不然。好事者为之也。于卫主颜雠由。——弥子之妻与子路之妻，兄弟也。弥子谓子路曰：“孔子主我，卫卿可得也。”子路以告。孔子曰：“有命。”孔子进以礼，退以义，得之不得曰有命；而主痈疽与侍人瘠环，是无义无命也。……何以为孔子？（《孟子·万章上》）

（3）直

孔子居处社会的第三个准则是直。惟其直道而行，待人决不阿谀，不曲从，不贬抑，不冤枉。尝说：

“吾之于人也，谁毁谁誉？其有所誉者，其有所试矣。斯民也。三代之所以直道而行也。”（《卫灵公》）

“毁者，称人之恶而损其真；誉者，扬人之善而过其实。”（《朱注》）损真过实，皆非所以为直之道；三代皆依直道而行，斯民犹三代之民，其应依直道而行也理所当然。我之为人，宁有异呢？是就说是，非为誉人；非就说非，非为毁人。即或间有所誉，如称子贱、南宫适及蘧伯玉等为君子，或斥宰予为朽木，皆确乎于其人之身有所考试，并非有何阿曲或冤抑于其间。他处世有这种精神，后来所以成一良史家！不但于当代社会著其铁面无私之情，尤且于《春秋》显斧钺之严，使万世乱臣贼子惧。

孔子的社会生活既以直道为准，凡是不合或过乎直道的人事，就必为他反对；微生高借醋转给于乞者，叶公子证其父攘羊之说，皆曾受到他的批评。是故，

或曰：“以德报怨，何如？”子曰：“何以报德？以直报怨，以德报德。”（《宪问》）

“以直报怨”是依直，“以德报德”也是依直；至于“以德报怨”，那就过乎直道而行了，或不免流为矫揉造作，标异鸣高，此孔子所不取。

2. 几种特别的关系

上论孔子社会生活的准则，是他普通为人的道德律，现要看看他怎样本乎他的道德所特别交往的几种人；这几种人是乡邻，朋友，门人，君上，和社会上一班弱者。

(1) 乡邻

孔子和其乡邻，来往态度非常温和，恭敬，而谦逊。他门人所谓：

> 孔子于乡党，恂恂如也，似不能言者。(《乡党》)

孔子在乡党似不能言，并非是做“傻瓜”，徒以乡党中多前辈长者，子弟不可妄自高谈阔论，应示敬礼；他故恂恂然笃实忠厚以为人，极温恭卑顺的能事。每逢特别聚会，尤其敬礼有加；即如“乡人饮酒，杖者出，斯出矣”(《乡党》)。其敬老之心如此！

他居乡里，常也随俗娱乐；不过在娱乐中，依然不失其诚敬之心。所以，

> 乡人傩，朝服而立于阼阶。(《乡党》)

“傩”，按《周礼·夏官》：“方相氏掌蒙熊皮，黄金四目，玄衣朱裳，执戈扬盾，师百隶而时傩，以索室驱疫。这本是古代相传的迷信习俗，孔子竟也附从！不但青年居乡，喜欢随俗作乐，到后来做了官，还是一样，“鲁人猎较，孔子亦猎较”(《孟子·万章下》)。为甚么孔子这样随俗呢？据孟子的解释，乡俗日久相沿，革除不易，不如因俗利导，而收潜移默化之功，乃是一种行权的政治手段。

再而他于乡邻，不忘相助相扶的义务。为此，

> 原思为之宰，与之粟九百，辞。子曰：“毋以与尔邻里乡党乎?”(《雍也》)

与其邻里乡党有一条原则："君子周急不济富。"（《雍也》）

（2）朋友

孔子在社会上，是个喜欢交结朋友的人。他说：

"有朋自远方来，不亦乐乎！"（《学而》）

这是他的经验之谭，似乎显明常有朋友到他家去探望，促膝谈心，聚首言欢。

孔子虽是喜欢交结朋友，可是并不滥交。他看：

"益者三友，损者三友。友直，友谅，友多闻，益矣；友便辟，友善柔，友便佞，损矣。"（《季氏》）

交友不慎，已将蒙受损害，他故要人"毋友不如己者"（《学而》）。

他交人虽审慎于前，不是那样的人，不易和他讲上交情；可是既一订交，则必生死以之，友谊特笃，无不尽心竭力以为友助。

朋友死，无所归。曰："于我殡"（《乡党》）

《论语》单记孔子为无可皈的死朋友愿主其丧，为生朋友岂有不更加效劳的呢？据《礼·檀弓》说：

宾客至，无所馆。子曰："生于我乎馆，死于我乎殡。"

对于普通宾客，尚且这样崇义，何况对于素有交情的朋友呢？所以"孔子之卫，遇旧馆人之丧，入而哭之哀，使子贡脱骖而赙之"（《礼·檀弓》），可见孔子重交情的一斑。

孔子帮助朋友，他也常得朋友帮助；当他得朋友帮助时，他的态度怎样？

"朋友之馈，虽车马，非祭肉不拜。"（《乡党》）

朋友有通财之义，馈赠乃时所有，不足希奇。惟孔子对于朋友，又岂但与以物质上的援助？“君子以文会友，以友辅仁。”（《颜渊》）辅仁进德，乃朋友的本分，他故常不免对于朋友切切偲偲，尽其规过劝善之责。不过，对朋友尽其规过劝善之诚，又有道：

“朋友数，斯疏矣。”（《里仁》）

他故告子贡以朋友相处之理说：

“忠告而善道之，不可则止，毋自辱焉。”（《颜渊》）

（3）门人

孔子和门人相处，感情笃厚，他待他们如子侄，他们视他如父亲；“回也视子犹父也”，这已明见于《论语·先进篇》。是故门人如有甚么不适，孔子不胜其忧急；如果不幸短命而死，他老先生真如父痛子亡一样难过。《公羊传》说：

颜渊死，子曰：“噫！天丧予！”子路死，子曰：“噫！天祝予！”（哀公十四年）

他看门人之死，无异于己之死，可知他老先生对于门人用情是怎样深咧。

他既视门人如子侄一般，平素相处所以很是亲爱；门人对于他虽是恭谨，只是他并不喜拘束，不事严管。例如，

子路、曾皙、冉有、公西华侍坐，子曰：“以吾一日长乎尔，毋吾以也。”（《先进》）

四子待师有礼，孔子惟恐其过于拘谨而不自然，特劝令他们不必如是；孔子温和之气，溢于言表。他老先生甚至有时和门人开玩笑：

子之武城，……莞尔而笑……曰：“二三子，偃之言是也。前言戏之耳！”（《阳货》）

从这种种方面，我们可以看出他们师徒相处，怎样亲忧和乐！

(4) 弱者

孔子对于社会上的弱者，特别表同情。例如：

> 师冕见。及阶，子曰："阶也。"及席，子曰："席也。"皆坐，子曰："某在斯，某在斯。"
>
> 师冕出。子张问曰："与师言之道与?"子曰："然固相师之道也。"(《卫灵公》)

师冕，瞽者，正有赖于社会上明眼人的指导，扶持，帮助；子张见孔子那么指导扶助师冕，问其是否相师之理，足见当代社会很少有人和这种残废人表同情之处，致有这么一问。原来这社会上的人群，是我有甚么缺欠，依赖他人来帮补；他人有甚么亏乏，需要我去救济；社会人群，就是这么相需相依而存在。我们东方圣人所见到的人生真理，或孔子，或耶稣，或释迦，或老子，都和达尔文所发见的生物界情形有点异样，不是弱肉强食，乃是克鲁泡特金所发现的互助世界。

(5) 君上

孔子对于君上，尽忠为主。所以，

> 定公问："君使臣，臣事君，如之何?"孔子对曰："君使臣以礼，臣事君以忠。"(《八佾》)

孔子的忠君观念，是和礼臣相对待，并非后此的绝对尽忠。说他所谓忠，不过是

> "敬其事而后其食。"(《卫灵公》)

意思是努力的依照所应尽的义务，做得尽美尽善；他故小而为委吏、乘田，大而做司空、司寇，无不克尽厥职。假使君上有

甚么不对的措施呢？他认为为臣子的应该

“勿欺也，而犯之。”（《宪问》）

勿欺而犯，是由忠心而发的义气，欲以纠正君上的过失，以免社会国家蒙受不良影响；犯颜以谏君上，若不听而仍怙恶不悛，与其数而取辱，（“事君数，斯辱矣。”）不如退职以促其儆醒。

“所谓大臣者，以道事君，不可则止。”（《先进》）

为此，“孔子为鲁司寇，不用；从而祭，燔肉不至，不税冕而行”（《孟子》）。

对君上除尽忠外，又要敬；敬是态度，忠是存心。《乡党》记孔子对君上怎样敬礼，说：

君在，踧踖如也，与与如也。君召使摈，色勃如也，足躩如也。

君赐食，必正席，先尝之；君赐腥，必熟而荐之；君赐生，必畜之。

侍食于君，君祭先饭。

疾，君视之，东首，加朝服拖绅。

君命召，不俟驾行矣。

七 孔子的政治生活

孔子的政治生活很短，孟子所谓“未尝有所终三年淹也”。他的这种生活，据孟子的话看：

“孔子有见行可之仕，有际可之仕，有公养之仕。于季

桓子，见行可之仕也；于卫灵公，际可之仕也；于卫孝公①，养之仕也。(《孟子·万章下》)

孟子将孔子政治生活，分作在鲁、在卫两个阶段，在鲁得权臣季桓子荐用而摄行相事，有机展其抱负，这叫“见行可之仕”；仕卫，“际可”“公养”而已，不过受其贤礼，并非有何权位。我们可分开来说。

(甲) 仕于鲁

孔子正式仕鲁，首先做中都宰，制为养生送死之命，颁布民间，共计六项：

①长幼异食

②强弱异任

③男女别涂

④路无拾遗

⑤器不雕伪

⑥为四寸之棺，五寸之椁，因丘陵为坟，不封不树。

他本乎这六大政纲，宰治中都，政绩卓著；“行之一年，而

---

① 孝公名不见于《史》《传》，《朱注》疑即出公辄？按：出公本为灵公孙，蒯聩子，蒯聩以不满南子淫行而欲弑母，事不果而出奔；灵公原欲立公子郢，郢辞，灵公死后，南子乃立其孙辄，是为出公。出公何以又名孝公呢？据金仁山说：“出公拒父为不孝，其臣讳之，以孙承继重嗣，不因父命违王父命，故特以孝谥之，而掩其非耳。”因为一人两谥，古多例证；如滕定公、文公，《世本》作考公、元公。卫出公因父蒯聩入为庄公（又名简公），出奔；《左传》哀公十六年后，又入主卫，至鲁哀公十八年卒，谥之以孝，未尝不有其事？正像鲁文公夫人不允于鲁，公薨见出，叫作出姜；将行，哭而过市，市人皆哭，鲁人又叫她作哀姜。

西方之诸侯则焉。定公谓孔子曰：'举子此法以治鲁国，何如?' 孔子曰：'虽天下可也，奚但鲁国而已哉!'"（《家语·相鲁》）

鲁定公以其做中都宰的政绩，升他为鲁司空；他"乃别五土之性，而物各得其所生之宜"，使得国内物产丰富。既又迁为司寇，升任之初，"国人谤之曰：'麛裘而韠，投之无戾；韠之麛裘，投之无邮。'既而政化盛行，国人诵之曰：'衮衣章甫，实获我所；章甫衮衣，惠我无私。'"（《纲鉴》）那时政化是怎样盛行呢？原来鲁有贩羊者沈犹氏，尝朝饮羊以诈市人；公慎氏妻淫不制；慎溃氏奢侈逾法；鬻六畜者，饰伪以储伝。及是时，沈犹氏不敢朝饮羊，公慎氏出其妻，慎溃氏越境而徙，鬻牛羊者不储伝，卖羊豚者不加饰，耕者让畔，行者逊路，男尚中正，女尚柔顺，四方客至如皈；以致设法而不用，无奸民。（参《荀子》、《史记》及《家语》等）这正合他自己为司法官的期愿：

"听讼，吾犹人也。必也，使无讼乎!"（《颜渊》）

孔子为司寇而狱讼不兴，为司空而稼穑大丰，为中都宰则一县之民皆达礼，足见其才大用大效，小用小效。

司寇任内，又有一特别大事，曾为《史》《传》所特书，即相定公会齐侯于夹谷，以礼屈齐，不费一兵一矢，得齐还所侵汶阳之田。据《左传》说：

> 定公十年夏，公会齐侯于祝其，实夹谷，孔丘相。犁弥言于齐侯曰："孔丘知礼而无勇，若使莱人以兵劫鲁侯，必得意焉。"齐侯从之。孔丘以公退曰："士兵之！两君合好，而裔夷之俘以兵乱之，非齐君所以命诸侯也。裔不谋夏，夷不乱华，俘不干盟，兵不偪好；于神为不祥，于德为愆义，于人为失礼，君必不然。"齐侯闻之，遽辞之。将盟，齐人加于载书曰："齐师出境，而不以甲车三百乘从我者，有如

此盟。”孔丘使兹无还揖对曰：“而不反我汶阳之田，吾以共命者亦如之。”齐侯将享公，孔丘谓梁丘据曰：“齐、鲁之故，吾子何不闻焉？事既成矣，而又享之，是勤执事也。且牺象不出门，享乐不野合，飨而既具，是弃礼也；若其不具，用秕稗也。用秕稗，君辱，弃礼，名恶。子盍图之？夫享，所以昭德也；不昭，不如其已也。”乃不果享。——齐人来皈郓、讙、龟阴之田。

据《左传》所记事，齐有三屈，一去兵威，一更盟约，一不果享；齐人所以皈还鲁田者，是附约所加，据另传则略异于是。先是，齐因见鲁有新兴气象，欲与修盟好；孔子赴会之初，曾已虑及齐人以兵劫，早经预为之防。对定公说：“臣闻有文事者，必有武备；有武事者，必有文备。古者诸侯出疆，必具官以从；请具左右司马。”定公即从其言而后与会，献酬之礼既毕，齐有司进请奏四方之乐，于是旍旄羽袚，矛戟剑拨，鼓噪而至。孔子趋而进，历阶而登，不尽一等，举袂而言说：“吾两君为好会，夷狄之乐何为于此？请命有司。”（《史记·齐世家》说：孔子使有司斩莱人。）齐侯乃麾之使去。过了一刻，齐有司又进请奏宫中之乐，于是优偌侏儒为戏而前。孔子仍和以前一样的进言说：“匹夫而荧惑诸侯者，罪当诛！请命有司。”有司如言加法，手足异处。齐侯（景公）处此，既羞惭，又惶恐，曾对他群臣说：“鲁以君子之道辅其君，而子独以夷狄之道教寡人，使得罪于鲁君，为之奈何？”有司答对说：“君子有过，则谢以质；小人有过，则谢以文；君若悼之，则谢以质。”乃返所侵鲁之郓欢、汶阳、龟阴之田以谢。（参《史记》及《穀梁传》）

孔子自那次在外交上获得胜利后，在内愈得信任；他看到鲁三家私室之强，终非国家之福，于是对定公说：

“臣闻家不藏甲，大夫无百雉之城；今三家过制，请损之。”（《家语·相书》）

孔子欲抑私强公，定公当然乐从；惟其政策之得以实施，还系得力于季桓子的赞助。《公羊传》故说：

孔子行乎季孙，三月不违。曰：“家不藏甲，邑无百雉之城。”于是帅师堕郈，帅师堕费。

原来那时鲁政早已不出公门，皆取决于孟孙、叔孙、季孙三家，其中尤以季孙氏为有权，他若不得季孙氏同意，怎能如愿以行呢？但那时三家之权，又旁落于陪臣手，因而堕三都的计议虽决，还是发生了一些波折；除叔孙氏最弱，堕其郈邑，无何问题外，至终孟氏之成，为其家臣所把持而未堕。《左传》记其事说：

仲由为季氏宰，将堕三都。于是叔孙氏堕郈。季氏将堕费，公山不扭、叔孙辄帅费人以袭鲁，公与三子（孟、叔、季）入于季氏之宫，登武子之台，费人攻之，弗克。入及公侧，仲尼命申句须、乐颀下伐之，费人北；国人追之，败诸姑篾，二子（不扭及辄）奔卫，遂堕费。将堕成，公敛处父谓孟孙曰：“堕成，齐人必至于北门。且成，孟氏之保障也；无成，是无孟氏也。子伪不知，我将不堕。”冬十二月，公围成，弗克。（定公十三年）

孔子堕三都的计划，虽未完全如愿以偿，在当代究属不可多得的豪举。据朱子《语录》有“或问：‘成既不堕，夫子如何别无处置便休？’曰：‘不久，夫子亦去鲁矣；若使圣人久为之，亦须别有个道理。’”按孔子去鲁，即堕都的次年。

次年，孔子摄行相事。据《荀子》说：

孔子为鲁相，摄朝七日，而诛少正卯。门下人进问曰：

"夫少正卯，鲁之闻人也，夫子为政而始诛之，得无失乎？"孔子曰："居！吾语女其故。人有恶者五，而盗窃不与焉；一曰心达而险，二曰行辟而坚，三曰言伪而辩，四曰记醜而博，五曰顺非而泽。此五者有一于人，则不得免于君子之诛，而少正卯兼有之；故居处足以聚徒成群，言谈足以饰邪荧众，强足以反是独立，此小人之桀雄也，不可不诛也。"（《荀子·宥座篇》）

少正卯，《史记》称为乱政大夫，则其被诛，或当孔子摄行相事之初，他曾捣过担呢？孔子弟子以其素有声誉，诛之未免太过，乃发为问；孔子告以不得不诛的原因，不诛将大有害于鲁政的行使。不过，历来有些学者颇疑其事不实。如朱子以为其事《论语》、子思、孟子及《左传》皆未言及，独有荀况这么说，是必齐、鲁陋儒愤圣人的失职，故为此说以夸其权云。我以为朱子崇孟抑荀，原不免存有门户之见；至其悬揣他人故为此说的理由，殊觉太不充分。故为此说，有何足夸？近人又有以孔子为礼治主义的人，决不致如法家之杀人以立威；我看荀子与《史记》的话，并非为立威而杀。何况仲尼有言：

"政宽则民慢，慢则纠之以猛；猛则民残，残则施之以宽；宽以济猛，猛以济宽。政是以和。"（《左传·昭公二十年》）

这样看来，孔子虽是德化主义者，尚德不尚刑，到必要时，又何尝全然不用呢？故姑以荀说为是。

孔子摄行相事不过三月，不得不去其位。为甚么呢？《论语》说：

齐人皈女乐，季桓子受之，三日不朝，孔子行。（《微子》）

这段事实，《史记》详叙其原委说：

> 孔子与闻国政三月，齐人闻而惧，曰："孔子为政必霸，霸则吾地近焉，我为之先并矣，盍致地焉？"犁鉏曰："请先尝沮之。沮之而不可，则致地，庸迟乎？"于是选齐国中女子好者八十人，皆衣文衣而舞康乐，文马三十驷，遗鲁君。陈女乐文马于鲁城南高门外，季桓子微服往观再三，将受，乃语鲁君为周道游，往观终日，怠于政事。子路曰："夫子！可以行矣！"孔子曰："鲁今且郊，如致膰乎大夫，则吾犹可以止。"桓子卒受齐女乐，三日不听政；（据《四书补注》，孔子于其时欲谏不得，退而望鲁龟山，作《龟山操》以喻季氏的蔽鲁说："予欲望鲁兮，龟山蔽之；手无斧柯，奈龟山何！"）郊，又不致膰于大夫。孔子遂行；（据《历聘纪年》，孔子其时作《猗兰操》。）宿乎屯。师已送曰："夫子则非罪。"孔子曰："吾歌可乎！歌曰：'彼妇之口，可以出走；彼妇之谒，可以死败。'盖优哉游哉，维以卒岁！"师已反，桓子曰："孔子亦何言？"师已以实告，桓子喟然叹曰：'夫子罪我，以群婢故也夫！"（《孔子世家》）

季桓子受女乐，子路欲行，孔子以为只要他致膰俎于大夫，尚可勉留；因为桓公好色，管仲不以为害，要在任贤专而已。及其迷而荒怠，孔子乃不得不去，他在本国的政治生活就告一段落，后终久不得用。孟子述他当时去鲁情事说：

> "孔子为鲁司寇，不用；从而祭，燔肉不至，不税冕而行。不知者以为为肉也；其知者以为为无礼也。乃孔子则欲以微罪行，不欲为苟去；君子之所为，众人固不识也。"（《孟子·告子下》）

又说：

孔子之……去鲁曰："迟迟吾行也，去父母国之道也。"（《孟子·万章下》）

（乙）仕于卫

孔子除鲁而外，卫国乃其常至之邦；据已见于记载者，孔子至卫共有五次。首次去鲁摄相适卫；二次适陈，过匡，过蒲，皆不出卫境内而反卫；三次过曹而宋，而郑，而陈，仍适卫；四次将西见赵简子，未渡河而返卫；末次返陈，而蔡，而楚，终反卫。

孔子首次至卫境，看到人民繁衍之状，不觉赞美说："庶矣哉！"冉有适为其仆从，听了他的赞语，追问："既庶矣，又何加焉？"孔子告诉他要富民，教民，载《论语·子路篇》。至卫，有颜浊邹者，《吕氏春秋》谓其曾以剧盗而就学于孔子，《史记》说子路和颜浊邹（《孟子》作颜雠由）有郎舅关系，孔子故主于其家。那时卫国有一班嬖臣，闻孔子贤，而欲结纳他以自重，都来用权位引诱他。孟子曾说：

> 弥子之妻与子路之妻，兄弟也。弥子谓子路曰："孔子主我，卫卿可得也。"子路以告，孔子曰："有命。"……（《孟子·万章上》）

子路的连襟弥子瑕，美而善媚，尝以馀桃啖君，有宠于卫灵公。他想要孔子去攀附他，当然非孔子那么有人格的人所愿为。同样的，又有权臣王孙贾，直接来会孔子，借喻以暗示孔子附己。《论语》说：

> 王孙贾问曰："与其媚于奥，宁媚于灶，何谓也？"子曰："不然，获罪于天，无所祷也。"（《八佾》）

王以“奥”喻卫君，“灶”喻自身，引当代社会媚奥不如媚灶的流行俗话，示意求卫君不如求己的为妥；孔子所答，仍以天命为大，极言人权的不足恃。

孔子求仕于卫，决不走权好嬖幸这条路，这是凡洁身自好者当然的行为；凭着他的贤才，凭着他的声望，足够引起卫灵公的注意。《史记》：

> 卫灵公问孔子居鲁得禄几何，对曰：“奉粟六万。”卫人亦致粟六万。（《孔子世家》）

孔子在卫得的俸禄，虽然和仕于鲁一样，却是没有实权，不过处在客卿地位，无机施展其抱负；孟子故谓为“际可之仕”，别于在鲁“见行可之仕”，以致没有甚么建树。甚至在卫有过一次似乎屈辱的事，灵公夫人南子使人告孔子说：“四方之君子不辱，欲与寡君为兄弟者，必见寡小君；寡小君愿见。”孔子辞不得已，和她行拜见礼；那位直率的门人子路，很不以孔子见南子为然。意以孔子既不命阿附权奸嬖幸，为甚么又降节去见有淫行的夫人呢？弄得孔子无以自白，只得发誓说：

> “予所否者，天厌之！天厌之！”（《雍也》）

实在，孔子既仕于卫，欲不见南子不得；又不但见，卫灵公尝与夫人同车，宦者雍雎（又名渠）为骖乘出，使孔子为次乘，招摇市过。孔子看到那光景，深深感叹说：

> “吾未见好德如好色者也！”（《子罕》）

像灵公这么好色之徒，怎能大用有德的孔子呢？而且灵公又是急功利之徒，孔子主张德化政治，灵公自不免嫌其迂缓，此其志趣大异。所以，

> 灵公问陈于孔子，孔子对曰：“俎豆之事，则尝闻之矣；

军旅之事，未尝学也。”明日遂行。（《卫灵公》）

“明日遂行”者，并非以“道不同，不相为谋”；是因彼此志趣既不同，灵公对于孔子不免疏懈，《史记·世家》说次日与孔子语，灵公仰视蜚雁而色不在孔子，孔子故不得不离卫，出游他邦哩。

至卫出公立，孔子弟子仕卫者多，出公依然照旧例致粟于孔子，未尝致政，此孟子所谓“公养之仕”，较灵公待遇以礼者又不如，所以当时徒有和门人子路发表政见以正名为先之谈。那时出公与父蒯聩争国，孔子居卫，门人不晓得孔子要作甚么主张，所以，

冉有曰：“夫子为卫君乎？”子贡曰：“诺。吾将问之。”入曰：“伯夷、叔齐何人也？”曰：（子答）“古之贤人也。”曰：“怨乎？”曰：“求仁而得仁，又何怨？”出曰：“夫子不为也。”（《述而》）

伯夷、叔齐以尊父命，重天伦，而敝屣富贵，深得孔子称赞，则卫出公与蒯聩父子争权位，都系不仁，孔子当然不直其所为，子贡故告冉有“夫子不为也”。是故孔子在卫，假使得权，必先正名，则卫政局必有一番大变动，这岂卫国君臣所愿？当代各国情势，处处和孔子怀抱相牴触，孔子政治生活的不能通顺，何怪其然！孟子说：

“《诗》云：‘忧心悄悄，愠于群小。’孔子也。”（《孟子·尽心下》）

这已将孔子求为世用而卒不得用的情形及缘由，完全表现出来。

孔子除仕鲁、仕卫外，在别国并非没有做过官，孟子说他在

陈为陈侯周臣就有三年之久；不过那在政治生活上无何足述，我故仅依孟子所提仕鲁、仕卫二节的事于右，其他一并在下段他的游历生活中述及。

八　孔子的游历生活

孔子本是一个喜欢游历的人，常借山水的游玩以陶情冶性；及年长而不见用于世，逼使其过着流浪生活，游踪所至，有周、齐、卫、宋、陈、蔡、楚等国地。多半已见于《论语》，有少数缺而未书，兹据《论语》为主，参以《孟子》、《史》《传》及其他子书，述其游历生活于左。

（甲）适齐

孔子最先往游之地，为邻邦齐；适齐当不止一次，有数事可资一述。

1. 学《韶》

孔子由鲁适齐，至齐郭门之外，遇婴儿方挈壶行，其视精，其心正，其行端。孔子对御者说："趣驱之。"到了那里，《韶》乐方作，乃得与闻。《论语》上说：

> 子在齐闻《韶》，三月不知肉味。（《述而》）

按：鲁原有韶乐，《左传》襄公二十九年，吴季礼聘鲁，观周乐至舞《韶箭》（舜乐总名）而叹观止，可证。孔子先居鲁，何以不闻？据《史记》"三月"上尚有"学之"二字，则孔子在齐，重在学《韶》，非但闻《韶》而已。齐之所以有《韶》，或谓为齐景公二十一年师涓自鲁适齐所始教，或说春秋时陈公子完奔齐，陈为舜后，《韶》乐存陈，齐由陈公子完而得《韶》乐。

2. 论政

齐景公问政于孔子，孔子对曰："君君，臣臣，父父，子子。"公曰："善哉！信如君不君，臣不臣，父不父，子不子，虽有粟，吾得而食诸？"（《颜渊》）

孔子对景公问，是照当日齐国政情而言；齐国那时早有不臣之臣，景公又多失德，已是君不君而臣不臣了。晏子曾经看到齐国这种危机，私对晋贤大夫叔向说：

"齐其为陈氏矣。公弃其民，而皈于陈氏。——齐旧四量，豆区釜钟；四升为豆，各自其四，以登于釜，十釜则钟。陈氏三量，皆登一焉，钟乃大焉；以家量贷，而以公量收之。山木如市，弗加于山；鱼盐蜃蛤，弗加于海。……民人痛疾，而或燠休之。其爱之如父母，而皈之如流水，欲无获民，将焉辟之？箕伯、直柄、虞遂、伯戏（四人皆舜裔，为陈氏先祖），其相胡公大姬（周始封陈之祖父母），已在齐矣。"（《左传·昭公三年》）

当陈氏在齐这么收买民心，欲潜移齐国祚的时候，孔子还在童年；至其适齐，陈氏在齐的潜势力必较前更大，孔子故趁机进言"君君臣臣"为政。

齐国那时岂但君为弃民之君，而有不臣之臣？景公对于父道也不周全，以致有后此的事实见于经传：

齐燕姬生子，不成而死。诸子，——鬻姒之子荼嬖。诸大夫恐其为大子也，言于公曰："君之齿长矣，未有大子，若之何？"公曰："二三子间于忧虞，则有疾疢，亦姑谋乐，何忧于无君？"公疾，使国惠子、高昭子立荼，寘群公子于莱。秋，齐景公卒。冬十月，公子嘉、公子驹、公子黔奔卫；公子鉏、公子阳生来奔（鲁）。莱人歌之曰："景公死乎不与埋，三军之事乎不与谋。师乎！师乎！何党之乎？"（《左传·哀公五年》）

这种事实，虽不为孔子论政前所有，而其由来有渐，景公素来没有父德，是可为凭。荼为诸大夫所看为不当立，他竟逞其偏私，遗嘱高、国二老立之为君，又不事先防患于未然，致立不一年而见弑，陈氏（乞）得用诡言离间卿大夫而生乱，掌握政权。假使景公当日闻孔子言而果见诸实行，何致这么举措失宜，而贻家国以大患呢？他徒知孔子论政之善，又无为善的心与力，难怪虽有晏婴贤辅，仍不足以救其失。孔子所谓："悦而不绎，从而不改，吾末如之何也已矣！"（《子罕》）于齐景公这流人，言之正当。

考齐自大公就封，尚权谋，崇功利，至管子霸齐而尤甚；公惟实其仓廪，私则足其衣食，寄军令，期报功，养成一种急功利而喜夸诈的民风。大公治齐的流弊，必有篡弑之臣兴起，周公对大公早经预言过；孔子在齐观察情势，愈知这种预言易成事实，始对景公以正君臣为言。那时孔子本国虽较齐弱，尚重礼教，如仲孙湫曾谓鲁犹秉周礼（《左传·闵公元年》），韩宣子谓周礼尽在于鲁（《昭公三年》），仲尼谓周公典籍犹存（《哀公十二年》）；在道德观点上，鲁政尚较齐政为优。孔子故说：

"齐一变，至于鲁；鲁一变，至于道。"（《雍也》）

鲁政虽尚有周公遗风，究未几于道；齐政则又较鲁政下一等，离道更远；孔子主鲁必新其政，假使得志于齐，则另有一番大改革也必。只是这非明主不为功，景公哪里是任贤使能的明主呢？他故虽于孔子之言无所不悦，究不能用。一则说：

"昔季氏则吾不能，以季孟之间待之。"

再则说：

> “吾老矣，不能用也。”（《微子》）

齐景公这种话，活现出一个老气横秋的无用昏君！景公虽不能用孔子，却也想用俸禄羁之于齐。据《吕氏春秋》说：

> 孔子见齐景公，景公致廪丘以为养，孔子辞不受。入谓弟子曰：“吾闻君子当功以受禄；今说景公，景公未之行，而赐之廪丘，其不知丘亦甚矣！”令弟子趣驾而行。

又据《史记·世家》说：

> 景公问政于孔子，……孔子对曰：“政在节财。”景公悦，将欲以尼谿田封孔子。晏婴进曰：“夫儒者滑稽而不可轨法，倨傲自顺而不可以为下；崇丧遂哀，破产厚葬，不可以为俗；游说乞贷，不可以为国。自大贤之息，周室既衰，礼乐缺有间。今孔子盛容饰，繁登降之礼，务趋翔之节，累世不能殚其学，当年不能究其礼；君欲用之，以移齐俗，非所以先细民也。”异日止。

晏婴沮孔子事，并见于《墨子》及《晏子春秋》；《晏子春秋》有兼爱说，其书疑即齐国墨学者所撰，沮孔子一段，乃转录《墨子》文。《墨子·非儒下》记其事，语句较《史记》激烈；《史记》或属修改《墨子》原文而成。墨子乃儒家的反对派，安知这段话非墨学者假托晏子说其所说？人故颇疑这段《史记》不实。然而，“累世不能殚其学，当年不能究其礼”，正是齐大夫从简急功的口调。是故事或本有，《墨子》为文，不过益甚其说，甚至说“孔子乃恚怒于景公与晏子，皈于鲁”。实则孔子“不怨天，不尤人，下学而上达”（《宪问》）。孔子如果恚怒景公与晏子为不得封，何以为孔子？是一小人而已。那么，晏子为甚么沮孔子呢？在齐人国家政治的立场上，晏子所见未始非是；孔子曾言齐变至鲁，鲁变至道，可知其人虽合，政见未必相同。史传上不见晏子推荐孔子用政，颇可耐人寻思。

（乙）适周

孔子适周，目的较异于他邦之游，其动机乃为学问而往，问礼于老聃，访乐于苌弘，并参观周之庙堂。这次，使其学识增加不少；自周反鲁，弟子较前益进。所谓“自南宫敬叔乘我车也，吾道加行”（《史记·世家》）。我们在此将其经过情形一述。

1. 问礼乐

孔子怎样问礼访乐，其情已述于“孔子所受的教育”一章中。惟孔子问礼于老聃事，人常疑其不真。因为据《道德经》，老子是个毁弃礼法的人，孔子何得去问礼于他？《礼记·曾子问》虽载孔子问礼于老聃，并曾偕他助葬于巷党；可是《郑注》“聃，古寿考者之称”，并非直指老子而名。所以清汪容甫说：“孔子之所问礼者，聃也，非老子也。”《曾子问》的老聃，和《道德经》的老子，似乎是两个人？《曾子问》的老聃，很是拘谨守礼，如同孔子送葬至恒，遇着日食，他就对孔子说：

> “丘！止柩道右，止哭以听变，既明，反而后行。曰礼也。反葬，而丘问之曰：‘夫柩不可以反者也。日有食之，不知其已之迟数，则岂如行哉？’老聃曰：‘诸侯朝天子，见日而行，逮日而舍奠；大夫使，见日而行，逮日而舍。夫柩不早出，不莫宿。见星而行者，惟罪人与奔父母之丧者乎？日有食之，安知其不见星也？且君子行礼，不以人之亲痁［店］患。”

请看这个老聃，是怎样讲究繁文缛节！《道德经》的老子，以礼为忠信之薄而乱之首（《道德经》三十八章），怎会告诉孔子以那些曲仪？

关于这个问题，愚意《史记》明言老子著《道德经》为老年退隐时思想，孔子问礼，系其居周时事，一个人的思想，似难保数十年如一日，则其前后矛盾，并不足怪。况《曾子问》是述古制，孔子信而好古，既来学问，老子就其机遇，举其所不知以告，未可遽执以非老子；一个教授，随其高足的需要而讲说他所视为次要的知识，未尝没有。

《论语》记孔子受老子感化者颇深！“窃比于我老彭”（《述而》）的“老”字，《郑注》谓即老子；班固《幽通赋》引用这句“若允彭而偕老兮”，《颜注》也以老即老子。不过孔子一面佩服老子，一面也晓得老子学说究有些不可苟同；如《宪问篇》“或曰以德报怨”一章，即孔子间接对于老子学说的批评。

2. 观明堂

孔子观乎明堂①，藉悉周之所以王，曾深致其赞叹！于其四门见尧、舜、桀、纣之象，又见周公抱成王负斧扆朝诸侯之图，对从者说：

> “夫明镜所以察形，往古所以知今；人主不务袭迹于其所以安存，而忽怠所以危亡，是犹未有以异于却走而求及前人也。岂不惑哉！”（《家语》）

---

① 明堂凡九室，一室四户八牖；以茅盖屋，上圆下方。其称为明堂者，所以明诸侯尊卑；其朝见礼，详《明堂位》。至于它的过细情形，除《周官·考工记》，《礼·月令》及《明堂位》外，历代有儒者考究，如蔡邕《明堂论》，李谧《明堂制度论》，朱熹《明堂说》，惠陈《明堂大道录》，任启运《朝庙宫室考》，焦循《群经宫室图》等，可供参考。

又入后稷庙，看见一个三缄其口的金人，其背有铭说：

古之慎言人也。戒之哉！无多言，多言多败；无多事，多事多患。安乐必诫，无行所悔。勿谓何伤，其祸将长；勿谓何害，其祸将大。勿谓何残，其祸将然；勿谓不闻，天妖伺人。焰焰不灭，炎炎若何；涓涓不壅，终成江河。绵绵不绝，或成网罗；毫末不札，（《说苑》作“青青不伐”）将寻斧柯。诚能填之，福之根也；曰是何伤，祸之门也。强梁者不得其死；好胜者必遇其敌。盗憎主人，民怨（《说苑》作“害”）其贵。君子知天下之不可尚也，故下之；知众人之不可先也，故后之。温恭慎德，使人慕之；执雌持下，人莫踰之。人皆趋彼，我独守此；人皆惑之，我独不徙。内藏我智，不示人技，我虽尊高，人弗我害。谁能于此，江河虽左，长于百川，以其卑也，天道无亲，而能下人。诫之哉！

《金人铭》并见于刘向《说苑》及《家语》，王应麟、严铁樵等谓为黄帝六铭之一；其中语句，多与现存《道德经》合，致崔东壁疑为老学者流所伪托。不过《老子书》中“古之所谓”“建言有之”等句，显明老子原是纂辑古人名言，非其创作；则《金人铭》容或本有，老子学说还是受其影响，此黄老所以并称。

（丙）适卫

上文已经说过，孔子到过卫国有五次之多，屡主蘧伯玉家；蘧伯玉“邦有道则仕，邦无道则可卷而怀之”，孔子赞其为君子，其志同道合之情溢于言表。又卫贤大夫岂止伯玉一人？从前吴季札适卫，见了蘧瑗（伯玉）、史狗、史鰌（《论语》作“史鱼”）、公子荆、公叔发（《论语》作“公叔文子”）、公子朝，说：

“卫多君子，未有患也。”（《左传·襄公二十九年》）

孔子之所以常常至卫，或即以卫多君子呢?《论语》记孔子赞伯玉为君子外，又赞公叔文子配称为“文”，公子荆善居室，史鱼为人忠直；可见卫君虽不贤，朝士贤者多着哩。并且卫国似已有一种好贤之风，所以孔子至卫，

> 仪封人请见曰：“君子至于斯也，吾未尝不得见也。”从者见之。出曰：“二三子何患于丧乎？天下之无道也久矣！天将以夫子为木铎。”（《八佾》）

从仪封人口中，看出那时游卫者不少；仪封人于一见孔子之下，钦佩至极，谓教化将藉孔子而大行于天下。这种识力，这种口调，足证仪封人也非凡夫；《朱注》“仪封人盖贤而隐于下位者也”，极是。

仪封人贤而隐居下位，对孔子表示敬礼；卫另有一班隐君子，却不以孔子求为世用的态度为然。

> 子击磬于卫，有荷蒉而过孔氏之门者，曰：“有心哉！击磬乎！’既而曰：“鄙哉！硁硁乎！莫己知也。斯已而已矣；深则厉，浅则揭。”子曰：“果哉！末之难矣。”（《宪问》）

这荷蒉者，简直说孔子不识时务，不通机变，其为人也可鄙！孔子佩服他急流勇退的精神而称其果，实则是说他太寡情，不顾社会福利。

（丁）过匡

孔子去卫，将适陈，路过匡，匡人误以为阳虎而围困他，他有“文在兹”之言；被围五日之久，他始终不与抗，讲诵弦歌之声不绝，在事实上叫匡人晓得他不是暴徒阳虎，遂解围去。（据《史记》，其时尚有“留从者为宁武子臣，始得脱”之语，不足

信；因为那时宁武子已死多年，何来为臣等说?)

(戊) 适宋

孔子再次去卫过曹，去曹适宋，颇得宋公优礼，却因而遭宋司马桓魋之忌，他有“天生德”之言。孟子曾论到这事，说：

> “孔子不悦于鲁、卫，遭宋桓司马将要而杀之，微服而过宋。”(《孟子·万章上》)

(己) 过郑

孔子自宋往陈过郑，中途与门弟子相失，“孔子独立郭东门。郑人或谓子贡曰：‘东门有人，其颡似尧，项类皋陶，肩类子产，自腰以下，不及禹三寸，累累若丧家之狗。’子贡以实告，孔子欣然笑曰：‘形状末也；而似丧家之狗。然哉！然哉！’”就和门人子贡等，一同至陈主于司城贞子家。

(庚) 过蒲

孔子又要自陈往卫，路过蒲邑，会公叔氏以蒲叛，蒲人恐孔子至卫告以军事秘密，而将不利于己，阻孔子行；门徒公良孺勇武有力，曾以私车五乘从孔子游，前和孔子同难于匡，这次不能再耐，与蒲人斗，蒲人惧而与孔子盟。对孔子说：“将毋适卫，吾出子。”孔子当时承认，等到出了东门，他仍转往卫国。子贡疑问说：“盟可负耶?”孔子说：“要盟也，神不听。”至卫，卫灵公果欲伐蒲，问于孔子，孔子对答说：“其男子有死之志，妇人有保西河之志；吾所欲伐者，不过四五人。”灵公听了，很以为然，觉得庶民无罪，罪在少数捣乱分子，于是不伐。

（辛）适晋

孔子居卫，值晋发生政变，赵简子攻范中行氏，伐中牟，佛肸畔。曾置鼎于庭说："与我者受邑，不与我者受烹。"晋大夫被胁迫而附从他的不少。他或也想到要成大事，必须招致人才，于是有《论语》这一段记载：

> 佛肸召，子欲往。子路曰："昔者，由也闻诸夫子曰：'亲于其身为不善者，君子不入也。'佛肸以中牟畔，子之往也，如之何？"子曰："然。有是言也。不曰坚乎，磨而不磷；不曰白乎，涅而不缁。吾岂匏瓜也哉？焉能系而不食？"（《阳货》）

佛肸以家臣叛大夫，使召孔子，孔子竟欲应召前去，何解？张惕庵说："子欲往者，以无拒绝之词也。……赵以世卿称兵于国，五六年不已，强横极矣！赵若不败，势必篡晋，晋主忧盟以尊周为职，晋灭而周亦从之；佛肸之召，夫子不斥其非，儆赵鞅也。夫子意至深远，并非欲往；子路但见一面。匏瓜之系，乃托词也；必一一为之词，则赘矣。"惟据朱子意见，孔子确有欲往之心，"盖其暂时有尊贤向善之诚心，故感得圣人有欲往之意；然违道叛逆终不可改，故圣人亦卒不往也"。

孔子虽未应佛肸召实行，后来到底自卫动身，将西见赵简子，临河听见窦鸣犊、舜华二人被害，就太息说："美哉水洋洋乎！丘之不济此，命也夫！"子贡闻叹而进问说："敢问何谓也？"孔子说："窦鸣犊，舜华，晋之贤大夫也。赵简子未得志时，须此二人，而后从政；及其已得政，则杀之。吾闻之：'刳胎杀夭，麒麟不至其郊；竭泽涸渔，蛟龙不处其渊；覆巢毁卵，凤鸟不翔其邑。'何也？君子讳伤其类也。夫鸟兽之于不义也，尚知避之，而况乎丘哉?”于是还息陬乡，作《陬操》以哀时，说：

“周道衰微，礼乐陵迟；文武既坠，我将焉皈？周游天下，靡邦可依！凤鸟不识，珍宝鸱枭，眷言顾之，惨焉心悲！巾车命驾，将适唐都。黄河洋洋，攸攸之鱼；临津不济，还辕息陬。伤子道穷，哀彼无辜！翱翔于卫，复我旧庐；从吾所好，其乐只且。”

(壬) 在陈

孔子适陈有二次，于遭宋司马桓魋威吓后，到了陈国。孟子所谓：

“当厄，主司城贞子，为陈侯周臣。”(《孟子·万章上》)

当他在陈之年，鲁季桓子病，想起从前未终用孔子，致鲁兴而复衰，颇有悔意。遗嘱嗣子康子说：“我即死，若必相鲁，相鲁必召仲尼。”康子既立，将遵父命往召，公之鱼说：“若吾先君用之不终，终为诸侯笑；今又用之不能终，是再为诸侯笑。”康子闻言不自坚其任用孔子的专诚，反问：“则谁召而可?”鱼说：“必召冉求。”于是使使召冉子而不及孔。冉求将行，孔子知鲁将大用，他自己大发感叹说：

“归与！归与！吾党之小子狂简，斐然成章，不知所以裁之。”(《公冶长》)——万章问曰：“孔子在陈曰：‘盍皈乎来！吾党之士狂简，进取不忘其初。’孔子在陈，何思鲁之狂士?”孟子曰：“孔子不得中道而与之，必也狂獧乎？狂者进取，獧者有所不为也。孔子岂不欲中道哉？不可必得，故思其次也。”“敢问何如斯可谓狂矣?”曰：“如琴张、牧友者，孔子之所谓狂矣。”“何以谓之狂也?”曰：“其志嘐嘐然曰：'古之人，古之人。'夷考其行而不掩焉者也。——狂者又不可得，欲得不屑不洁之士，而与之是獧也，是又其次也。"（《孟子·尽心下》）

说要皈鲁，那次却未成行。不久，孔子去而往楚，半途受困；受困是供给上的缺欠，《史记》说陈、蔡以兵围孔子而沮孔子不见用于楚的话，谬妄不足凭信。以陈、蔡决不敢也不能阻止楚的用人，崔东壁辩之极明，见《洙泗考信录》卷三，文长不赘录。

至于孔子在陈，供给上发生恐慌，《论语》有言：

在陈绝粮，从者病，莫能兴。子路愠见曰："君子亦有穷乎？"子曰："君子固穷，小人穷斯滥矣。"（《卫灵公》）

那时绝粮，从者病，莫能兴，是怎样的穷得很！荀子曾确指说：

孔子南适楚，厄于陈、蔡之间，七日不火食，藜羹不糂，弟子皆有饥色。"（《荀子·宥座篇》）

七日之久，他们没有正式开饭，该是怎样的饿！难怪子路不能耐待。另据《庄子》和《家语》，不单子路那次不耐烦，贤达如子贡，觉得他老先生年来东奔西走，没有甚么成就，反倒落得几次忧患和穷苦，他故也对孔子说：

"夫子之道至大，故天下莫能容夫子，夫子盍少贬焉。"（《史记·孔子世家》）

这是劝孔子减价发售，自非孔子所愿；不但孔子，颜子也不以为然说：

"夫子之道至大，故天下莫能容；虽然，夫子推而行之，

不容何病？不容然后见夫子。”（《史记·孔子世家》）

三个名弟子说的三样话，表现他们的性格及各自见道的程度不同，一个较优于一个，孔子欣然称许回言为是。

何解那次七日不火食呢？孟子说：

“君子之厄于陈、蔡之间。无上下之交也。”（《孟子·尽心下》）

旧注：“君臣皆恶，无所与交。”愚按：孔子为陈侯周臣三年，那话安不上；孟子是说孔子厄于陈、蔡之间，并非一定的国朝，所谓“无上下之交”，不过人地生疏之意。

（癸）适楚

孔子厄于陈、蔡，原为适楚，蔡为自陈往楚必由之路。《左传》哀公二年冬十一月，蔡畏楚而迁于州来；四年春，蔡昭侯被盗杀，夏叶公诸梁“致蔡于负函”，蔡故地已为楚属。孔子当日绝粮，当在陈边与故蔡之间，由而前进至楚属故蔡地，会见叶公。叶公不识孔子，所以问孔子于子路，子路不对。（《述而》）既而和孔子接谈，他就说去“直躬”怪事，并问孔子以政。孔子告诉他以为政之道，是在：

“近者悦，远者来。”（《子路》）

孔子这话，或也暗示楚当开门纳贤？与其适楚，不无关系。于会见叶公后，又自叶公所在故蔡往前进行，迷于途，遇着有两个隐者：

长沮、桀溺耦而耕，孔子过之，使子路问津焉。长沮曰：“夫执舆者为谁？”子路曰：“为孔丘。”曰：“是鲁孔丘与？”曰：“是也。”曰：“是知津矣。”问于桀溺，桀溺曰：

“子为谁？”曰：“为仲由。”曰：“是鲁孔丘之徒与？”对曰：“然。”曰：“滔滔者，天下皆是也，而谁以易之？且而与其从辟人之士也，岂若从辟世之士哉？”耰而不辍。子路行以告。夫子怃然曰：“鸟兽不可与同群。吾非斯人之徒而谁与？天下有道，丘不与易也。”（《微子》）

长沮、桀溺不单不指示子路迷途，反倒加以冷讥热诮。没奈何，他们只得前奔，孔子的车走得快了，

子路从而后，遇丈人以杖荷蓧。子路问曰：“子见夫子乎？”丈人曰：“四体不勤，五谷不分，孰为夫子？”植其杖而耘。子路拱而立，止子路宿，杀鸡为黍而食之，见其二子焉。明日，子路行以告。子曰：“隐者也。”使子路反见之；至则行矣。子路曰：“不仕无义。长幼之节，不可废也；君臣之义，如之何其废之？欲洁其身，而乱大伦！君子之仕也，行其义也；道之不行，已知之矣。”（《微子》）

自过荷蓧丈人以后，已离故蔡而入楚境。

楚狂接舆歌而过孔子曰：“凤兮！凤兮！何德之衰！往者不可谏，来者犹可追。已而！已！而今之从政者殆而！”孔子下，欲与之言；趋而避之，不得与之言。（《微子》）

接舆对于孔子求用于世，深致惋惜之意！语气似较长沮等人委婉，孔子故下车来，要和他倾心一谈。名为“楚狂”而实非狂者，其人姓陆名通，假狂避世；他和孔子这次相遇，《庄子》另有一番文章。

至楚，昭王颇能优礼相待，并欲以书社之地七百里封孔子。令尹子西对他说：

“王之使使诸侯，有如子贡者乎？”曰：“无有。”“王之

> 辅相，有如颜回者乎?”曰：“无有。”“王之将率，有如子路者乎?”曰：“无有。”王之官尹，有如宰予者乎?”曰：“无有。且楚之祖封于周，号为子男五十里。今孔丘述三王之法，明周召之业，王若用之，则楚安得世世堂堂方数千里乎？夫文王在丰，武王在镐，百里之君，卒王天下；今孔丘得据土壤，贤弟子为佐，非楚之福也。”（《孔子世家》）

经令尹子西这么一说，昭王想到切身利害关系，哪得不生危惧？孔子故又不能得志于楚。于是自楚反卫，那恰是卫出公父子争国之际。

（子）返鲁

孔子自楚反卫以后，随又由卫反鲁。为甚么他动了皈家之念呢?《左传·哀公十一年》上记着：

> 孔文子使大叔疾出其妻，而妻之；疾使侍人诱其初妻之娣，寘于犁，而为之一宫，如二妻。孔文子怒，欲攻之，仲尼止之。……孔文子之将攻大叔也，访于仲尼。仲尼曰：“胡簋之事，则尝学之矣；甲兵之事，未之闻也。”退，命驾而行。曰：“鸟则择木，木岂能择鸟?”文子遽止之。曰：“圉岂敢度其私，访卫国之难也。”将止；鲁人以币召之，乃皈。

孔子为孔文子逼使大叔疾出妻而妻之以女，后疾竟因婚姻不自由而出奔，他故决计皈鲁。孔文子虽来劝止，恰逢鲁人以币召，于是回本国去，结束他自去鲁司寇后十四年来的流荡生活。十四年来，鲁人没有召孔子，这一次为甚么召他呢？这是因为《左传》哀公十一年，齐国书帅师伐鲁。据《史记》说：

> 冉求为季氏帅，与齐战于郎，克之。季康子曰：“子之

于军旅，学之乎？性之乎？”冉求曰：“学之于孔子。”康子曰：“孔子何如人哉？”对曰：“用之有名，播之百姓，质诸鬼神而无憾；求之至于此道，虽累千社，夫子不利也。”康子曰：“我欲召之，可乎？”对曰：“欲召之，则毋以小人间之，斯可矣。”……季康子遂使公华、公宾、公林，以币迎孔子。（《孔子世家》）

又据《家语》，冉有不单那次在季康子面前推荐其师而已。

孔子在卫，冉有言于季孙曰：“国有圣人而不能用，欲以求治，是犹却步而欲求及前人，不可得已。今孔子在卫，卫将用之；已有才而以资邻国，难以言智也。”季孙以告哀公，公从之。（《儒行解》）

《家语》所叙，也是人情之常；冉求见用于鲁，未尝不念其师，其言于季康子，也属可能。不过，平常进言，未必有效，季康子盖先受过公之鱼的劝阻；及冉有以少数士卒而挫强齐，季康子极佩其义勇而知方略，由冉有而间接想到孔子大才，召他的心始决。《家语》系记冉有平时之言，《史记》系记冉有战后之语，两下合参，方可看出孔子被召返鲁的原因。

从卫反鲁的途中，隐谷中看到香兰独茂，有感于怀，叹息着说：“兰当为王者香，今乃独茂与众草伍。”于是止车，援琴鼓《猗兰操》说：

“习习谷风，以阴以雨；之子于皈，远送于野。何彼苍天，不得其所！逍遥九州，无有定处。世人闇蔽，不知贤者；年纪逝迈，一身将老。”

《猗兰操》盖孔子所以自伤不逢时，到处飘流，未得定所；他素来为人抱乐观，“不知老之将至”，至此也不免有点悲愁起来了。

这次，孔子被召反鲁，似乎鲁将大大信用他。不料回来以后，虽尊他为国老，聊以资垂询而已，并没给他甚么权位。哀公问儒服，孔子论儒行，讲五仪，并告哀公知哀、忧劳、惧危之道（见《礼·儒行—哀公问》及《家语》）；似此，聘他回去，不过当一讲师。季孙欲以田赋，使冉有访于仲尼而不听仲尼之言（见《左传》）；开头就给他一个鲁不能推行其道的启示。内政不容参与，外交更不由其主张。所以，

> 陈成子弑简公；孔子沐浴而朝，告于哀公曰："陈恒弑其君，请讨之。"公曰："告夫三子。"孔子曰："以吾从大夫之后，不敢不告也。"公曰："告夫三子者！"之三子告，不可，孔子曰："以吾从大夫之后，不敢不告也。"（《宪问》）

陈成子大逆不道，孔子请讨，哀公竟不能作主，命告孟、叔、季；《论语》说孔子虽觉得无告三子的必要，终究如命而往。据《左传》则稍异其说：

> 齐陈恒弑其君壬于舒州，孔丘三日斋而请伐齐三。公曰："鲁为齐弱久矣，子之伐之，将若之何？"对曰："陈恒弑其君，民之不与者半；以鲁之众，加齐之半，可克也。"公曰："子告季孙。"孔子辞，退而告人曰："吾以从大夫之后也，故不敢不言。"

照《传》，孔子未曾如公命往告季孙，《论语》文句不顺，似不可靠？孔子曾郑重其事的斋戒三日，方始朝请，并曾面告哀公以胜算，这可补《论语》的不足，因鲁实不能无此考虑。

按陈恒弑齐君，在鲁哀公十四年季夏，鲁曾于是年春，西狩获麟，孔子早知"吾道穷矣"！终其身，就如此穷死于鲁家乡！

九　孔子的终身事业

孔子皈鲁，年事已高，鲁既不用其政，他就照他曾在陈国的感慨，专门从事于教育文化事业。他有话论到这事业说：

“吾自卫反鲁，然后乐正，《雅》《颂》各得其所。”（《子罕》）

他在这里自道正乐，定《诗》，大概指其反鲁后的第一步工作而言，以后续有成就；《史记》故说孔子晚年工作不单在诗乐上，并且序《书》，订《礼》，赞《易象》，修《春秋》。这些事项，都是我国古代固有文化，他不过用功整理一番。所以他说：

“述而不足，信而好古，窃比于我老彭。”（《述而》）

孔子私以老彭自比，一生即以信古述作为其终身业迹。孔安国说：“先君孔子，生于周末，睹六籍之烦文，惧览者之不一，遂乃定礼乐，明旧章，删《诗》为三百篇，约史记而修《春秋》，赞《易》道以黜八索，述职方以除九丘，讨论坟典，断自唐虞以下，讫于周；芟夷烦乱，翦截浮辞，举其宏纲，摄其机要，足以垂世立教……三千之徒并受其义。”（《尚书序》）又岂但孔子当日徒众受其义而已？自汉以降，他的这些东西，统治我国文化界思想界已二千余年。为此，我们不可不将他的这种工作检讨一下。

（甲）序《书》

《书》为唐虞三代的史记，《左传》“韩宣子聘于鲁，观《书》大史氏”，可证。它既为唐虞三代史记本，其烦难可以想见。《尚书纬》说：“孔子求得黄帝玄孙帝魁之书，迄于秦穆公，凡三千二百四十篇，断远而定近，可以为世法者百二十篇；以百二篇为

《尚书》，十八篇为《中候》。”这些话，虽然未可尽信，不过我们可藉以知道孔子对于这番整理工作，必曾大费心思；从许多故简堆里提菁选华，始克编成了一册书。《史记》上说：“学者多称五帝尚矣，而《尚书》独载尧以来。”（《五帝本纪赞》）孔子将尧以前许多无稽之谈，一概弃而不取，足见他的特识。他原所录定者百二十篇，孔安国说：“百篇之义，世莫得闻。”（《书序》）因自始皇焚书坑儒，致汉代对于百篇原本已不可考见，汉孝文帝使晁错就济南伏生受二十八篇，武帝时加《泰誓》，是为汉文；至景帝子鲁共王坏孔子故宅，得五十八篇，是科斗文；从此，书有今古文，为真为伪的争议，千余年来成为不决的问题。

（乙）赞《易》

《易》有三种：“夏曰《连山》；殷曰《归藏》；周曰《周易》。”（郑康成《易赞易论》）“《连山》伏牺；《皈藏》，黄帝。”（杜子春语）《周易》乃文王、周公所改作。

原来的《易经》，不过八卦，有象无词，文王始作卦辞；周公每卦重易六爻，作爻辞，《易》始可观。孔子故说：

> “《易》之兴也，其于中古乎？”

又说：

> “《易》之兴也，其当殷之末世，周之盛德耶！当文王与纣之事耶！”

孔子就本乎《周易》，更作上下彖、上下象、上下系、文言、说卦、序卦、杂卦“十翼”，惟自欧阳修《易童子问》出，世人多疑“十翼”非孔子作。

（丙）删《诗》

据《史记》说："古者，诗三千余篇；及至孔子，去其重，取可施于礼仪，——上采契、后稷，中述殷周之盛，至幽厉之缺。始于衽席，故曰《关雎》之乱，以为风始；《鹿鸣》为小雅始；《文王》为《大雅》始；《清庙》为颂始。——三百五篇。"（《世家》）

又据《艺论》："孔子录衰周之歌，及众国圣贤之遗风，自文王创基，至于鲁僖，四百年间，凡取三百五篇，合为《国风》、《雅》、《颂》。"

所谓"三百五篇"，是据现存者为数；子夏序诗，原有三百十一篇，有六篇已经亡失了。不过这三百篇诗，是孔子从三千多篇古诗里选录的话，颇有问题；因为《论语》言"《诗》三百"者再（一见《为政》，一见《子路》），《墨子》也说"诗三百"（《公孟篇》），似乎古诗本只这么多？况各书传引用的诗句，见存于《诗经》者多，亡失者少；如果孔子删诗，去其九而仅存其一，何以那些引用古诗的先生，只限于引用孔子的定本呢？别的儒家，或以孔子为然；和儒家立在反对地位的墨子，难道也肯承认孔子定本么？加以吴季札聘鲁观乐，孔子时方八岁，就已说"为之歌邶、鄘、卫，……《小雅》、《大雅》……歌《颂》"（《左传》）；可见孔子未删诗前，诗本具此形式，他不过稍有修改而已。

（丁）订礼

孔子订礼，是我们今所谓三礼中的《仪礼》；《仪礼》是一些仪文礼节，孔子当代所行已和古代有多少出入。所以，

> 子张问："十世可知也？"子曰："殷因于夏礼，所损益，

可知也；周因于殷礼，所损益，可知也……”（《为政》）

足见礼本随时代而变易，三代皆有损益；及孔子世，在仪礼上又比周初不同。如《子罕篇》所说麻冕的改纯，拜下而拜上，皆其更改之迹；我们据此一端，可以推知凡此随时代而变易的礼仪当不少。孔子于此，态度非常活泼，或从众以违古，或遵古以定制，莫不酌中处理，曾自郑重申说。是故我们可知他老先生对于古本《仪礼》，必有若干增订删改之处；不过其增删者，莫由考究；惟据《汉书·艺文志》说：“《礼经》三百，威仪三千。”可见孔子的《仪礼》与古本《仪礼》，大不同呢！至汉，《仪礼》也有今古文之异；今文本十七篇，古文本五十六篇。

（戊）正乐

古代我国极重音乐，以乐与《诗》《书》《礼》为四术。（见《礼·王制》）据《左传》，凡朝聘燕享皆歌《诗》，好像当日那些士大夫都会这事。——并且那些《诗》被歌用者，大多数见于《诗经》。所以《诗》和乐有特别关系；孔子所谓“乐正，《雅》《颂》皆得其所”。乐不正，则《雅》《颂》也不得其所了。然则孔子正乐，是甚么回事呢？《史记》说：

> 古者《诗》三千余篇，孔子……取三百五篇，……皆弦歌之，以求合于《韶》《武》、《雅》、《颂》之音。”（《孔子世家》）

正乐，就是使那些《诗》皆能弦歌，得其正音；想必当代唱诗的曲调有些不妥，音符有些不准，连带那些上好的《雅》《颂》，听来成了俚鄙的歌句了。孔子既恶郑声之乱雅乐，他故用些精神，将那些淫靡的曲调废除，一概代替以舜《韶》武《武》那种尽善尽美的高尚曲调；并将一切鄙俗的歌声，改换以如

《雅》如《颂》之音。只可惜《乐经》已亡，我们故也不得知道这三百篇《诗》要如何弦歌。

(己) 修《春秋》

《诗》、《书》、《礼》、乐，是孔子教徒的常课；老年改正修编，都费了相当精神。至于《春秋》，孔子更是以全副精神从事。《史记》叙其情由说：

> 哀公十四年春，狩大野，叔孙氏车子鉏商获兽，以为不祥。仲尼视之曰："麟也，……曰：吾道穷矣！"乃因史记作《春秋》，上自隐公，下讫哀公十四年，举十二公行事，据鲁亲周，绳之以文武之道，成一王之法。其文约，其旨博。故吴楚之君自称王，而《春秋》贬之曰子；践土之会实召周天子，而《春秋》讳之曰天王狩于河阳。推此类以绳当世，贬损之义，后有王者举而开之，春秋之义行，则天下乱臣贼子惧焉。孔子在位，听讼文辞，有可与人共者，弗独有也；至于为《春秋》，笔则笔，削则削，子夏之徒不能赞一辞。弟子受《春秋》。孔子曰："后世知我者以《春秋》；而罪我者亦以《春秋》。"（《世家》）

对于《春秋》的时代，内容，价值，目的和文章，大史公在这段话里已说明无遗；并且说孔子作《春秋》，是取材于鲁史记。前既有鲁史在，孔子为甚么要改作呢？孟子又说：

> "世衰道微，邪说暴行又〔有〕作；……孔子惧，作《春秋》。"（《滕文公下》）

孔子作《春秋》，是一种救世阐道的工作，怪不得大史公说他作《春秋》的态度那么审慎，精细；虽有鲁史，他自己虽又不是史官，还不得作起史家来，改作一本。他怎样改作的呢？孟子又说：

“王者之迹熄而诗亡，诗亡然后《春秋》作。晋之《乘》，楚之《梼杌》，鲁之《春秋》，一也；其事则齐桓晋文，其文则史。孔子曰：‘其义，则丘窃取之矣。’”（《孟子·离娄下》）

孔子改作《春秋》，是据鲁史事而发挥其主义；所以他并不一定如一史家来修史，徒为求其主义的贯澈，而借历史形式来表达。是故他说：

“知我者，其惟《春秋》乎？罪我者，其惟《春秋》乎？”（《滕文公下》）

惟《春秋》足以知孔子，惟《春秋》足以罪孔子，可见《春秋》关系孔子事业是怎样大！他在世界的时候不能遂志，特借《春秋》以昭垂于万古。因为《诗》、《书》、《礼》、乐等，皆非其主义所系，惟有《春秋》大义炳然，方足以显其救世苦衷；至于乱臣贼子，对他当然不满，其罪孔子也必。这一点（注重主义而不纯在叙述事实），就是孔子《春秋》异于其他史记之处。虽然，孔子《春秋》和鲁史不同，又岂真惟主义而已？他故贯澈其主义来作《春秋》，鲁史当然有许多不适用；是故在形式上，在文辞上，也曾大大修改过了。例如《公羊传》说：

不修《春秋》曰：“雨星不及地尺而复。”君子修之曰：“星霣如雨。”（庄公七年）

不修《春秋》即鲁史原本，那种文辞，颇较烦难；孔子作《春秋》，修改的文辞则已简明。这仅一端，其他不可复考；孔子的《春秋经》及鲁史原本，公羊氏皆曾入目而较其异同。不过据《汉书·艺文志》则不然：

周室既微，载籍残缺，仲尼思存前圣之业，……以鲁周公之国，礼文备物，史官有法，故与左丘明观其史记，据行事，仍人道，因兴以立功，就败以成罚，假日月以定历数，藉朝聘以正礼乐；有所褒讳贬损，不可书见，口授弟子，弟子退而异言；丘明恐各安其义以失其真，故论本事而作传，明夫子不以空言说经也。……及末世，口说流行，故有公羊、穀梁、邹、夹之《传》；四家之中，《公羊》、《穀梁》立于学官，邹氏无师，夹氏未有书。”

据《汉书》这说：孔子作《春秋》，本来没有书本，不过口说授徒，所以无所谓“笔则笔，削则削，子夏之徒不能赞一词”。《公羊传》说鲁《春秋》如何如何，孔子《春秋》又如何如何，照《汉书》看，似乎不大确实可靠？

惟《汉志》所云云，似有偏重《左传》而贬抑他传之嫌？他以《左传》为惟一可靠的《春秋传》，其他《公羊》、《穀梁》，皆为末世晚出，价值较低；汉代有名学者，如刘向、刘歆、桓谭辈，皆和班固具同一信念，以《春秋传》出左丘明，左丘明受经于孔子。魏晋以来，儒者更无异议。至唐，赵匡始谓左氏非丘明，宋儒群起非难，王安石有《春秋解》一卷，证左氏非丘明者十一事。从此《春秋》三传，何传最合原经而可凭信，就成了儒学界一大问题。

（庚）终身

《论语》载着孔子几句伤时感怀的话说：

“凤鸟不至，河不出图，吾已矣夫！”（《子罕》）

凤鸟河图，皆古代所谓为祥瑞之征，孔子以其不见于当代，是无圣王在位，乃知其将已！他为不便明言无明王圣主，用他执政，特借那些传说以发表其感慨。及鲁哀公十四年春，西狩获麟，那也是古代迷信为祥征之物，他老先生见了，又悲歌说：

“唐虞世兮麟凤遊，今非其时兮来何求？麟兮麟兮我心忧！”（《孔丛子》）

他不但不以麟为祥瑞之兆，反倒以其来非其时而心忧伤。他的意思，物并没有甚么感应，不过人事不善，看见凶物不利，看见了吉物也不祥，吉凶不系于物而系于人。他故抱着那麟悲伤的说：“吾道穷矣！”（《公羊》）他的《春秋》即此绝笔。

《春秋》绝笔后二年，这一代哲人就与世长辞；《礼·檀弓上》记着（《史记》文句类似）说：

孔子蚤作，负手曳杖，逍遥于门。歌曰：“泰山其颓乎！梁木其坏乎！哲人其萎乎！”既歌而入，当户而坐。子贡闻之，曰：‘泰山其颓，则吾将安仰？梁木其坏，哲人其萎，则吾将安放？夫子殆将病也？”遂趋而入。（《史记》作孔子先病而子贡请见，见而歌，无“吾将安仰”等语，与此略异。）夫子曰：“赐！尔来何迟也！夏后氏殡于东阶之上，则犹在阼也；殷人殡于两楹之间，则与宾主夹之也；周人殡于西阶之上，则犹宾之也。而丘也，殷人也；予畴昔之夜，梦坐奠于两楹之间。夫明王不兴，而天下孰能其宗予！殆将死也！”盖寝疾七日而没。

孔子死时，为周敬王四十一年——鲁哀公十六年孟夏，即公元前四七九年。生时，哀公不能用孔子，等他已死，又怪天不施仁，使孔子活着辅助他。《左传》记其情说：

夏四月己丑（己当为乙字之误），孔丘卒。公诔之曰：“旻天不吊，不慭遗一老，俾屏余一人以在位，茕茕余在疚。

呜呼哀哉！尼父无自律。”

生既不能用，多活几年或数十年有何益？死了却来作此假惺惺态。所以子贡（《传》作“子赣”）听了这诔词，就说：

“君其不没于鲁乎！夫子之言曰：‘礼失则昏，名失则愆。’失志为昏，失所为愆。生不能用，死而诔之，非礼也；称一人，非名也；君两失之。”

子贡以哀公诔失礼失名，不知礼者，岂止哀公？那时孔门弟子，对于孔子之死，皆疑所服，经子贡告以“丧夫子若丧父”，他们始各尽礼守丧（见《礼·檀弓》）。关于门人守丧及孔子安葬各事，《史记·孔子世家》详述说：

葬鲁城北泗上。弟子皆服三年；三年心丧毕，相诀而去，则哭，各复尽哀，或复留。唯子贡庐于冢上凡六年，然后去。弟子及鲁人，往从冢而家者百有余室，因命曰孔里。鲁世世相传，以岁时奉祀孔子冢，而诸儒亦讲礼——乡饮、大射于孔子冢。孔子冢大一顷，故所居堂弟子内，（此句文字错乱，应作“故弟子所居堂内”。）后世因庙藏孔子衣，冠，琴，车，书。至于汉，二百余年不绝。

这位大哲人如是长眠地下，除遗留《五经》等精神产业供我们使用外，仅有曲阜一大堆黄土供人凭吊，庙堂供人瞻礼！虽然，死只死得他的身体，他的人格依然存在，可以供万世万代人景仰！他的人格究竟怎样呢？

十　孔子人格的品评

我们已经说过孔子的先世，生长，环境，时代与教育，使知孔子曾怎样受造就；又述及他各方面的生活，及其终身事业，以明孔子是个怎样的人。对于孔子之所以为孔子，我们可由而构成一概念；兹为求这概念明朗化，特辟本章，检讨其人格。

(甲) 孔子自评

我们与其看人怎样批评孔子，不如先看他自己怎样批评自己；因为人的批评容有不当，不如他自己所说的真切。他怎样说自己呢?

"子曰："莫我知也夫!"子贡曰："何为其莫子知也?"子曰："不怨天，不尤人，下学而上达。知我者，其天乎?"(《宪问》)

他说当时没有人能了解他，甚或有许多误会，他故不免发生感叹！人不了解他的有两方面，一是"不怨天，不尤人"，关于他的处世态度；一是"下学而上达"，关于他的求学生活。所以我们要认识孔子，必在他的这方面注意；他常以他的求学生活，来和时人品评，又以他的处世态度，来和前贤品评。

1. 从学问上与时人品评

孔子自道：

"若圣与仁，则吾岂敢？抑为之不厌，诲人不倦，则可谓云尔已矣。"公西华曰："正唯弟子不能学也。"(《述而》)

他说他不是圣人，不是仁人，不过"为之不厌，诲人不倦"而已。"为之"在他处作"学之"，和"诲人"对举，以整个的行为都是学问上事；他的超过时人处，就只在学问上。所谓：

"十室之邑，必有忠信如丘者焉，不如丘之好学也。"(《公冶长》)

忠信是德性，孔子看当代具有忠信这种德性的人，所在皆有；他不以其德性较人优异，较人优异者，惟在好学。那么，他是怎样好学？他说：

> “发愤忘食，乐以忘忧，不知老之将至。”（《述而》）

他的好学，甚至废寝忘餐，不受任何物事牵累阻止，这是何等浓厚的兴趣！怎样强固的意志！无怪公西华以为不可及。有人即据以说孔子为圣。如：

> 子贡问于孔子曰：“夫子圣矣乎？”孔子曰：“圣则我不能，我学不厌而教不倦也。”子贡曰：“学不厌，智也；教不倦，仁也；仁且智，夫子既圣矣。”（《孟子·公孙丑上》）

学不厌为智，其理易明。教不倦何以谓仁？“仁者，己欲立而立人，己欲达而达人。”孔子既然自己好学，也要人有学问，乃教之不倦，此其所以不失为仁。于其间，不但可看出孔子的仁智；“不厌”，“不倦”，更是大勇。因为人生“靡不有初，鲜克有终”，最难的是持久力；孔子在学问上，数十年如一日，无论穷通利达，忧喜甘苦，莫不皆然，决非有大勇者不能。“智仁勇，天下之三达德也”；《论语》及整个儒家学说，均以具智仁勇三达德者为完美人格。孔子在这几方面发达完全，此后世儒者所以以他为人范。

2. 从处世上与前贤品评

孔子说他在学问上强过时人，同时他在处世态度上也有一番自表：

> 逸民：伯夷，叔齐，虞仲，夷逸，朱张，柳下惠，少连。子曰：“不降其志，不辱其身，伯夷、叔齐与！谓柳下惠，少连，辱身矣；言中伦，行中虑，其斯而已矣。谓虞

仲，夷逸，隐居放言，身中清，废中权，我则异于是，无可无不可。”（《微子》）

他将七个逸民的行为，一一加以品评，在道德方面虽然都还算好，好之中有上中下的分别；他对于他们，虽皆表示相当钦敬，却并不愿行他们之所行。孟子即据孔子此一段语意而引申说：

伯夷，目不视恶色，耳不听恶声；非其君不事，非其民不使；治则进，乱则退。横政之所出，横民之所止，不忍居也；思与乡人处，如以朝衣朝冠坐于涂炭也。当纣之时，居北海之滨，以待天下之清也。故闻伯夷之风者，顽夫廉，懦夫有立志。——伊尹曰：“何事非君？何使非民？”治亦进，乱亦进。曰：“天之生斯民也，使先知觉后知，使先觉觉后觉；予，天民之先觉者也，予将以斯道觉斯民也。”思天下之民，匹夫匹妇，有不被尧舜之泽者，如己推而纳之沟中；其自任以天下之重也。——柳下惠不羞污君，不辞小官；进不隐贤，必以其道，遗佚而不怨，厄穷而不悯，与乡人处，由由然不忍去也。“尔为尔。我为我。虽袒裼裸裎于我侧。尔焉能浼我哉？”故闻柳下惠之风者，鄙夫宽，薄夫敦。……可以速而速，可以久而久，可以处而处，可以仕而仕，孔子也。孟子曰：“伯夷，圣之清者也；伊尹，圣之任者也；柳下惠，圣之和者也；孔子，圣之时者也。——孔子之谓集大成。”（《孟子·万章下》）

孟子说孔子是“圣之时者”，正是孔子“无可无不可”之意。他处世怎能“无可无不可”呢？原来，

子绝四，毋意，毋必，毋固，毋我。（《子罕》）

孔子是这么纯善自然，以道为体，他故有伯夷之清而无伯夷之固，有伊尹之任而无伊尹之必，有柳下惠之和而无柳下惠之辱；他惟随顺理之当否，时之宜否，这么处世为人。是故“温良恭让，孔子也；发强刚毅，亦孔子也；是故人或以为谄，或以为佞，或以为无勇，而一言却兵于坛，三月而堕郡于国也。冲淡恬退，孔子也；内热悽皇，亦孔子也；是故饭疏饮水以为至乐，膰肉不至不税冕行，而以其道干七十二诸侯，乃至公山、佛肸之畔，且欲往也。博闻强记，孔子也；易简理得，亦孔子也；是故相羊萍实，不惮其琐，而道皈一贯，且欲无言也。尊崇君权，孔子也；鼓吹民政，亦孔子也；是故既曰‘民可使由，不可使知’，又曰‘庶人不议’，然语于大道之行，则想望大同，而贬攘小康也。文章得闻，孔子也；性与天道，亦孔子也；是故不语神怪，又曰‘未知生，焉知死’，然能知鬼神之情状，而‘天且弗违’也。此亦一孔子，彼亦一孔子。而此之孔子，若非彼之孔子；彼之孔子，若非此之孔子。”（梁启超著《孔子》残稿）我们若不认定孔子“无可无不可”的态度，我们将莫由知孔子为何如人。在这点上看来，孔子为“圣之时者”，岂不正对？

（乙）当代舆论

我们根据孔子自评的话，断定孔子为圣，并且是“圣之时者”，惟当代的人士，对于孔子有甚么观感？虽然孔子不承认他们的品评为是，却可代表当代舆论的一班，我们仍可参考。这些批评的人，约有二派，一派是反对孔子的隐士，一派是普通的士大夫。

1. 反对孔子的隐士意见

孔子当日遇见的隐士有好几个，他们都是清高自守的一流，和孔子立在反对地位；孔子虽也以其人不无可取，却并不赞成他们那种行径。所以他说：

> “见善如不及，见不善如探汤，吾见其人矣，吾闻其语矣；隐居以求其志，行义以达其道，吾闻其语矣，未见其人也。”（《阳货》）

趋善避恶，是隐士求遂其志的特立独行；欲其行义以达其道，则为隐士不愿入世以为者。他看那种人行有偏私而不大全，而不中正；所以当代隐士反对孔子，孔子也不能引他们为同志。那些人怎样反对孔子呢？我们从其中提出微生亩和子路所遇的“晨门”；微生亩是反对较激烈的分子，“晨门”态度比较温和一点。

（1）微生亩怎样批评孔子呢？

> 微生亩谓孔子曰：“丘何为是栖栖者与？无乃为佞乎！”孔子曰：“非敢为佞也，疾固也。”（《宪问》）

微生亩说孔子是佞人。孔子本来深恶佞者，不料又有人以他为佞！他为甚么说孔子是佞人呢？这种观念的形成，是由于孔子栖栖皇皇，不暇宁处，对世界有依恋不舍之情，似欲逢迎谄媚，以希图禄位荣耀；孔子答以非敢媚世求容，惟性不喜固执不通，即《子罕篇》所说的四绝。

从微生亩说孔子为佞的一点上，足见孔子救世的热忱，匡时的勤苦；他为不忍坐视生民涂炭，以致席不暇暖，以致人以为佞。

（2）晨门怎样批评孔子呢？

> 子路宿于石门。晨门曰：“奚自？”曰：“自孔氏。”曰：“是知其不可而为之者与？”（《宪问》）

“知其不可而为”，显出孔子的精神是怎样积极！不畏难，不苟安。隐士们看到“滔滔者，天下皆是也，而谁以易之?”知其不可为而退；孔子的态度是“天下有道，丘不与易也”，正因无道而必须加倍努力，明晓得不可为，还是要干。英雄造时势，环境不宜有甚么关系？正为不利，要前进，要创造，不能坐待环境改善；坐待环境改善而后有为，那是人人都能，用不着甚么圣哲。孟子所谓“待文王而后兴者，凡夫也；若夫豪杰之士，虽无文王犹兴”。人类社会可宝贵者，就是这点“知其不可而为”的精神。

2. 在位执政的大夫意见

鲁孟僖子说孔子知礼，为达者；齐犁弥说“孔丘知礼而无勇”；可见孔子知礼，久已驰名于国内国外。《诗》说：“相鼠有体，人而无礼！人而无礼，胡不遄死?”孔子知礼，即说孔子是个具有高尚人格的人，春秋时代，观人以知礼与否，定其生死荣辱，是很普遍的事实，《左传》这类记载很多；子贡以哀公诔孔子失礼，谓其将不获没于鲁，即其一例。所以当时士大夫，虽临难处危也不敢失礼，以礼关系其人格者大。

除齐、鲁大夫以孔子知礼外，又有

> 大宰问于子贡曰：“夫子圣者与？何其多能也！”子贡曰：“周天纵之将圣，又多能也。”子闻之曰：“大宰知我乎？吾少也贱，故多能鄙事。君子多乎哉？不多也。”（《子罕》）

按春秋时代，惟宋与吴有大宰；孔子遭宋司马桓魋忌而微服过宋，想无宋大宰问子贡事？《左传》哀公七年夏，会吴于鄫(今峄县地)，大宰嚭召季康子，康子使子贡辞，子贡与大宰嚭论礼，其间或有这么一段问答（参《说苑》)。大宰以孔子多能，称其为圣；子贡答以孔子为圣不在多能，多能乃其余事；孔子不敢以圣自承，却承认他多能。他是怎样多能呢？孔子说：

“苟有用我者，朞月而已可也；三年有成。”（《子路》）

这是他自负的豪语！摄行鲁相仅及三月，即已成效大著，威望震于国外，可知他确有这种能干。不过这属他的政治大才，构成大宰等人以孔子为多能者的观念的，恐不在此，而在许多方面的学识，孔子故说多能的是些鄙事，不足以语于君子之道。那么，他曾在学识上如何显其多能呢？据《孔子世家》及《家语》，说他不待过目而知季桓子穿井所得的怪物为羵羊；对吴使讲禹杀防风氏的故典及大人的来历；又晓得楚昭王渡江所得的大瓜为萍实。这些琐闻，在当代很令人惊异！在孔子，则以为这不过是些俗务，并不以此自负，乃说那认他多能的大宰非其知己，于是可见孔子怀抱之大，识见之远。

3. 普通一般的平民意见

当时一班的平民，看孔子怎样呢？

达巷党人曰：“大哉孔子！博学而无所成名。”子闻之，谓门弟子曰：“吾何执？执御乎？执射乎？吾执御矣。”（《子罕》）

当代一般的平民，承认孔子人格博大，正如《庄子·天下篇》颂赞关尹、老聃为博大真人一样。不过，他们还似以孔子无所成名为可惜；不知孔子如果偏执一技一艺以见长于时，则也不成为博大了。但孔子听闻这种舆论之后，即顺受其意，以表示自己对于技艺的态度，与其做个著名的弓箭手，不如做个服务人的车夫；车夫执役苦而且贱，孔子不以为念，偏要选上这项职业，徒以其和人有关系，可见他志趣之不同凡俗。

（丙）弟子赞美

从孔子自道上和当代舆论上，认识孔子人格的高尚，伟大！

想当日那些及门弟子，有这么一个高大的人格摆在他们面前，他们当有怎样的观感？

第一，我们先看孔门中第一名学生颜回怎样说：

> 颜渊喟然叹曰："仰之弥高，钻之弥坚，瞻之在前，忽焉在后。夫子循循然善诱人！博我以文，约我以礼。欲罢不能；既竭吾才，如有所立卓尔！虽欲从之，末由也已！"（《子罕》）

颜子从教育上体认孔子的人格高不可及，坚不可入；尽其力之所能，仍是欲从无由。杨龟山说："自可欲之谓善，充而至于大，力行之积也；大而化之谓圣，则非力行所及矣。此颜子所以未达一间也。"

第二，我们看孔门中第二名学生曾子怎样说：

> "江汉以濯之，秋阳以暴之，皜皜乎不可尚已！"（《孟子·滕文公上》）

曾子这话，是为"子夏、子张、子游以有若似圣人，欲以所事孔子事之"，而发的评论；他的意思，孔子人格是纯善自然的高尚，非其他用人工修养者所能比拟。惟孔子非其他人所能比拟者，人每每偏要拿来和人比一比，于其比拟中越发显出高低美恶。子夏等以有若似孔子而非以其真如孔子，不过聊以寄寓其敬师的衷怀；不料当代又有人以孔子来比子贡，说子贡人格高过孔子！所以子贡的意见也极重要。

第三，我们看孔门中著名的达者子贡怎样说：

> 叔孙武叔语大夫于朝曰："子贡贤于仲尼！"子服景伯以告子贡，子贡曰："譬之宫墙，赐之墙也及肩，窥见室家之好。夫子之墙数仞，不得其门而入，不见宗庙之美，百官之

富。得其门者，或寡矣。夫子之云，不亦宜乎!”——陈子禽谓子贡曰：“子为恭也。仲尼岂贤于子乎?”子贡曰：“君子一言以为知，一言以为不知，言不可不慎也。夫子之不可及也，犹天之不可阶而升也。夫子之得邦家者，所谓立之斯立，道之斯行，绥之斯来，动之斯和；其生也荣，其死也哀。如之何其可及也!”(《子张》)

又有一次，

叔孙武叔毁仲尼。子贡曰：“无以为也，仲尼不可毁也。他人之贤者，丘陵也，犹可踰也；仲尼，日月也，无得而踰焉。人虽欲自绝，其何伤于日月乎?多见其不知量也。”(《子张》)

人以子贡贤于仲尼，子贡说是因他们知不足以知孔子，是一个门外汉的悬拟妄揣；至子贡亲列门墙，方知孔子才德的丰富，品行的特异，有如日月照明，天不可阶。“其生也荣，其死也哀。”李卓吾说：“生荣死哀，是说圣人关系一世之象。圣人生而天下皆立，皆行，皆来，皆和；太阳一出，万物欣欣都有生色，岂不是荣?圣人死而天下皆不立，不行，不来，不和；太阳一没，天地惨暗，万物皆有愁苦之状，岂不是哀?”这就是程子所说：“圣人之神化上下，与天地同流者也。”

第四，我们看宰我、有若等怎样说?孟子说：

宰我，子贡，有若，智足以知圣人，污不至阿其所好。——宰我曰：“以予观于夫子，贤于尧舜远矣!”——子贡曰：“见其礼而知其政，闻其乐而知其德；由百世之后，等百世之王，莫之能远也。自生民以来，未有夫子也!”——有若曰：“岂惟民哉!麒麟之于走兽，凤凰之于飞鸟，泰山之于丘垤，河海之于行潦，类也；圣人之于民，亦

类也；出于其类，拔乎其萃，自生民以来，未有盛于孔子也！”（《孟子·公孙丑上》）

有若是同学所尊为似孔子者，子贡是当代鲁大夫所视为贤于仲尼者；他二人和宰我既具相当学识，孟子说他们又具公正无私之心，则其见证必真。他们以孔子为出类拔萃的人物，自有生民以来，无如孔子其人；即孔子素所钦敬的尧舜，他们也有所不如。王荆公说：“道发于伏牺，而其道未成，至于尧，而后成焉。尧虽能成圣人之法，未若孔子之备也。……孟子曰‘孔子集大成’者，盖言集诸圣人之事，而大成万世之法，所以贤于尧舜也。”就尧舜本身言，假如没有孔子，尧舜不过唐虞的尧舜；及有孔子，尧舜就成为千秋万世的尧舜，此孔子所以贤于尧舜也远哩。

（丁）后贤景仰

后代士子对于孔子，莫不尊亲，述不胜述，而且大都不离前贤的恭维语；无已，我们姑举与颜曾同等的思孟，以为之说。

1. 子思

子思看孔子是怎样的人呢？他说：

“仲尼祖述尧舜，宪章文武；上律天时，下袭水土，譬如天地之无不持载，无不覆帱；譬如四时之错行，日月之代明。万物并育而不相倍，道并行而不相悖；小德川流，大德敦化，此天地之所以为大也。”（《中庸》卷二十三章）

子思的孔子观，是个中庸主义者；他看到“万物并育而不相害，道并行而不相悖”，他的人格也就是这么容量大，绝对没有门户之见。所以教人，是“叩其两端而竭”；论学，是“攻乎异端斯害”；最不喜有偏执，走极端，在人生态度上，是“无可无不可”。他的全部学说，是建造在中庸主义上；他的完美人格，是表现在中庸主义上。所谓“温而厉，威而不猛，恭而安”；所谓“惠而不费，劳而不怨，欲而不贪，泰而不骄”；是孔子得中持中用中的凭据。他能在我国民族中占着至高无上的地位，即以他的中庸的人格，深合于我们这民族性；他的学说能够二千余年以来绵延不绝地为我们所服膺，不像老子、墨子之中绝，那也就是因为这一点。

2. 孟子

孟子看孔子是怎样的人呢？我们可看以下一段对话：

> 公孙丑问曰：“昔者，窃闻之子夏、子游、子张，皆有圣人之一体；冉牛、闵子、颜渊，则具体而微。敢问所安？”曰：“姑舍是。”曰：“伯夷、伊尹，何如？”曰：“不同道。非其君不事，非其民不使，治则进，乱则退，伯夷也。何事非君，何使非民，治亦进，乱亦进，伊尹也。可以仕则仕，可以止则止，可以久则久，可以速则速，孔子也。——皆古圣人也，吾未能有行焉；乃所愿，则学孔子也。”“伯夷、伊尹于孔子，若是班乎？”曰：“否。自有生民以来，未有孔子也。”曰：“然则有同与？”曰：“有。得百里之地而君之，皆能以朝诸侯，有天下；行一不义，杀一不辜，而得天下，皆不为也。是则同。”……（《孟子·公孙丑上》）

孟子在这段对话里，向公孙丑表示，别的贤人圣人都不愿学，他惟愿学孔子；他看孔子是世界独一高尚伟大的人格，或可或不可，莫不随时得宜，他故曾说孔子是“圣之时者”。《易传》有言：

> 随时之义大矣哉！

所谓“随时”，不是同流合污，乃是“和而不流”，乃是“与时偕行”。他虽“祖述尧舜，宪章文武”，他却知道他所处的时代不是唐虞，不是周初，有多少人事已变化，有多少礼文要改易；殷因于夏礼有损益，周因于殷礼有损益，一代一代因应制宜。所以，

> 颜渊问为邦，子曰：“行夏之时，乘殷之辂，服周之冕，乐则韶武。”……（《卫灵公》）

他怀古是为兼采众长，并非泥古不化；所以，我们若以孔子是个甚么顽固守旧的人物，未免大误。孔子假使生当今日，他老先生一定本乎我国固有文化，参酌现代情势及需要，又另外有好些新思想，新见解，新主张，新建树呢！此孔子之谓集大成。

> “集大成也者，金声而玉振之也。金声也者，始条理也；玉振之也者，终条理也。始条理者，智之事也；终条理者，圣之事也。”（《孟子·万章下》）

朱子注解这段话说：“此言孔子集三圣（伯夷，伊尹，柳下惠）之事而为一大圣之事；犹作乐者集众音之小成而为一大成也。成者，乐之一终；《书》（《益稷篇》）所谓‘萧韶九成’是也。……盖乐有八音，金石丝竹匏土革木，若独奏一音，则其一音自为始终，而为一小成；犹三子所知偏于一，而其所就亦偏于一也。八音之中，金石为重，故特为众音之纲纪；又金始振而玉终诎然也。故并奏八音，则于其未作，而先击镈钟以宣其声；俟其既阕，而后击特磬以收其韵。宣以始之，收以终之，二者之间，脉络贯通，无所不备，则合众小成而为一大成；犹孔子之知无不尽，而德无不全也。”

至此，我们可知孟子说孔子为“圣之时者”，为“集大成者”，意思是孔子随时代的进步，对于前哲所遗文化业迹，提炼

出其精华，而使之现代化；时间是前进的，孔子的人格也是这么日新月异。其推崇孔子，可说至矣！尽矣！

附孔子年谱

一岁——公元前551　周灵王二十一年

《公羊传》说孔子生于鲁襄公二十一年十一月庚子，《穀梁传》作十月，年日相同；《史记》又作襄公二十二年生；三家所载不符。《左传》无纪。

三岁——公元前549　周灵王二十三年　鲁襄公二十四年

孔子父郰叔纥卒。

六岁——公元前546　周灵王二十六年　鲁襄公二十七年

孔子常与群儿嬉戏，陈俎豆，设礼容。　是年弟子颜路生；早二年，秦商出世。

八岁——公元前544　周景王元年　鲁襄公二十九年

吴季札历聘诸侯，在鲁观周乐；于齐说晏平仲，于郑交子产，适卫称蘧瑗、史狗、史鳍、公子荆、公孙发、公子朝，至晋见赵文子、韩宣子、魏犬子、而知晋政将集于三家，并告叔向免难。

十五岁——公元前537　周景王八年　鲁昭公五年

孔子开始对于学问感觉兴趣，努力讲求实习，至于终身不懈。

十九岁——公元前533　周景王十二年　鲁昭公五年

孔子娶宋幵官氏。

二十岁——公元前532　周景王十三年　鲁昭公十年

孔子为委吏，料量平。是年生一子，适值昭公赐鲤，孔子因荣君贶，即以为名，而字伯鱼。

二十一岁——公元前531　周景王十四年　鲁昭公十一年

孔子为鲁乘田，畜养蕃息。 楚子虔诱杀蔡侯般于申，并灭其国。

二十四岁——公元前528 周景王十七年 鲁昭公十四年

孔子母死，与父合葬于防。（《史记》孔遭母丧，年仅十六；按《礼·檀弓》载，其时有门人助葬，孔年当不止此，今从《历聘纪年》列此。至于《史记》孔子不知父墓所在，问于聊人挽父之母，及殡母于五父之衢等说，于理不通，于礼未合，难以凭信。）

二十七岁——公元前525 周景王二十年 鲁昭公十七年

秋，郯子朝鲁，孔子从之学官；证实"天子失官，学在四夷"。 八月，晋灭陆浑。

二十九岁——公元前523 周景王二十二年 鲁昭公十九年

孔子学琴于师襄子，精《文王操》。 弟子冉求、商瞿、梁鳣，均于是年生。 是年春，楚平王纳媳为妃。夏五月，许世子止弑其君买。

三十岁——公元前522 周景王二十三年 鲁昭公二十年

孔子三十而立。 是年，弟子高柴、巫马施生。 楚欲杀大子不果。伍员奔吴。 卫乱，孔子阻弟子琴张往弔宗鲁。郑子产卒。仲尼闻之出涕说："古之遗爱也。"

三十一岁——公元前521 周景王二十四年 鲁昭公二十一年

孔子适齐。（按：孔子往齐，当不止一次，年代难以确定。惟昭公二十五年出奔，照孔子"危邦不入，乱邦不居"的理论，推想孔子或也随往？何年始由齐反鲁，无考。）次年，周景王崩，王子朝作乱；十一月己丑，敬王立，元年君狄泉，尹氏立子朝。

三十四岁——公元前 518　周景王二年　鲁昭公二十四年

孟僖子卒，遗嘱二子从孔子学；孔子偕其次子南宫敬叔适周，问礼于老聃，访乐于苌弘，历郊社之所，考明堂之则，察朝庙之度。　是年冬，吴灭曹。

三十五岁——公元前 517　周敬王三年　鲁昭公二十五年

鲁昭公欲除季氏，三桓起兵攻公，公逊于齐；自是七年在外，至三十二年薨于乾侯。　次年，敬王迁都成周；王子朝奔楚。

三十七岁——公元前 515　周敬王五年　鲁昭公二十七年

夏四月，吴弑其君僚。　延陵季子聘于上国，葬其长子于嬴博之间，孔子往观礼。

四十岁——公元前 512　周敬王八年　鲁昭公三十年

孔子四十而不惑。　先一年，弟子颜渊、澹台灭明生。是年冬，吴灭徐。

四十二岁——公元前 510　周敬王十年　鲁昭公三十二年

孔子在鲁谈土羵羊，防风骨。　是年，弟子公西赤生，次年有若生，再次年卜商生，再次年言偃生；这些年数，孔子在鲁专门教育。

四十六岁——公元前 506　周敬王十四年　鲁定公四年

夏四月，蔡灭沈。　冬十一月，吴伐楚，昭王奔随；申包胥泣乞秦师，明年败吴复楚，并灭唐。孔子“观于鲁之周庙，(《家语》作“鲁恒公庙”者，误。)有欹器焉。问于守庙者曰：‘此谓何器？’对曰：‘此盖在坐（《淮南子》及《文子》均作“宥厄”）之器。’孔子曰：‘吾闻在坐之器，满则覆，虚则欹，中则正，有之乎？’对曰：‘然。’孔子使子路取水而试之，乃注之水；中而正，满而覆，虚而欹。孔子曰：‘夫物恶有满而不覆者哉？’子路进曰：‘敢问持满有道乎？’孔子曰：‘持满之道，挹而损之。’子路曰：‘损之有道乎？’孔子曰：‘高而能下，满而能虚，富而能俭，贵而能卑，智而能愚，勇而能怯，辩而能讷，博而能浅，明而能闇，是谓损而不极；能行此道，惟至德者及之。《易》曰：“不损而益之故损；自损而终故益。”’” 是年，弟子曾参、颜辛生。

四十七岁——公元前 505 周敬王十五年 鲁定公五年

季平子意如卒，仲梁怀见恶于阳虎；既葬，季桓子斯行东野，怀又得罪于费宰子泄，子泄与阳虎谋乱。六月乙亥，阳虎囚季桓子；己酉，桓子与盟，始得释。时孔子在鲁，阳虎欲见，乃有《论语·阳货篇》首章的记载。

四十八岁——公元前 504 周敬王十六年 鲁定公六年

春，郑灭许。 秋，阳虎又盟公及三桓于周社，盟国人于亳社，诅于五父之衢。 是年，孔子弟子颛孙师生。

四十九岁——公元前 503 周敬王十七年 鲁定公七年

孔子为中都宰。 是年，弟子宓不齐生。 春，齐人皈鲁郓阳关，阳虎居之以为政。 秋，齐伐鲁，阳虎欲陷季、孟于难，因受季氏家臣苫夷恐吓而罢。

五十岁——公元前 502 周敬王十八年 鲁定公八年

孔子五十而知天命。升司空。 弟子叔仲哙、冉儒、曹卹、伯虔，均于是年生。 冬十月，阳虎将享季氏于蒲圃而杀害他，并去三桓；孟氏宰公敛处父败虎，虎入大庙取宝玉大弓以出，据讙阳关以叛。

五十一岁——公元前 501 周敬王十九年 鲁定公九年

孔子为鲁司寇。 郑驷颛杀郑折而用其竹刑。 阳虎奔齐、奔晋。

五十二岁——公元前 500 周敬王二十年 鲁定公十年

夏，鲁定公会齐侯（景公）于夹谷，孔子相，齐人来皈郓、讙、龟阴田。　侯犯以郈叛，叔孙州仇、仲孙何忌，一再帅师围攻不克；赖驷赤谋入郈，侯犯奔齐。齐晏平仲卒。

五十四岁——公元前498　周敬王二十二年　鲁定公十二年

孔子摄行相事，主堕三都，谋使仲由为季氏宰；先堕郈，次堕费，成宰公敛处父抗不遵命，围攻不克。

五十五岁——公元前497　周敬王二十三年　鲁定公十三年

齐人皈女乐，季桓子受之而怠于政，春郊膰肉不至，孔子行，适卫。　秋，晋赵鞅入于晋阳以叛冬；荀寅、士吉射又据朝歌以叛；旋因韩、魏请复赵氏，赵氏乃仍皈晋。　薛弑其君比。

五十六岁——公元前496　周敬王二十四年　鲁定公十四年

孔子在卫，于灵公有际可之仕。将适陈，过匡被围，反卫，见南子。　二月辛巳，楚灭顿。　夏，卫大子蒯聩欲弑其母，事发出奔宋。　孔子醜为南子次乘，去卫适曹，旋又去曹适宋，几遭桓司马害；由宋过郑，至陈，主司城贞子，为陈侯周臣三年，于五十八岁再反卫。

五十七岁——公元前495　周敬王二十五年　鲁定公十五年

二月辛丑，楚灭胡。　五月壬申，定公薨。

五十九岁——公元前493　周敬王二十七年　鲁哀公二年

卫灵公老而怠于政，不能用孔子，孔子有“朞月而可，三年有成”之叹！佛肸召，子欲往而未行；将西见赵简子，临河而返。灵公问陈，孔子对以“未学”；异日与孔子语，仰视蜚雁而色不敬，孔子遂行。　是年夏四月丙子，卫灵公卒。

六十岁——公元前492　周敬王二十八年　鲁哀公三年

孔子六十而耳顺。　孔子在陈闻鲁火。是年秋七月丙子，季桓子斯卒，遗命召孔子；季康子肥听公之鱼言，不果行，改召冉求，孔子有“皈与”之叹。

六十一岁——公元前 491 周敬王二十九年 鲁哀公四年

春二月，蔡昭侯被弑。

六十三岁——公元前 489 周敬王三十一年 鲁哀公六年

孔子往楚，见厄于陈、蔡之间；于蔡见叶公，至楚见昭王。昭王欲封以书社地七百里，被阻于令尹子西。不久，昭王卒，孔子自楚反卫。 齐陈乞弑其君荼。

六十六岁——公元前 486 周敬王三十四年 鲁哀公九年

孔子出妻幵官氏卒。

六十八岁——公元前 484 周敬王三十六年 鲁哀公十一年

孔子应鲁币召，自卫反鲁。

六十九岁——公元前 483 周敬王三十七年 鲁哀公十二年

春，鲁季孙用田赋，不听孔子；孔子既在政治上不得志，开始其文化著作。 是年，伯鱼死。

七十岁——公元前 482 周敬王三十八年 鲁哀公十三年

孔子七十而从心所欲，不踰矩。 吴、晋争霸。越入吴。

七十一岁——公元前 481 周敬王三十九年 鲁哀公十四年

孔子因鲁史作《春秋》；是年西狩获麟，春秋绝笔。 弟子颜回卒。 齐陈恒弑其君，宰予死于乱；孔子请讨，不行。宋司马桓魋入于曹以叛，旋奔卫。

七十二岁——公元前 480 周敬王四十年 鲁哀公十五年

蒯聩入卫，孝公出奔，子路死难。

七十三岁——公元前 479 周敬王四十一年 鲁哀公十六年

夏四月己丑，孔子卒。（按：四月有乙丑，无己丑，惟五月有，日月必有误。）

第二篇 《论语》的孔门观

孔子究有多少学生？这在史书上是个谜。《史记》上说：

> 孔子以《诗》《书》礼乐教，弟子盖三千焉；身通六艺者，七十有二人。（《孔子世家》）

“三千”，这是旧式教育中一个惊人的学生数字！不过这明是一个约数，或概举一切社会人士之曾问道者而言，而且不一定有这么多；大史公用一“盖”字，即已表示此种数字不必然，我们且勿深究。惟在此三千人中，曾确指为身通六艺者，是七十二个；在《仲尼弟子列传》又说是七十七人；同一书，前后不一其说。原先《孟子·公孙丑上》又但称七十子，并无余数；至《索隐》引《古家语》则又说七十七名，和《史记》列传正同。我们姑就《论语》所已提论者，说之于下。

一 总 论

孔子那么多的学生，品类自不免复杂，因为他认定“有教无类”，对于收纳门徒，并不甚么严格。所以他说：

> “自行束脩以上，吾未尝无诲焉。”（《述而》）

当世凡愿来就学者，孔子鉴于求其学之忱，无不容留，甚至难与言的互乡童子，（《述而》）空空如也的鄙夫，（《子罕》）他也愿意垂教。何怪孔门人多品杂呢？所以，南郭惠子（《说苑》作“东郭子惠”）问于子贡曰：“夫子之门，何其杂也?”子贡曰：“君子正身以俟，欲来者不距，欲去者不止。且夫良医之门多病人，檃栝之侧多杂木，是以杂也。”（《荀子·法行》）

孔门人多品杂，在个人方面，才性彼此不同；在团体方面，见解也自有异。我们且看看他们的性别和派别。

（甲）性别

论孔门弟子的性别，不单论其天性各殊，并论其才情不一；前者关于他们各自先天的遗传，后者关于他们各自后天所受的教育。《论语》这类记载，约有三处。

《公冶长》说：

“由也，……可使治其赋；……求也，……可使为之宰；……赤也，……可使与宾客言。”

《雍也篇》说：

“由也果。……赐也达。……求也艺。”

“雍也，可使南面。”

《先进篇》说：

“德行：颜渊，闵子骞，冉伯牛，仲弓；言语：宰我，子贡；政事：冉有，季路；文学：子游，子夏。”

闵子侍侧，誾誾如也；子路，行行如也；冉有、子贡，侃侃如也。

“师也过，商也不及。”

“柴也愚，参也鲁，师也辟，由也喭。”

子曰：“回也，其庶乎！屡空。赐不受命而货殖焉，億则屡中。”

“今由与求也，可谓具臣矣。”

除上所列《论语》三篇记载外，又《孟子·公孙丑上》也有几句提到他们的性能，可供参考：

宰我，子贡，善为说辞；冉牛，闵子，颜渊，善言德行。

子夏，子游，子张，皆有圣人之一体；冉牛，闵子，颜渊，则具体而微。

（乙）派别

俗说“十子十性”。七十子的性格参差不齐，那属自然而极平凡的事。他们各随其性之所近而讲究学问，又各随其性之所近而交友，以致在学问上或情意上，当然不免发生派别。这些派别，随时间的演进而较繁复；春秋末，战国初，和战国中，大不相同。我们根据《孟子》和《韩非子》一说。

1. 孟子书的派别观

据《孟子》讲，孔门弟子分派的这种事实，早经发生于孔子死后的第六年。孟子曾说：

昔者孔子没，三年之外，门人治任将归，入揖于子贡，相向而哭，皆失声，然后皈；子贡反，筑室于场，独居三年，然后皈。他日，子夏、子张、子游，以有若似圣人，欲以所事孔子事之；强曾子，曾子不可。……（《孟子·滕文公上》）

按这记载，似乎孔门弟子于孔子死后，至少有了两派；一派以有若为领袖，以商师等为代表人物，另一派即曾子。曾子派注重精神的修养，有若派注重仪礼的遵守；我们看《礼记》曾子之言不及有若之言似夫子，又不如子游吊丧之懂得仪文，并常比较他们的言行，足见他们两派学问致力的不同点。

2. 韩非子的派别观

据韩非说：

> 自孔子之死也，有子张之儒（参《荀子·非十二子篇》），有子思之儒（《汉志》有《子思子》二十三卷），有颜氏之儒（《汉志》有《颜子》五卷），有孟氏之儒（《孟子》），有漆雕氏之儒（《汉志》有《漆雕子》十三卷），有仲良氏之儒（陶渊明作《仲梁》），有公孙氏之儒（陶渊明作《公孙尼子》，《汉志》有《公孙尼子》二十八篇），有乐正氏之儒（曾子徒乐正子春）……儒分为八。（《韩非子·显学篇》）

韩非所说的儒家派别，有孔子及门弟子，有再传或数传的门人，较《孟子》书上所记载的时代包括稍长。他们这几派在学问或性行上有何不同呢？陶渊明《圣贤群辅录·下》说：

> 居环堵之室，筚门圭窦，瓮牖绳枢，并日而食，以道自居者，有道之儒，子思氏之所行也；衣冠中，动作顺，大让如慢，小让如伪者，子张氏之所行也；颜氏传《诗》为道，为讽谏之儒；孟氏传《书》为道，为疏通致远之儒；漆雕氏传《礼》为道，为恭俭庄敬之儒；仲梁氏传乐为道，以和阴阳，为移风易俗之儒；乐正氏传《春秋》为道，为属辞比事之儒；公孙氏传《易》为道，为絜净精微之儒。（《八儒篇》）

这八大派，是战国时代的儒家情形，去孔子也不十分久；至后年代愈远，派别愈多，我们在此无再述说的必要。

二 分 论

我们已经笼统的说明孔门弟子各种性格及派别；对于他们当中一些特出的人才，为《论语》所曾屡次载及和孔子论学者，他们的史实于人生也不无小补。当各别一论。

（一）颜回

颜回字子渊，为鲁人颜路（无繇）子，父子先后同列孔门。

（子）颜子的学问

颜子在孔门中，是第一个聪明而有学问的人。例如，

> 子谓子贡曰："女与回也孰愈？"对曰："赐也何敢望回？回也，闻一以知十；赐也，闻一以知二。"子曰："弗如也！吾与女弗如也！"（《公冶长》）

子贡在孔门中也是有数人物，孔子曾经称许他为"达者"；可是比较起颜子来，却已相差远甚！对于同一问题，颜子能从多方面加以印证，赐则闻一知二而已。不单他自己这么自明，孔子也是这么承认；经这么一比较，颜子聪明与学问之大，可以想见。那么，他是怎样的学问呢？

1. 怎样为学

据孔子说，人为学有三种可取的态度：

> "知之者，不如好之者；好之者，不如乐之者。"（《雍也》）

知学而不至于好，知难得成其知好；学而不至于乐，则听好者不专；是故真正为学的人，其始灼然知，其中欣然好，其终陶

然乐，这是为学的必然情势。看看颜子是否这样？

①**知学** 上文已经说过，颜子资质特别聪明，对于孔子讲义，乃能无不了解。是故孔子曾说：

> “回也，非助我者也，于吾言无所不说。”（《先进》）

颜子因能了解孔子所讲说的一切，毫无疑问发生，不像“起予者商”，使其教学相长，孔子故说回非助我者；颜子对于他所听受的，固善默会于心，而且他又善于运用思想，使其所听受的知识更加开展。如孔子又为他作证说：

> “吾与回言，终日不违，如愚；退而省其私，亦足以发，回也不愚。”（《为政》）

当他默识之际，全不发生疑问，好像愚人一样；等到下了课堂，他所默识者，即于其思想中活跃起来，非徒呆记一些讲义而已。这不能不算是一个会学问的人底初步样范。

②**好学** 颜子不但知学，而且好学。从前，

> 季康子问：“弟子孰为好学？”孔子对曰：“有颜回者好学。不幸短命死矣！今也则亡。”（《先进》）

颜子好学，为孔门中及当世所无，足见他好学的精神何如！他好学的精神怎样表现呢？孔子说：

> “语之而不惰者，其回也与？”（《子罕》）

颜子好学就在不惰，时时勤奋，日日进步，以致使孔子不胜喜爱，说：

> “惜乎！吾见其进也，未见其止也。”（《子罕》）

人生求学，有如逆水行舟，不进则退；孔子说颜子在学问上前进不已，他的前途宁有限量？此孔子所以以其短命为不幸！他

短命，或即好学过勤的缘故；《家语》说他二十九岁而发尽白，良非无因。

③**乐学** 颜子又不单好学，而且以学为乐。据《韩诗外传》说：

> 孔子尝谓回曰："家贫居卑，胡不仕乎?"对曰："回有郭外之田五十亩，足以给饘粥；郭内之田四十亩，足以为丝麻；鼓琴足以自娱，所学于夫子者足以自乐，回不愿仕也。回愿贫如富，贱如贵，无勇而威，与士交通，终身无患难。亦且可乎?"孔子曰："善哉回也！夫贫而如富，其知足而无欲也；贱而如贵，其而好礼也；无勇而威，其恭敬而不失于人也；终身无患难，其择言而出之也。若回者，其至乎!"

孔子有言："三年学，不至于穀，不易得也。"（《泰伯》）惟颜子家虽贫而学已大成，孔子欲其致仕，他却不为；他说学足自乐，看世界再没有甚么荣华富贵较学为上。他有这种怀抱，怪不得他

> "一箪食，一瓢饮，在陋巷，人不堪其忧，回也不改其乐。贤哉回也!"（《雍也》）

"不改其乐"，是表明颜子原有所乐，其乐不因境遇的艰穷而改易；正同孔子饭蔬饮水曲肱而枕亦乐，"乐是乐此学，学是学此乐"。此《法言》所以说：

> 颜不孔，虽得天下，不足以为乐，"然亦有苦乎?"曰："颜苦孔之卓之至也。"或人瞿然曰："兹苦也，只其所以为乐也与!"（《学行篇》）

2. 所学何事

颜子知学，好学，乐学，究竟所学何事？看他自道：

“夫子循循然善诱人！博我以文，约我以礼。”(《子罕》)

颜子说孔子教他的有两方面，一在博文，一在约礼，他所学的就是这些；博文是思考的工夫，约礼是实践的行为，表示他的学问在智德双修。

①**博文**　据《史记》，孔子是以《诗》、《书》、礼、乐教徒，那种词章都是属文，颜子既说孔子“博之以文”；则其知识当然不限于那几本书，包括许多应用的学问在内。他在这方面的学问底特长，是在善于类推，举一隅能以三隅反；东野善御，颜子预知其马将佚（《家语》），即颜子善于推理的凭据。

②**约礼**　约礼是儒家教育的宗旨，博文不过是图达此目的底手段，因为儒家认定“自天子以至于庶人，壹是皆以修身为本”(《大学》)。教育即在造就人格，使各学生知所以自修，此孔子所以以约礼教颜回。“约礼”是甚么意思？《论语》有一段最好的注脚：

颜渊问仁，子曰：“克己复礼为仁。”……颜渊曰：“请问其目？”子曰：“非礼勿视，非礼勿听，非礼勿言，非礼勿动。”颜渊曰：“回虽不敏；请事斯语矣。”（《颜渊》）

约礼就是以礼自治，举凡不合于礼者，不视，不听，不言，不动；那么克己复礼，就是为仁之道。换句话说，人要完成自我人格，非事克己复礼不可；我们求学的最大作用，即在于此。所以颜子所学约礼这一门，是一堂人格课；他并曾觉得孔子不单口讲指画，使知人格的意义及其修养之道，确曾具体地给一个人格，摆在他们面前，以资取则。颜子所谓：

“如有所立卓尔！虽欲从之，末由也已！”（《子罕》）

他们从孔子学人格，既有约礼可循，又有品行示范。语其易，则此人格完成不难，惟在学者勇于自治，所谓“为仁由己，而由人乎哉?”“我欲仁，斯仁至矣；有能一日用其力于仁矣乎，我未见力不足者。”语其大，则虽贤如颜回，也觉得这门课太艰深，太奥秘，太高尚，欲从无由。正如他的话说：

“夫子步亦步，夫子趋亦趋，夫子驰亦驰；夫子既奔逸绝尘，而回瞠若乎后矣。”(《庄子·田子方篇》)

虽然颜子不及孔子，他到底也不错。孔子所说：

“回也，其庶乎！屡空。”(《先进》)

上引《韩诗外传》，正是这“庶乎屡空”的证验。

(丑) 颜子的德行

颜子在孔门中，怎么算是第一个有学问，或说学问已成，或说好学乐学的人？他的学问显在他的德行，非徒记诵文辞之较长于其他同学而已。正如

哀公问：“弟子孰为好学?”孔子对曰：“有颜回者好学；不迁怒，不贰过。不幸短命死矣！今也则亡。未闻好学者也!”(《雍也》)

孔子说颜子好学，在其不迁怒于人，不贰过于己，都是极勇敢的自治工作，并未语及记诵文辞，足见真学问系于其德行上。惟其不迁不贰，孔子所以赞美他说：

“颜氏之子，其殆庶几乎！有不善，未尝不知；知之，未尝复行也。”(《易·系辞传》)

不但不善不复行，有过则勿惮改。而且

回之为人也，择乎中庸；得一善，则拳拳服膺而弗失之矣。(《中庸》卷一第八章)

颜回既然知过必改，又能服善弗失；他的修养是怎样全备，他故能够克己复礼。虽然他能克己复礼行仁，却并非已经是仁；不贰不迁，表明原有不当之处，他的德行不过比较的高尚而已。孔子所谓：

“回也，其心三月不违仁；其余，则日月至焉而已矣。”（《雍也》）

（寅）颜子的志愿

一个人的学问造诣不同，志愿也自然不同凡俗。颜子的志愿怎样呢？他说：

“愿无伐善，无施劳。”（《公冶长》）

“无伐善”，是不著己能，惟备其在我；“无施劳”，是不矜己功，惟竭力为人；这就是《庄子》所说儒家的内圣外王的工夫。是故子贡说：

“夫能夙兴夜寐，讽诵崇礼，行不贰过，称言不苟，颜回之行也。若逢有德之君，世受显命，不失厥名，以衔于天子，则王者之相也。”（《家语·弟子行》）

颜子既具此德行，又有此干才，由其高尚的才德所发为志愿者，也高于其他孔门贤弟子。他们曾经有过这么一段比较：

孔子北游（《说苑》作“东上”）于农山（《韩诗外传》作“景山”），子路、子贡、颜渊侍。孔子曰：“二三子，盍各言尔志，吾将择焉。”子路进而言志。……夫子曰：“勇哉士乎！愤愤者乎！”子贡复进而言志。……夫子曰：“辩者士乎！僊僊者乎！”颜回退而不对。孔子曰：“回！汝独无愿乎？”对曰：“回闻薰莸不同器而藏，尧桀不共国而治，以其类异也。回愿得明王圣主辅助之，敷其五教，导之以礼乐，使民城郭不修，沟池不越，铸剑戟以为农器，放牛马于原薮，室家无离圹之思，千岁无战斗之患，则由无所施其勇，赐无所用其辩矣。”夫子凛然曰：“美哉德乎！姚姚者乎！”子路抗手而问曰：“夫子何选焉？”孔子曰：“不伤财，不害民，不繁词，则颜氏之子有之矣。”（《说苑》作“吾愿自衣冠而从颜氏子也”）（《家语》）

颜子这种志愿的实现，就是《礼·礼运篇》的大同主义，深有得乎孔子的德化政策，此其所以特蒙称许。

（卯）颜子的处世

颜子的处世态度怎样？

子谓颜渊曰：“用之则行，舍之则藏，惟我与尔有是夫！”（《述而》）

用行舍藏那么与时偕行，就是“有道则见，无道则隐”，“穷则独善其身，达则兼善天下”，不徒拘于洁身自好，不偏执于恃才傲物，无可无不可。人生这种态度，极为难得！如孔子说：

“可与其学，未可与适道；可与适道，未可与立；可与立，未可与权。”（《子罕》）

权必知时，措之宜而后可，是人生求学适道和立身处世的最高点，最难点；有的能学不能道，能道不能立，能立而又可与权者，在孔门七十几个贤哲中，孔子独取颜回！按《易·系辞》“履以和行，谦以制礼，复以见和，恒以一德，损以远害，益以兴利，困以寡怨，非以辨义，巽以行权”；行权为九卦之终，足见行权不可骤语，此朱子所以说“惟圣人方可与权”。孔子既许颜子用行舍藏和他一样，然则颜子既圣也呢？

（辰）颜子的终身

颜子娶宋戴氏，生子名歆。相传死时三十二岁？他老父亲还在。惟颜子虽说短命，似乎不止那点年纪？他比孔子原少三十岁。和鲁哀公有交接，不当当孔子六十二岁即已离世；据《论语》，颜子死在伯鱼后，伯鱼死年五十，当孔子六十九岁，则颜回死必是四十二，而非三十二。试想颜子在四十岁有那么大的造诣，令孔子赞赏不已，假使天假以年，安知他不如孔子四十而不惑，以至从心所欲不踰矩的化境？所以孔子满心以为颜回可以承继道统，万不及料他竟先之而去！他的心要受何等大的打击！《先进篇》记：

> 颜渊死，子曰："噫！天丧予！天丧予！"

孔子简直以颜回如同自身，回在即道在，道在即予在；回死，道将不得其传，不啻己之离世，关系非常重大。所以又说：

> 颜渊死。子哭之恸！从者曰："子恸矣！"曰："有恸乎！非夫人之为恸，而谁为？"

孔子为颜子死而情不自禁，恸心至极；他看这是第一值得悲伤的事，再没有比这更甚者。但孔子为颜子悲恸逾常，固属他俩师徒感情笃厚，实也以道义关系故；要他为颜子死而背乎道义做事，却非孔子所愿。所以

> 颜渊死，颜路请子之车以为之椁。子曰："才不才，亦各言其子也；鲤也死，有棺而无椁，吾不徒行以为之椁；以吾从大夫之后，不可徒行也。"

孔子不以其车为颜子置椁，并非舍不得这东西，是因颜子有棺，即可为葬，不必棺外添椁，正如伯鱼死何尝用椁，孔子即曾以之为葬。据《礼·檀弓》，"孔子之卫，遇旧馆人之丧，入而哭

之哀，使子贡脱骖而赙之”。孔子对于爱徒，岂有吝惜微物之心？不过人生有不容已之情，更有不可过的道义在。是故不但孔子自己不愿以其车为颜子之椁，即使他人做的越分，他也不以为然。

> 颜渊死，门人欲厚葬之。子曰："不可。"门人厚葬之，子曰："回也视予犹父也，予不得视犹子也；非我也，夫二三子也。"

孔子不任情使颜子丧事过丰，并且阻止他的同学这么做；他们不听，竟自任情做了，孔子以为不当，可见不是吝其所与，乃是以人生不可违礼越分。惟我们可从此看出颜子不但得师器重，并且也很受同学们敬爱。

颜子葬鲁城东防山之阳。元文宗封颜子为衮国复圣公；明嘉靖年间罢封爵，止称复圣。

（二）曾子

曾子名参字子舆，鲁南武城人，鄫国之后；鲁襄公时，邾人、莒人灭鄫，鄫太子巫奔鲁，去邑姓曾，是为曾姓之祖。数传至点，点生参；年十六，孔子在楚，遵父命往就学，遂得为孔子徒。《汉志》有《曾子》十二篇，已不可考见。

（子）曾子的孝行

曾子为一事亲至孝的人，《史记》且说《孝经》之作，乃孔子以曾子能通孝道故。《孝经》是否孔子书，那属另一问题；惟曾子为孝子，古来传者颇多。孟子曾且以曾子为孝子孝亲的模范，说：

> 曾子养曾皙，必有酒肉，将彻，必请所与；问有余，必曰："有。"曾皙死，曾元养曾子，必有酒肉，将彻，不请所与；问有余，曰"亡矣"，将以复进也。此所谓养口体者也。

若曾子，则可谓养志也。事亲若曾子者，可也。(《孟子·离娄上》)

曾子不但养口，而且能够养志，所以对于亲心能够体贴备至；即使一羊枣之微，他也想念到亲的口味。所以，

曾皙嗜羊枣，而曾子不忍食羊枣。公孙丑问曰："脍炙与羊枣，孰美？"孟子曰："脍炙哉！"公孙丑曰："然则何为食脍炙，而不食羊枣？"曰："脍炙所同也，羊枣所独也；讳名不讳姓，姓所同也，名所独也。"（《孟子·尽心下》)

原来孝子存心，不必事奉之如此；纯孝之人，每于情所独钟之处，无往而不生其慕，致其诚，初无分于事的大小，此曾子在饮食细故上所以仍不失其孝心。曾子又不但亲存为然，亲没还是一样。

曾子每读《丧礼》，泣下沾襟曰："往而不可还者，亲也；子欲养而亲不待，是故椎牛而祭，不如鸡豚之逮亲存也。吾尝在齐为吏，禄不过钟釜，尚欣欣而喜者，非以为多也，乐其逮亲也；亲没之后，吾尝南游于楚，得尊官，堂高九仞，榱题三尺，转毂百乘，然犹北面而泣涕者，非为贱也，悲不逮吾亲也。"（《韩诗外传》)

"父在观其志，父没观其行，三年无改于父之道，可谓孝矣。"曾子于亲故后，身享荣华富贵，尚不忘其亲而时时加以思念，其孝行殊可贵。虽然曾子固为纯孝的人，孝行有时未免太过？例如：

曾子尝芸瓜而误斩其根；曾皙怒，援大杖击之，曾子仆地。有顷而苏，蹷然而起进，曰：'曩者，参得罪于大人，大人用力教参，得无疾乎？"退屏，鼓瑟而歌，欲令曾皙听

其歌声而知其平也。孔子闻之，告门人曰：“参来，勿内也。”曾子自以为无罪，使人谢孔子。孔子曰：“汝闻瞽瞍有子名曰舜；舜之事父也，索而使之未尝不在侧，求而杀之未尝可得，小箠则待，大箠则走，以逃暴怒也。今子委身以待暴怒，立体而不去，杀身以陷父不义，不孝孰是大乎！”曾子曰：“参罪大矣！”遂造孔子谢过。（《说苑》）

可见尽性而行，虽能尽孝，于道容有不当，尚须教育之功；曾子固以其行为孝，实则不孝之甚，非经孔子指教，莫明其理。

曾子看孝是统括一切人生道德而为言，他说：

“居处不庄，非孝也；事君不忠，非孝也；莅官不敬，非孝也；朋友不信，非孝也；战阵无勇，非孝也。”（《礼记》）

总之，人生稍一不慎，即足以辱没其亲，是故孝子立身处世，在在必敬，这是曾子的孝道观。

（丑）曾子的学养

1. 曾子对于学问的讲求

曾子平常讲求学问之情，由孔子一次教他政治学上可看出。

孔子闲居，曾子侍。……孔子顾谓曰：“参！女可语明王之道与？”曾子曰：“非敢以为足也，请因所闻而学焉。”子曰：“……昔者，明王内修七教，外行三至。七教修，然后可以守；三至行，然后可以征。故曰内修七教而上不劳，外行三至而财不费。此之谓明王之道也。”……曾子曰：“敢问何谓七教？”子曰：“上敬老则民益孝，上尊齿则下益悌，上亲贤则下择友，上好德则下不隐，上恶贪则下耻争，上廉让则下耻节，此之谓七教。七教者，治民之本也；七者修，

> 则四海无刑民矣。”……曾子曰：“敢问何谓三至？”孔子曰：“至礼不让而天下治，至赏不费而天下悦，至乐无声而天下和；明王笃行三至，故天下之君可得而知，天下之士可得而臣，天下之民可得而用。”……曾子曰：“大哉明王之道！……参不足以知之。”（《家语·王言》）

反覆穷诘，即曾子求学的秘诀；“请因所闻而学”，即曾子求学的态度；于其所已知者增求新知，于新知则必穷原竟委。

曾子讲求学问，又不仅在于文理，尤其注重实践。董仲舒曾引曾子说：

> “尊其所闻则高明，行其所知则光大。”（《天人策》）

我们从这两句话，足知曾子是不讲求空疏学说，而特重实践学问的人。后来子思所说：“博学之，审问之，慎思之，明辨之，笃行之。”师传曾子之学者，

2. 曾子对于孔学的体认

曾子在孔门中也是一个杰出人物，他虽赋性鲁钝，可是因其勤学而克服那种先天的困难，得有特别造就；所以纵不如颜子闻一知十，到底他也似乎会学。正如有一次孔子到他的私塾来观望，对着他说：

> “参乎！吾道一以贯之。”曾子曰：“唯。”子出，门人问曰：“何谓也？”曾子曰：“夫子之道，忠恕而已矣。”（《里仁》）

曾子认孔学全在忠恕，忠恕可以贯通一切；后世儒者即执以为曾子已得孔子道统，似乎孔子也默认曾子会懂一贯之道，一“唯”之应，并未究其所知之实在而出。曾子果否认清“一贯”的意义，那属另一问题；惟从此我们知他本人认定孔学确属如

此。我们必须探明何为忠恕？历来解释忠恕者，我看以梁启超《孔子》说最完备：

> 朱子说："尽己之谓忠，推己及人之谓恕。"……专从实践伦理方面讲，未免偏了。……章太炎说："周以察物曰忠，心能推物曰恕。"……专从研求智识方面讲，又未免偏了。我想忠恕一贯，是要合这两方面讲。……在文中心为忠，如心为恕。中心为忠，就是拿自己来做中坚的意思，充量的从内面穷尽自己心理的功能；就是"内思毕心"，就是"尽己"。《中庸》说"唯天下至诚，为能尽其性"；又说"诚者，自成也"。"诚"字就可作"忠"字的训诂。毕心尽性自成，拿现在流行的话讲，就是发展个性。从实践方面说，发展个性是必要；从智识方面说，发展个性也是必要。这是忠的一贯。用自己的心来印证，叫做如心。从实践方面说，是"推己及人"；从智识方面说，是"以心度物"。孟子说："古之人所以大过人者，无他焉，善推其所为而已矣。""推"字就是"恕"字的训诂。从实践方面说，将自己的推测别人，照样的来待，他就是最简易最高尚的道德；……从智识方面讲，将已知的事理，推到未知的事理，就是最有系统的学问。……如此，实践方面，智识方面，都拿恕的道理来应用，就是恕的一贯。（《孔学提纲·忠恕条》）

3. 曾子对于自修的学问

> 曾子曰："吾日三省吾身：为人谋而不忠乎？与朋友交而不信乎？传不习乎？"（《学而》）

曾子自修的学问，不外忠信；这种学问，传授自师，实习在我。原来忠信为孔子四教之二（《述而》），尝说君子以忠信为主（《学而》），崇德以忠信为尚（《颜渊》）。所以，

> 子张问行，子曰："言忠信，行笃敬，虽蛮貊之邦行矣。言不忠信，行不笃敬，虽州里行乎哉？立则见其参于前也，在舆则见其倚于衡也，夫然后行。"（《卫灵公》）

忠信为人生要道，修身大本，治学始基；曾子于敬听老师讲述之后，日常即以其为修身课，务使居心行事，为人忠，交友信。其自修诚笃！如此一日三省，即孔子告子张立则见其参于前，舆则见其倚于衡，那种自修的神气。

4. 曾子对于同学的辅助

曾子的社交生活很高尚，为一切士大夫相交的模范。他曾经提出一条士大夫交友的原则说：

> "君子以文会友，以友辅仁。"（《颜渊》）

根据史实，曾子确是遵守这条原则以过社交生活的人。例如，

> 子夏丧其子，而丧其明。曾子弔之曰："吾闻之也，朋友丧明则哭之。"曾子哭，子夏亦哭。曰："天乎！予之无罪也。"曾子怒曰："商！女何无罪也？吾与女事夫子于洙泗之间，退而老于西河之上，使西河之民疑女于夫子，尔罪一也；丧尔亲使民未有闻焉，尔罪二也；丧尔子，丧尔明，尔罪三也。而曰'女何无罪与'？"子夏投其杖而拜曰："吾过矣！吾过矣！吾离群而索居，亦已久矣！"（《檀弓》）

这是曾子和子夏老年的交往，为曾子辅友以仁之证；在先还有一次，可为曾子助友以学之证。

> 子夏过曾子，曾子曰："入食。"子夏曰："不为公费乎？"曾子曰："君子有三费，饮食不在其中；君子有三乐，钟鼓琴瑟不在其中。"子夏曰："敢问三乐？"曾子曰："有亲

可畏，有君可事，有子可遗，一乐也；有亲可谏，有君可去，有子可怒，二乐也；有君可喻，有友可助，有子可成，三乐也。”子夏曰：“敢问三费？”曾子曰：“少而学，长而忘，此一费也；事君有功而轻负之，此二费也；久交友而中绝之，此三费也。”子夏曰：“善哉！谨身事一言，愈于终身之诵；而事一士，愈于治万民之功，夫人不可以不知也。吾尝卤焉，吾田期岁不收；土莫不然，何况人乎？与人以实，虽疏必密；与人以虚，虽戚必疏。夫实之与实，如胶如漆；虚之与虚，如薄冰之见昼日。君子可不留意哉？”（《韩诗外传》）

曾子的话，至令子夏茅塞顿开，觉得有此学友，较治万民之功为愈；俗说：“同君一夜话，胜读十年书”，惟曾子这种学友足以当此。

（寅）曾子的气节

曾子在孔门中，算是一个特别讲究气节的人。他之所以特别讲究气节，是为仁的觉心。如他所说：

“士不可以不弘毅，任重而道远。——仁以为己任，不亦重乎？死而后已，不亦远乎？”（《泰伯》）

仁是孔子抽象的用以说明人格者，人要完成自我人格，不可不有弘毅的精神；不弘毅，不能负重致远。换句话说，人若没有魄力，没有气节，怎能完成自我人格，保守自我人格而不丧失呢？惟有有魄力有气节的人，方足语仁。不单完成自我人格，保守自我人格而已，并且他说：

“可以托六尺之孤，可以寄百里之命，临大节而不可夺也。君子人与？君子人也。”

君子就是以仁成名的有人格者，曾子以为惟君子可以托孤寄命，因惟君子“临大节而不可夺”；所谓“造次必于是，颠沛必于是”。人怎会“临大节而不可夺”呢？孟子说：

“先立乎其大者，则其小者不能夺也。”

原来君子志立于仁，操持者大，生死以之，其他忧患何足以使其失节呢？除仁以外，都属小而又小的事，不容于君子之怀。孟子所谓“立大”，即后来宋儒陆子学说的根据；陆子和孟子学说，又皆得自曾子的气节论。

（卯）曾子的处世

上节已经说过，曾子最重气节，他处世故富贵不能淫，贫贱不能移，威武不能屈；他尝家贫食力，敝衣躬耕，日不举火，而歌声若出金石。鲁君闻其贤而致邑，他却固辞不受，说：

“吾闻‘受人施者尝畏人，与人者尝骄人’。纵君有赐不吾骄也，吾岂能勿畏乎？吾与其富而畏人，不若贫而无屈。”（《家语·入官》）

这种话语，显明曾子真有《孟子》书上所说大丈夫的气概！“居天下之广居，立天下之正位，行天下之大道，得志与民由之，不得志独行其道”，决不屈节以事人。为此，他的处世态度是不卑不亢；为人虽以温良谦虚恭让为美德，可是并不过于贬损自我尊严。如：

曾子居武城，有越寇。或曰：“寇至，盍去诸？”曰：“无寓人于我室，毁伤其薪木。”寇退，则曰：“修我墙屋，我将反。”寇退，曾子反。左右曰：“待先生如此其忠且敬也：寇至则先去以为民望，寇退则反。殆于不可？”沈犹行曰：“是非汝所知也。昔沈犹有负刍之祸，从先生者七十人，未有与焉。”子思居于卫，有齐寇。或曰：“寇至，盍去诸?”子思曰：“如伋去，君谁与守?”孟子曰：“曾子，子思，同道。曾子，师也，父兄也；子思，臣也，微也。曾子，子思，易地则皆然。”(《孟子·离娄下》)

曾子避越寇，毫不客气的去避，并且要负责者好好保护他的房屋；及寇退将反，又不客气的先寄信，要负责者把他的房屋修理，致使其左右也疑其不合如此。他竟曾不顾虑到这些小节上去，他只觉得那是他当师长的应享的权利，不必伪谦，不必虚让；孟子说他若处在子思仕卫的地位，当然他也不至避寇了。所以我们可说曾子的处世态度，是应享的权利要享，应尽的义务要尽。

(辰) 曾子的终身

曾子临终有三事足述。

1. 遗言

人若晓得快要离世，要词不烦说；必出自于他毕生经验，良心觉悟，极为与人有益之言，所以那种话最堪重视。曾子临终遗有甚么名言呢?

曾子有疾，孟敬子问之。曾子言曰：“鸟之将死，其鸣也哀；人之将死，其言也善。君子所贵乎道者三：动容貌，斯远暴慢矣；正颜色，斯近信矣；出辞气，斯远鄙倍矣。笾豆之事，则有司存。”(《泰伯》)

曾子临终所遗言于鲁卿孟敬子者，动容貌，正颜色，出辞气，三者关系人生政事，可用一句话包括，就是要敬其身；为人必然，执政必然，然后方为君子。

2. 全归

曾子临终用以教孟敬子者为敬其身，因为他一生是个敬其身

的人；他所以重视敬其身之道，不徒以其政治作用，更是与其素所主张的孝行有关。原来他看

“身也者，父母之遗体也。居处不庄，非孝也。”（《礼记》）

不敬其身，就是不敬其亲。为此他说：

“身体发肤，受之父母，不敢毁伤。”（《孝经》）

父母全而生我，我也应全而皈，于是敬身为尚；提倡全受全皈之孝，实始自曾子。曾子曾否做到这一层呢？

曾子有疾，召门弟子曰：“启予足！启予手！诗云：‘战战兢兢，如临深渊，如履薄冰。’而今而后，吾知免夫小子。”（《泰伯》）

曾子临终，欲以其所保全之身示门弟子，是故令开其衾以验其手足，并告知以保全之难，战兢恐惧，有如临深履薄，其平素敬慎之情溢于言表。后来子思“君子戒慎乎其所不睹，恐惧乎其所不闻，莫见乎隐，莫显乎微”，那种体道之功，可说即从曾子这种敬身说推演而出。

3. 易箦

曾子生敬其身，在一切事上就无不敬；甚至病得临危，还是不改初衷，要寿终得其正，所以勉强起而易箦。《礼记》：

曾子寝疾，病。乐正子春坐于床下，曾元、曾申坐于足，童子隅坐而执烛。童子曰：“华而睆，大夫之箦与？”子春曰：“止。”曾子闻之，瞿然曰：“呼。”曰：“华而睆，大夫之箦与？”曾子曰：“然。斯季孙之赐也，我未之能易也。元起易箦！”曾元曰：“夫子之病革矣，不可以变；幸而至于旦，请敬易之。”曾子曰：“尔之爱我也不如彼；君子之爱人

也以德，细人之爱人也以姑息。吾何求哉？吾得正而毙焉，斯已矣。”举扶而易之，反席未安而没。（《檀弓》）

4. 后事

据《大明一统志》，曾子墓在兖州府嘉祥县。

唐高宗追赠曾子为少保，加太保配享，封郕伯；宋改武城侯，加郕国公；元文宗加封宗圣；明嘉靖年间罢官爵，改称宗圣曾子。

（三）有子

有子名若字子有，少孔子二十六岁，鲁人，古有巢氏之后。他的史实，我们可以知道的不多。

（子）有子的学问

有子为学，据《家语》说：“强识好古道”；强识是关于他为学的方法，好古道乃其为学的兴趣。试分别一述。

1. 学问的方法

有子讲求学问，不单记忆，他也颇能类推；尤其对于一种学问，务求了解其背景，查考其因素，决不囫囵吞枣。例如：

> 有子问于曾子曰：“问丧于夫子乎？”曰：“闻之矣。丧欲速贫，死欲速朽。”有子曰：“是非君子之言也。”曾子曰：“参也，闻诸夫子也。”有子曰：“是非君子之言也。”曾子曰：“参也，与子游闻之。”有子曰：“然。然则夫子有为言之也。”曾子以斯言告于子游，子游曰：“甚哉！有子之言似夫子也！昔者夫子居于宋，见桓司马自为石椁，三年而不成。夫子曰：‘若是其靡也，死不如速朽之愈也。’死之欲速朽，为桓司马言之也。——南宫敬叔反，必载宝以朝。夫子曰：‘若是其货也，丧不如速贫之愈也。’丧之欲速贫，为敬

叔言之也。”曾子以子游之言告于有子。有子曰：“然，吾固曰非夫子之言也。”曾子曰：“子何以知之？”有子曰：“夫子制于中都，四寸之棺，五寸之椁，以斯知不欲速朽也；昔者夫子失鲁司寇，将之荆，盖先之以子夏，又申之以冉有，以斯知不欲速贫也。”（《檀弓上》）

曾子一再说他亲闻于孔子如是云云，有子一再加以否认，确有把握地断定曾子所闻不实不尽；曾子以有子言转告于共闻其语的子游，子游觉得有子好像亲历其境的肯定，不由佩服之至。有子何来这种真知灼见呢？

一则有子认识说这话的人底人格，由人格上测知其言论的真实价值，所以一再说“此非君子之言”。

一则有子明白某种学问必具有相当背景，决非偶然的事实，所以说“夫子有为言之也”。

一则有子注意前事不忘乃后事之师，由经验中求得知识，从孔子宰中都及往楚的事上，推出孔子不为那种过激之词。

有子这种讲求学问的方法，是凡学者所可适用的最好方法。正如孟子所说：

“诵其诗，读其书，不知其人，可乎？是以论其世也，是尚友也。”（《孟子·万章下》）

研求一个人的学说，必须认识那个人；不单要认识那个人，又要晓得那个人的时代，背景，庶几对于那种学说能有相当真确可靠的知识。否则执其片言只字，妄事揣测附会，欲得有某人某项真实学问，万万不能。

2. 所好的学问

有子求学的兴趣，偏于古道；据《论语》，知其好古道者，即礼乐，他在这一方面很有心得。例如他说：

“礼之用，和为贵。先王之道，斯为美，小大由之。有所不行；知和而和，不以礼节之，亦不可行也。”（《学而》）

这些话，表明有子观古道不外礼治；他既认定礼治于先王为美，一切事所必由，则其平常努力用功这门学问也当然，所以我们可说有子是一个倡礼的中庸主义者。

（丑）有子的人格

有子人格怎样？

1. 人格的重心

有子看一个人的人格重心，是在为弟子的孝弟上；有了孝弟，别的诸般社会生活自会随而善良。所以他说：

“其为人也孝弟，而好犯上者，鲜矣；不好犯上而好作乱者，未之有也。君子务本，本立而道生；孝弟也者，其为仁之本与？”（《学而》）

孝弟为仁之本，就是说孝弟的人已奠好人格的基础；一个真正的孝子，断不至于在社会上做那反覆无常，不顾礼义廉耻的小人。

2. 人格的高尚

有子以孝弟为人格重心，对于同学友朋很能尽其道，所以同学友朋皆尊敬他；他们甚至以为有子的行为仪表，颇像孔子，于孔子死后尊敬他为老师。这虽不是孔门群弟子公同的普通的意见，赞成者却像是占多数。（参《孟子》、《史记》）有子人格的高尚如此！据《史记》说：

孔子既没，弟子思慕之，以有若状似孔子，相与共立为师以师之，如孔子时也。他日，弟子进问曰：“昔夫子当行，使弟子持雨具，已而果雨。弟子问曰：‘夫子何以知之？’夫子曰：'《诗》不云乎？"月离于毕，俾傍沱矣。"昨暮，月不宿毕乎？'他日，月宿毕，竟不雨？——商瞿年长，无子，其母为取室；孔子使之齐，瞿母请之。孔子曰：'无忧。瞿年四十后，当有五丈夫子。'已而果然。敢问夫子何以知此？"有若默然无以应。弟子起曰："有子避之，此非子之座也。"（《弟子列传》）

《史记》这段材料，像是采取汉代谶纬说盛行时方士附会之谈？愚意孔子或知天文；关于人的生育万难预料。惟有若不及孔子博学，这是尽人皆知的事；《史记》竟谓因其学问不足解疑辨惑，要有若避师席，显属后之好事者故为之说。因为弟子原非以有若学问高超而奉之如孔子，是以有若似圣人，藉以寄寓其思念孔子之忱。既属他们公举，又原皆知有若学问不过那样，何来村童质难私塾先生般，"有子避之"云云？

（寅）有子的国家观念

有子看国家是甚么东西呢？

1. 国家以人民为主体

国家是由人民组织而成，没有人民就没有国家的存在，所以人民和国家有特别关系；人民富强或贫弱，皆直接的形成国家的贫弱或富强。有子故曾对鲁哀公说：

"百姓足，君孰与不足？百姓不足，君孰与足？"（《颜渊》）

"君者，群也。"君是我国古代用以代表国家观念者，百姓足不足，即君之足不足，也就是国家的足不足。以群众是一体相联，正如人身各个细胞的健全关系于全体一样。

2. 人民对国家应爱护

国家既是人民的集合体，人民对于这大团体，都有爱护的义务，因为“皮之不存，毛将焉附?”国家大有关系于人民各自的生命财产，以及身家的一切；国家不能生存，那也就是人民的生存问题。为此，当鲁哀公八年，吴伐鲁，有若见得本国领土主权受强邻侵害，他即起而尽其国民天职，参加救亡图存的爱国团，出发前线。《左传》记其事说：

吴师克东阳而进，……遂次于泗上。微虎（鲁大夫）欲宵攻王（吴）舍，私属徒七百人，三踊于幕庭，卒三百人，有若与焉，及稷门之内。或谓季孙曰：“不足以害吴，而多杀国士，不如已也。”乃止之。吴子闻之，一夕三迁，吴人行成。

有若等以一国士之身，看到国家将频于危，身家也不免于灭亡；所谓“覆巢之下，安有完卵”，他们故皆忠勇奋发，组织一敢死队，虽然半途被阻，未及与敌接触，而其士气足以却敌；使知“鲁虽无与立，必有与毙，……未可以得志焉”（公山不扭阻吴伐鲁语）。于是吴以得胜之师，毕竟求与鲁成，无条件地仅盟而还，这不能不说是有若等国士爱国心的大成功。

（四）闵子

闵子名损字子骞，鲁人，少孔子十五岁，在孔门中以德行著。

（子）闵子的德行

闵子显著的德行，在家庭中孝友，在社会上廉洁。

1. 孝友

孔子说：

“孝哉闵子骞！人不间于其父母昆弟之言。”（《先进》）

闵子骞的孝友，既经他的父母昆弟称道，又得社会人士认可，孔子故加以赞美！因为“宗族称孝焉，乡党称弟焉”，所见者真，所论必确；非同普通人的道听涂说，不足为据。

据《说苑》和《韩诗外传》等书，皆载闵子骞早年失恃，为继母所苦，冬月以芦花衣之以代絮，继母亲生二子则衣绵。父偶令损御，体寒失靷；父责，不自理。父持其手，衣很单薄；皈呼后母儿至，持其手则衣甚温厚。于是大怒，对那妇人说：“吾所以娶汝，乃为吾子；今汝欺我，去勿留。”闵子骞说：“母在一子单，母去三子寒。”他父听了，遂不去其继母。继母闻而悔改，从此待闵子如己出。

2. 廉洁

《史记》论闵子骞说：

> 不仕大夫，不食污君之禄。（《仲尼弟子列传》）

闵子骞的廉洁，在这两句话上显出，颇有伯夷、叔齐之风！惟《史》论他如此廉洁，有何事实根据呢？《论语》载：

> 季氏使闵子骞为费宰。闵子骞曰：“善为我辞焉。如有复我者，则吾必在汶上矣。”（《雍也》）

费邑为季氏根据地，欲使闵子为之宰，是表明季氏对他倚畀之重而殷；惟闵子并不感其知遇，婉言以辞，决心以拒。因为“居乱邦，见恶人，……刚则必取祸，柔则必取辱，闵子岂不能早见而豫待之乎？如由也不得其死，求也为季氏附益，夫岂其本心哉？盖既无先见之知，又无克礼之才，故也。然则闵子其贤乎？”（《谢注》）闵子之贤，又岂单在不臣于季氏这一事上。他必素来廉洁自持，始得不为富贵而动心，随时随事，都以廉洁为律。所以，

> 鲁人为长府，闵子骞曰："仍旧贯，如之何，何必改作？"子曰："夫人不言，言必有中。"（《先进》）

改作长府，不免劳民伤财，害时费事，触及闵子廉洁的心，于是发为廉洁之论，谓改作不如仍旧贯之为善。孔子闻议之下，觉得闵子言无虚发，发皆中节，关系国计民生很大，是故极为叹赏！人生最难得者，莫过于言语适宜；"人若在说话上没有过失，他就可算为完全人"。孔子说闵子不言则已，言则无不合义，其德性的充实，一至于此！

（丑）闵子的情操

闵子说话中节，情操也莫不中节。据《家语》说：

> 闵子居亲丧三年毕，见于孔子，子与之琴，使之絃，切切而悲。作而曰："先王制礼，弗敢过焉。"孔子曰："闵子哀未尽，能断之以礼，不亦君子乎！"

人的哀乐情感，最难自制；孔子凡事主中庸，对于用情也以中庸为准。居丧而哀，是人情之常；情若太过，又非中庸之道，所以有礼为之节；当日闵子哀有余而能节之以礼，是其情操中庸，此孔子所以以闵子为君子。

按：情操以礼为节，使其无过不及，似为当日孔门所特别注意。所以《礼·檀弓》说：

> 子夏既除丧而见，予之琴，和之而不和，弹之而不成声。作而曰："哀未忘也。先王制礼，而弗敢过也。"子张既除丧而见，予之琴，和之而和，弹之而成声。作而曰："先王制礼，不敢不至焉。"

子夏，子张，皆曾和闵子一样于居丧后，予之琴歌，借以测验其情操是否中庸；过哀不可，不尽哀不可，哀乐务得中道为

宜。所以，

弁人有其母死，而孺子泣者。孔子曰："哀则哀矣，而难为继也。夫礼为可传也，为可继也，故哭踊有节。——丧事欲其纵纵尔；吉事欲其折折尔；故丧事虽遽不陵节，吉事虽止不怠。故骚骚尔则野；鼎鼎尔则小人；君子盖犹犹尔。"(《檀弓上》)

弁人过哀如孺子泣，和闵子节哀正成对比，孔子看那不当，以其难乎为继。君子之于情操，既不如野人之骚然过激，又不如小人之鼎然太舒，惟犹然而缓急得中；临丧虽纵纵尔，急遽而不陵节，遇吉虽析析尔，和乐而不怠惰。

(寅) 闵子的学问

闵子有甚么学问？看《论语》将他列入的科班，可知其要。他是怎样的得有那种学问呢？一在他求学的态度对，一在他肯致力于其学问故。

1. 求学的态度

闵子求学的态度，据《论语》说：

闵子侍侧，誾誾如也。(《先进》)

"誾"，《说文》："和悦而诤。"这是闵子和他老师在一处研究学问的态度；表明他不愿做一个留声机器。听了先生的讲论，有疑必问，有怀必吐，和言悦色以请教益，务必明其底蕴而后止。

2. 致力的学问

闵子有那样好的求学态度，自能得些真实学问；可是有了学问之后，使其成为在我，要在闵子又能专心致力于此。闵子怎样专心致力于学问呢？据《说苑》说：

闵子骞始见于夫子，有菜色；后有刍豢之色。子贡问曰："子始有菜色，今有刍豢之色，何也？"闵子曰："吾出蒹葭之中，入于夫子之门，夫子内切磋以孝，外为之陈王法，心窃乐之；出见羽盖龙旂，旃裘相随，心又乐之；二者相攻胸中而不能任，是以有菜色也。今被夫子之文寖深，又赖二三子之切磋而进之，内明去就之义，出见羽盖龙旂，旃裘相随，视为坛土矣，是以有刍豢之色。"

孟子说："学问之道无他，求其放心而已矣。"闵子所致力的学问，就是孟子所说的这种主脑的学问。未成功前，甚至形为之毁，体为之损；求以其理胜欲，其专心致力也如此；既而学问成功，心已有定处，颜色也随而焕发。这又是孟子所谓："君子所性，仁义礼智，根于心，其生色也睟然，见于面，盎于背，施于四体，四体不言而喻。"（《尽心上》）

（五）子贡

子贡，《左传》又作子赣，复姓端木，名赐；以其为卫人，《传》又称为卫赐。较孔子少三十一岁。

（子）子贡的能干

子贡在孔门中也是一个出色的人物，有几种特别能干见称于时。

1. 善辩

子贡是个善于辞令的人，列"言语"科，各种子书史传，对于他的辩才莫不有特别的记录。如鲁哀公七年代季康子辞吴大宰嚭；十一年代叔孙对吴子命；十二年哀公使子贡辞吴盟；同年又说吴以免卫；十五年鲁及齐平，子赣为介，一言而使齐皈成，获得外交胜利等。为此，"二十七年春，越子使反庯来聘，……盟于平阳，……康子病之！言及子赣曰：'若在此，吾不及此矣。'"

他的辩才，令康子这么思念不置，可见折冲樽俎，子贡盖有盛名于世。不过，《史记·仲尼弟子列传》载子贡奉孔子命救鲁，乱齐亡吴，强晋霸越，都是凭他三寸不烂之舌！《家语》并记孔子评判他的结果说："夫其乱齐存鲁，吾之初愿；若强晋以救之，使吴亡而越霸者，赐之说也。美言伤信，慎言哉！"（《屈节篇》）按这一段传说，除《史记》、《家语》外，又见于《国语》、《越绝书》及《吴越春秋》等，都是转辗讹传乱抄的话；因为吴灭在哀公二十二年，孔子死已六七年，时间不合。据《韩非子》说：

齐将攻鲁，鲁侯使子贡说之。齐人曰："子言非不辩，吾所欲者地，非斯言所谓也。"遂举兵伐鲁。

可见子贡使齐，原有其事，那次出使并未得好结果；后人因他有出使于齐一层而即附会以《史记》所云云，未免为子贡辩才夸张过甚。

2. 善贾

子贡又是一个善于经商的人，他的经商天才，曾得孔子称赞说：

"赐不受命，而货殖焉，亿则屡中。"（《先进》）

俗说："早知三日事，买尽世间田。"子贡既能億则屡中，其"货殖"也当然。另据《史记》，子贡不单凭其才识一味億度，他经商也很得法；以致他的财物日增，阔绰逾恒。《仲尼弟子列传》说：

子贡好废举，与时转货赀，……家累千金，卒终于齐。

"好废举"，就是人弃我取；等到时间转变，社会需要该项货物，再行发卖，无不利市三倍。

子贡既成巨富，尝结驷连骑，束帛玉币以聘享诸侯，所至国君与之分庭抗礼；《史》记孔子扬名列国，和子贡这行径很有关系。

3. 善政

子贡又岂但善于经商，他实满腹经纶，才堪大用。所以，

> 子贡问曰："赐也何如？"子曰："女器也。"曰："何器也？"曰："瑚琏也。"（《公冶长》）

子贡的能干虽没有到"君子不器"的地步，可是孔子许他为瑚琏，配置身于朝庭宗庙之间，而且贵重不比常人。所以，

> 季康子问："赐也，可使从政也与？"子曰："赐也达，于从政乎何有？"（《雍也》）

子贡做个普通大夫，善于从政，孔子看那简直不成问题。

（丑）子贡的方识

上说子贡有超凡的经商能干，那是本于他的才识；他看得清社会的需要，时代的移转，始能"億则屡中"。因为他"闻一以知二"，善于推此及彼，所以观微知著；不单晓得情理物事之当然，甚且察见人生的得失穷通，生死寿夭。如哀公诔孔子不当，既失礼，又失名，子贡断其不没于鲁；后至二十七年秋，公果孙于邾，旋往越，客死他邦。又据《左传》，他不但预知哀公的结果，并曾这么判断过鲁定公和邾隐公的死亡，说：

> 十五年（定公）春，邾隐公来朝，子贡观焉。邾子执玉高，其容仰；公受玉卑，其容俯。子贡曰："以礼观之，二君者，皆有死亡焉。……正月相朝，而皆不度，心已亡矣！嘉事不体，何以能久？高仰，骄也；卑俯，替也。骄近乱，替近疾；君为主，其先亡乎？"

后来果然，"夏五月壬申，公薨。仲尼曰：'赐不幸言而中，

是使赐多言者也。'”

子贡因其才识过人，发为议论无不合宜，不免常喜欢多说话，批评人的长短优劣，孔子故不以其言中而加奖，反说不幸！良以才华太露，终欠涵养，孔子故不取；这虽是子贡的长处，却也是他的短处。因而，

> 子贡方人。子曰："赐也贤乎哉？夫我则不暇。"（《宪问》）

孔子为欲纠正子贡好批评人的缺欠，特深自贬抑，以警教他；这么施教，非仅一次，务使子贡除去其弊病。所以又有一次记着说：

> 子曰："予欲无言。"子贡曰："子如不言，则小子何述焉？"子曰："天何言哉？四时行焉，百物生焉。天何言哉？"（《阳货》）

这段话语，想是孔子闲居，子贡侍侧而发。子贡病在多言，以为不言何述，好像凡事少不了言的作用；孔子就以"无言"为教，并引自然现象为证，使知人生不贵多言而贵实行。

（寅）子贡的学问

子贡初来就学，事孔子一年而自谓过孔子，二年自谓与孔子同，三年自知不及孔子，（《论衡》）这正符《礼·学记》所谓"学然后知不足"。

子贡为学之道，首在善问，每举一事，必穷其源，必竟其委；《论语》记其问政，问仁，非对于那事理透澈的了解，其问不止。既问得其理，又善推考；如问孔子贫富自持之理，忽悟《诗·淇澳篇》切磋琢磨之意。孔子故不胜赞叹说：

> "赐也，始可与言诗已矣！告诸往而知来者。"（《学而》）

告往知来，那是怎样颖悟过人！

又据另传，子贡不但善问，推考，而且常喜将所闻者比较其异同；比观也是一种求学的方法。据《家语》说：

> 子贡问于孔子曰："昔者齐君（《说苑》作"景公"）问政，夫子曰：'政在节财。'鲁君（《说苑》作"哀公"）问政，夫子曰：'政在谕臣。'叶公问政，夫子曰：'政在悦近而来远。'三者之问一也，而夫子应之不同，然则政异端乎？"孔子曰："各因其事也。……察此三者之所欲，政其同乎哉？"（《辨政》）

（卯）子贡的修养

子贡怎样修养？这要分作持躬与待人两方面说。

1. 改过向善

子贡为人，虽然侃侃其谈，却不浮夸，持躬还很谨严，不容有丝毫恶念恶行于其身；如果有了，或是经人指出，或是良心觉醒，无不坦白直承，痛自悔改。因为他说：

> "君子之过也，如日月之食焉。过也，人皆见之；更也，人皆仰之。"（《子张》）

子贡有过必改，而力使其人格光明正大，于此可见。

为甚么人生必这么严于自治，以使其光大呢？原来他看：

> "纣之不善，不如是之甚也；是以君子恶居下流，天下之恶皆皈焉。"（《子张》）

人为自己人格计，固须"过则勿惮改"，即为自己名誉起见，人也不可不求上达。否则，如纣为不善，遗臭万年，凡言恶者，莫不以纣为例；他虽有点甚么长处，都为其恶行所掩。是故好名虽不纯善，苟因好名而恶居下流，未始非所以自勉之法，自治之道。

2. 推己及人

子贡自己人格的修养，企求无何过恶的存在；对于人，他则以恕道相期许。他曾向孔子自表说：

> "我不欲人之加诸我也，吾亦欲无加诸人。"子曰："赐也，非尔所及也。"（《公冶长》）

孔子说子贡难行恕道，是特用以抑其自持之心；实则他老先生正欲激发他，使他奋勉做到这一步。所以，

> 子贡问曰："有一言而可以终身行之者乎?"子曰："其恕乎！己所不欲，勿施于人。"（《卫灵公》）

他已说过恕道非子贡所及，等子贡来问终身之行，他老先生的答覆仍不外乎这么一句；他欲子贡以恕道待人之心，昭然若揭。

（辰）子贡的处世

修养是单独的省察，我们再要看看子贡怎样处世，和人发生关系?

1. 待人的态度

平常人处世的态度，随其境遇的顺逆而变异，富则势焰凌人，贫则卑躬屈节；子贡觉得这是俗子普通的行为，他特自立一处世方针，拿来和孔子讨论。

> 子贡问曰："贫而无谄，富而无骄，何如?"子曰："未若贫而乐，富而好礼者也。"（《学而》）

不谄媚，不骄傲，乃贫人、富人的消极道德，虽较俗行为高，究非上乘；孔子故教他须从积极方面为人，贫而乐道，富而好礼。据《庄子》、《史记》及《韩诗外传》，皆载子贡高车过访

原宪穷巷事，那种朋友探问原属常情，两下境遇悬殊当也实在，即子贡因原宪贫苦的形像而误以为病，此种错觉也许不免；至于《史记》说子贡以原宪贫为耻，则太史公不修之辞，实际上子贡非那种人。

2. 与人的关系

子贡从孔子领教朋友之道，是“忠告而善道之”（《颜渊》）；那种朋友有待于子贡的忠告，有待于子贡的善道，足见子贡未尝遵从“毋友不如己者”的师训，他的朋友只有那样高明。因而孔子曾说：

> “丘死之后，商也日益，赐也日损；商也好与贤己者处，赐也好说不如己者处。”（《说苑》卷十七）

子贡喜欢交结不如己的朋友，于人固然有帮助，于己却太吃亏，得不着甚么勉励，孔子故为他的德业前途虑！孟子说：

> “观近臣，以其所为主；观远臣，以其所主。”（《万章上》）

可见人与人的关系，不可不慎，我们相与的人，就是我们人格的表现。因为“与善人居，如入芝兰之室，久而不闻其香，即与之化矣；与不善人居，如入鲍鱼之肆，久而不闻其臭，亦与之化矣。丹之所藏者赤，漆之所藏者黑，是以君子慎所藏；盖物有相染也”。所以，

> 子贡问为仁，子曰：“工欲善其事，必先利其器；居是邦也，友其大夫之贤者，友其士之仁者。”（《卫灵公》）

“为仁”就是做人之道，孔子所告子贡者，即其友之得当；友若贤若仁，己的人格必日益光大，像工匠持利器以临事而尽善。这正是对照子贡处世的缺欠，而施的相当教育。虽然子贡友

多不如己，不过我们若以为子贡的朋友是些甚么下流人，那就大谬不然。社会上那些下流人而不务真实道德者，为子贡所深恶痛绝。正如他曾对孔子说：

> “恶徼以为知者，恶不孙以为勇者，恶讦以为直者。”（《阳货》）

这样看来，子贡在社会上并非滥交的人；那些似德乱德之辈，都莫想和子贡论交。

（六）子路

子路为仲由字，《尸子》谓其为鲁国卞的野人，少孔子九岁，同学中除颜繇外，他的年纪算最大。

（子）子路的勇敢

子路是个著名勇武的人，他的长处在此，他的短处也是在此。正如

> 子曰：“道不行，乘桴浮于海，从我者，其由与？”子路闻之喜。子曰：“由也，好勇过我，无所取材。”（《公冶长》）

子路独能乘桴浮海以从孔子，表其不怕艰险，是勇者的特行；惟其好勇太过，孔子故又加以贬抑。因为子路既常以勇自恃，觉得非同侪辈所及，那危险性很大。所以，

> 子路曰：“子行三军，则谁与？”子曰：“暴虎冯河，死而无悔者，吾不与也；必也，临事而惧，好谋而成者也。”（《述而》）

子路意孔子若行三军，舍他以外，有谁足与共事？孔子却戒他徒然恃勇无益，必须智谋方足以济；有勇无谋，有死而已。深惜子路本性难移，至终不得其死！

(丑)子路的政才

子路列“政事”科，他从孔子所学为政之道何如？

> 子路问政，子曰：“先之劳之。”请益。曰：“无倦。”(《子路》)

孔子告诉子路，做官不在治人，而在身为之先，做一个好模范；不可劳民，而在己勤于政，做一个真仆役；并要聚精会神地服务，不稍怠忽。像这样做官，有甚么格可摆？有甚么架子拉？所以，孔子教育门人，做官是为切切实实的替人民干些事业；子路受了他的造就，很有这种本事。从前季康子问可否使子路从政，孔子对答说：

> “由也果，于从政乎何有？”(《雍也》)

子路有政治才，这是他先生所认可的。那么，子路究能在政治舞台上充哪一脚呢？

1. 善治狱

子路善于治狱，从前蒙孔子极赞说：

> “片言可以折狱者，其由也与？”(《颜渊》)

“片言”，《朱注》说为“半言；……子路忠信明决，故言出而人信服之，不待其辞之毕也”。按：不待与讼者毕辞而遽然下判，是朱子不通之论，想孔子不得赞美子路那样做糊涂官；据孔安国说：“片，犹偏也。”因为古者大司寇以两造禁民讼，以两剂禁民狱，(见《周官》)听讼者常须两词方定是非，偏听片词则是非难决，孔子说惟子路有此果断！他从甲方为己回护，对人诬陷的话语中，就可看出是非之情。汉明帝诏：“详刑慎罚，明察单词”；“单词”和“片言”同，凭据片面之言也未尝不可决定曲直，要在明察如子路始行。

2. 善治军

子路尝以善于治军自负说：

> “千乘之国，摄乎大国之间，加之以师旅，因之以饥馑，由也为之，比及三年，可使有勇且知方也。”（《先进》）

《说苑》也记子路曾对孔子这么述志：

> “由愿得赤羽若日，白羽若月；钟鼓之音，上震于天；旌旗缤纷，下蟠于地；由且举兵而击之，必也攘地千里，搴旗执馘，唯由能之。”

又不单子路这么自负不凡，孔子确也承认他有这本事说：

> “由也，千乘之国，可使治其赋也。”（《公冶长》）

3. 善治政

子路善治军，并善治民，他故非同于一班武夫，徒知武而不知文。前既为过季氏宰，后又做过蒲大夫并郈令。

①**子路为季氏宰事** 据《左传》，子路为季氏宰，曾助孔子堕三家之都，那是他师徒在政治舞台上的特别表演。又据《礼记》及《家语》：

> 子路为季氏宰，季氏祭，逮昏而奠，终日不足，继之以烛；有强力之容，肃敬之心，皆倦怠矣。有司跛倚以临祭，其不敬也大矣！他日祭，子路与焉；室事交乎户，堂事交乎阶，质明而始行事，晏朝而彻。孔子闻之，曰：“孰谓由也而不知礼乎？”

右段纪实，可见子路办事有干才的一斑。

②**子路为蒲大夫事** 当子路受命为蒲邑宰，特来孔子处辞行，孔子根据那地的风俗人情，指教他如何执政说：

“蒲多壮士又难治。然吾语女，恭以敬可以执勇，宽以正可以容众，（《家语》作“怀强”，以下有“爱而恕可以容困，温而断可以抑奸”。）恭正以静可以报上。”（《说苑》，并见《史记》）

子路于奉命领教之后，临治蒲邑，三年有成，幸不辱教而方命，乃颇得孔子赞美。《家语·辨政篇》记：

子路治蒲三年，孔子过之，入其境曰：“善哉由也！恭敬以信矣。”入其邑曰：“善哉由也！忠信以宽矣。”至其庭曰：“善哉由也！明察以断矣。”子贡执辔而问曰：“夫子未见由之政，而三称其善，可得闻乎？”孔子曰：“吾见其政矣。入其境，田畴尽易，草莱甚辟，沟洫深治，此其恭敬以信，故其民尽力也；入其邑，墉屋完固（《韩诗外传》作“甚尊”），树木甚茂，此其忠信以宽，故其民不偷也；至其庭，庭甚清闲，诸下用命，此其明察以断，故其政不扰也。以此观之，虽三称其善，庸尽其美乎？”

孔子观蒲政，可和延陵季子观晋政成一对比。子路治蒲三年有此政绩，则其长于政事，诚不我诬。至于《说苑》和《家语》又载子路在蒲修沟洫，以私自秩粟为浆饭以劳民。孔子使子贡阻止；《韩非子》则以为起长沟乃鲁国务，而非卫之蒲事，时子路为郈令而非蒲大夫。照情理论，以《韩非子》为可据，因子路若为蒲大夫而为蒲筑沟，子路劳民乃其私分，无加阻止的必要；惟其如《韩非子》所传子路以郈令来劳国民，始有市惠夺民之嫌，孔子阻止他也应当。读者试一比较其原文：

《家语》记着说：

子路为蒲宰，为水备，与其民修沟洫，以民之劳烦苦也，乃与之一箪食，一壶浆。孔子闻之，使子贡止之。子路忿然不悦，往见孔子曰："由也以暴雨将至，恐有水灾，故与民修沟洫以备之；而民多匮于食，是以箪食壶浆而与之。夫子使赐止之，何也？是夫子止由之行仁也；夫子以仁教人，而禁其行仁也，由也不受。"孔子曰："女以民为饿也，何不白于君，发仓廪以赈之？而以尔私馈之，是女明君之无惠，而见己之德也。(《说苑》作"是女不明君之惠，而是女之德义也"。) 速已则可，否则女之受罪不久矣。"子路心服而退。

《韩非子》说：

季孙相鲁，子路为郈令，鲁以五月起众为长沟；子路以其私秩粟为浆饭，要作沟者于五父之衢而餐之。孔子闻之，使子贡往覆其饭，擎其器曰："鲁民有君，子奚为乃餐之？"子路拂然怒，攘弦而入请曰："夫子疾由之行仁义乎？仁义者，与天下共其有而同其利者也。今以由之秩粟而餐民，不可，何也？"孔子曰："由之野也！如是之不知礼也。汝之餐，为爱之也。夫礼，天子爱天下，诸侯爱境内，大夫爱官职，士爱其家，过其所爱曰侵；今鲁有民而子擅爱之，是子侵也。"言未卒而季孙使者至，让曰："肥也起民而使之，先生使弟子令走役而餐之，将夺肥之民邪？"孔子驾而去鲁。

按这两文，时间、空间和主人，都不相同；《韩非子》说使使责孔子者为肥，肥为季康子名，则此为孔子自卫反鲁的后事。孔子受责，"驾而去鲁"，那又是《韩非子》故为之说，未闻孔子晚年曾有出父母国之行；所以《韩非子》说，也不可尽信。

从上 1、2、3 等段看，足见子路政治才！虽然子路有这样做官的能干，在孔子心目中，似还不以他为政治舞台上第一流人物。例如，季子然问："仲由，冉求，可谓大臣与？"子曰："吾以子为异之问，曾由与求之问！所谓大臣者，以道事君，不可则止；今由与求也，可谓具臣矣。"曰："然则从之者与？"子曰："弑父与君，亦不从也。"（《先进》）

孔子但承认子路为具臣而非大臣，是表明他纵有政治才，可惜不通机变，不知可其可，不可其不可。人生要在"可以仕则仕，可以止则止，可以久则久，可以速则速"，"可以屈则屈，可以伸则伸；屈所以有待，伸所以及时"。这特别是子路这种刚直人的缺点，观其后死孔悝之难可知。

（寅）子路的性质

子路性质，可用二字说明，一野，一刚。

1. 野

《论语》一则说："由也喭。"（《先进》）再则说："野哉由也。"（《子路》）可见他的性质原极粗俗。《史记》说：

子路性鄙，好勇力，志抗直；冠雄鸡，佩猳豚，陵暴孔子；孔子设礼称诱子路，子路后儒服委质，因门人请为子弟。

子路那种装束，显出他那野人神情；野人野性不驯，惟知好勇斗狠。所以《说苑》说：

子路持剑，孔子曰："由安用此乎？"子路曰："善吾者，固以善之；不善吾者，固以自卫也。"孔子曰："古之君子，忠以为质，仁以为卫，不出环堵之室，而闻千里之外；有不善则以忠化之，侵暴则以仁固之。何待剑乎？"子路曰："由乃今闻此言，请摄斋以受教矣。"

子路随其野性生活，无论装束、态度，无一不是鄙野；虽然他鄙野得可笑，可是赋性抗直，不像一班文明人装模做样，所以子路是个质胜文的人。子贡所谓：

> “不畏强御，不侮矜（同“鳏”）寡，其言循性，材任治戎，是仲由之行也。孔子和之以文。强乎武哉！文不胜其质。”（《弟子行》）

质胜文的子路，说话不免唐突，做事不假思索；对于师长，尚不免陵暴，对于同学，更是这样。所以，

> 或问乎曾西曰：“吾子与子路孰贤？”曾西蹙然曰：“吾先子之所畏也！”（《孟子·公孙丑上》）

曾子畏服子路，是他的学问么？或是他的德性呢？恐怕也有几分是他那种率直而不讲情面的态度吧？像他这种人，资质虽美，可是到底欠点学问的涵养，孔子就是要补满他这美中不足之处，“和之以文”。所以，

> 子路初见孔子，孔子曰：“汝何好乐？”对曰：“好长剑。”子曰：“吾非此之问也。谓以子之所能而加之以学问，岂可及乎？”子路曰：“学亦有益乎？……南山有竹，弗揉自直；斩而用之，达于犀革。以此言之，又何学为乎？”子曰：“括而羽之，镞而砥砺之，其入之不亦深乎？”（并见《家语》、《说苑》）

子路似也以为“君子质而已矣，何以文为？”他故对于学问的价值，不甚注意；后来从事孔子虽然多年，还是本性难移。以致对孔子说：

> “有民人焉，有社稷焉，何必读书，然后为学？”（《先进》）

他那任性而行，素来不重学问的神情，溢于言表；虽然学问不以读书为限，读书确也为讲求学问的要法，不容否认。

2. 刚

《论语》说“由也果”，那就显明子路是个刚性的人；刚性的人才有勇敢，才有决断，这是就刚性的好底方面说；至于坏的方面，刚性的人好战斗，喜争强，子路就常有这种行为。

①**好斗**　好斗似为子路天性，甚至显于琴瑟上。所以，

> 子曰：“由之瑟奚为于丘之门?”门人不敬子路。子曰：“由也升堂矣，未入于室也。”（《先进》）

子路已登孔子堂，非宫墙外望者，可是孔子听他瑟声，而知他的刚性依然未改，不足语于中和，孔子故以其无质难化为怪；他这么怪而追问，特为警教子路，使其善自痛改。子路当日鼓瑟，究作何音?《说苑》上说：

> 子路鼓瑟（《家语》作“琴”），有北鄙之声。孔子闻之，谓冉有曰：“甚矣，由之不才也！夫先王之制音也，奏中声以为节，流入于南，不皈于北；夫南者生育之乡，北者杀伐之域。故君子执中以为本，务生以为基；故其音温柔而居中，以养生育之气。……昔者舜……造《南风》之诗，……其兴也勃焉；……纣好北鄙之声，其亡也忽焉。……夫舜以匹夫，积正合仁，履中行善，而卒以兴；纣为天子，好为荒淫，刚厉暴贼，而卒以灭。非各所修之致乎？今由也，匹夫之徒，布衣之醜也，曾无意于先王之制，而又习乎亡国之声，岂能保其六七尺之躯哉?”

②**恃强**　子路性刚好斗，好斗是为逞强；斗不可，强也不可。所以，

子路问强？子曰："南方之强与？北方之强与？抑而（同"汝"）强与？宽柔以教，不报无道，南方之强也，君子居之。衽金革，死而不厌，北方之强也，而强者居之。故君子和而不流，强哉矫；中立而不倚，强哉矫；国有道，不变塞焉，强哉矫；国无道，至死不变，强哉矫。"（《中庸》卷一第十一章）

子路生性是个北方的强者，他问强于孔子，总以为强是以马革裹尸那一类的事；孔子就其所问，阐明中和为强之道，欲使其从强进于中和之道，正和上文所举，欲其去北鄙杀伐之声一样。

（卯）子路的善德

子路为人勇，勇虽为人生三达德之一，子路的勇却非他的善德；子路为人刚，刚虽为孔子所欲见，子路的刚却非他的善德。他的善德，有以下三大端。

1. 孝

据《家语》（并见《说苑》）说：

子路见于孔子曰："负重涉远，不择地而休；家贫亲老，不择禄而仕。昔者由也，事二亲之时，常食藜藿之实，为亲负米百里之外；亲没之后，南游于楚，从车百乘，精粟万钟，累絪而坐，列鼎而食，虽欲食藜藿，为亲负米，不可复得也。枯鱼御索，几何不蠹？二亲之寿，忽如过隙。草木欲长，霜露不使；贤者欲养，二亲不待。故曰家贫亲老，不得愿而仕也。"孔子曰："由也事亲，可谓生事尽力，死事尽思者也。"

《檀弓》也说：

子路曰："伤哉贫也！生无以为养，死无以为礼也。"孔子曰："啜菽饮水尽其欢，斯之谓孝；敛手足形，还葬而无椁，称其财，斯之谓礼。"

足见孝不在乎家赀丰富，孝惟在为人子的能尽其心；子路因家贫，而对于事亲总觉歉然，不单亲存为然，亲没倍致感伤，这点居心就是他的孝。

2. 信

子路为人，最重然诺。所以《论语》说：

"子路无宿诺。"（《颜渊》）

子路言出必践，深得信誉于时，孔门中固皆这么承认，甚至外邦蛮夷也极重视其言。据《左传》说：

小邾射以句绎来奔，曰："使季路要我，吾无盟矣。"使子路，子路辞。季康子使冉有谓之曰："千乘之国，不信其盟，而信子之言，子何辱焉？"对曰："鲁有事于小邾，不敢问故，死其城下可也；彼不臣而济其言，是义之也，由弗能。"（哀公十四年）

千乘之国不信其盟，而信子路之言，子路说他的生命可以为国牺牲，他的话语却不能随便为人利用，足见他重视信誉甚于生命，他那么得时人信服也当然。

3. 义

子路与人交往，既重信，又重义。他说：

"愿车马，衣轻裘，与朋友共，敝之而无憾。"（《公冶长》）

他看朋友以义为尚，财物有何价值？所以车马、衣裘，皆可公诸朋友；普通锱铢必较之徒，对子路这种人，当愧死。

(辰) 子路的修养

子路修养之道，在无欲，在寡过。

1. 无欲

怎见得子路无欲?

> 子曰："衣敝缊袍，与衣狐貉者立，而不耻者，其由也与!""不忮不求，何用不臧。"子路终身诵之。子曰："是道也何，足以臧?"(《子罕》)

贫富相形见绌，人情未免难堪；子路处此而能不动于心，是表明他已超然世外，入于无欲的境地了。他惟无欲，乃不妬人之有而生愠，也不因己之无而生求，孔子故引《卫风·雄雌之诗》以美子路；因为人生从此进步，将无往而不善。惟子路虽无欲而不以外物累心，可是他还有自恃自矜之念，这也足为进道修德之害；孔子故看他以"不忮不求"为止境，特又加以警教。

2. 寡过

子路是个最重实行的人，有为他作见证的说：

> "子路有闻，未之能行，惟恐有闻。"(《公冶长》)

子路勇于行善之心，跃然纸上！像他这种人，不怕不行，唯恐行之太过。所以，

> 子路问："闻斯行诸?"子曰："有父兄在，如之何其闻斯行之?"(《先进》)

孔子为甚么说有父兄在，不必闻斯行呢？难道孔子不欲子路行么？孔子说是因为"由也兼人，故退之"。子路有兼人之勇，闻而行也必，不过急不暇择，难免无过，孔子故欲他禀命父兄，参酌情理而行。在事实上，子路为人鲁莽草率，过错时有，好在他又知过必改；《家语》记他于冉有告诉他以孔子批评他乐音的

话，“自悔不食七日，而骨立焉”。孔子说：

“由知改过矣。”（《辨乐》）

孟子也说：

“子路，人告之以有过，则喜。”（《孟子·公孙丑上》）

可见子路不单急于行善，而且勇于改过；他不以人指摘其过错为可恼可恶，反倒欢喜，这非普通一般人所可语此。周敦颐说：

“仲由喜闻过，令名无穷焉。”（《周子通书》）

（巳）子路的殉难

《论语》有言：

子路行行如也。……子曰：“若由也，不得其死然！”（《先进》）

不幸的很，子路果真不得其死！孔子虽曾屡次晓以大义，下以警告，想其不至于此，他的教育终未成功；当他要去死难时际，虽经同学同僚劝其不必，他仍万牛莫挽，向死地走。《左传》记其事说：

卫孔圉取大子蒯聩之姊（即伯姬），生悝。大子……适伯姬氏，……迫孔悝于厕，强盟之，遂劫以登台。栾宁……闻乱，使告季子（子路）；召获驾乘车，……奉卫侯辄来奔。季子将入，遇子羔将出。曰：“门已闭矣。”季子曰：“吾姑至焉。”子羔曰：“弗及，不践其难。”季子曰：“食焉，不避其难。”子羔遂出，子路入。及门，公孙敢门焉。曰：“无入为也。”季子曰：“是公孙也。求利焉而逃其难，由不然，利其禄必救其患。”有使者出，乃入。曰：“大子焉用孔悝？虽杀之，必或继之。”且曰：“大子无勇，若燔台半，必舍孔叔。”大子闻之惧，下石乞、孟黡敌子路；以戈击之，断缨。子路曰：“君子死，冠不免。”结缨而死。孔子闻卫乱，曰：“柴也其来，由也死矣！”（哀公十五年）

子路死讯后来传到鲁国，

孔子哭子路于中庭，有人吊者，而夫子拜之，既哭，进使者而问故。使者曰：“醢之矣！”遂命覆醢。（《檀弓》）

孔子对于子路的死，视同颜回一样大的损失！所以，

颜回死，子曰：“噫！天丧予！”子路死，子曰：“噫！天祝予！”（《公羊传·哀公十四年》）

（七）子夏

子夏姓卜名商，少孔子四十四岁，卫人；郑玄谓为温国卜商，温旧属卫。墓在山东曹州西三十里的十堌都。

（子）子夏的学问观

子夏在孔门中，以文学著称；太史公以“子夏之徒不能赞一辞”，形容孔子作《春秋》底文笔的谨严，足见子夏为孔门中的“文学”科底代表人物。虽然，子夏岂专以文学为学问呢？

1. 学的重心

子夏不单不专以文学为学问，而且以真学问并不在乎文辞的记诵，是在乎敦伦常，务实行。所以他说：

“贤贤易色，事父母能竭其力，事君能致其身，与朋友交言而有信，虽曰未学，吾必谓之学矣。”（《学而》）

这原是儒家一贯的学问观，三代设学，皆所以明人伦。人伦不外个人伦理，家庭伦理，与社会伦理三者；贤贤易色即个人伦

理的极致，尽力事亲乃家庭伦理的要务，事君、交友为社会伦理的大端。三者之道，待学而明，人果能行此道，还说他不是一个学者么？即使未曾读书，他的道德即已从事学问之证。原来读圣贤书，所学何事？学即学此完善人格；否则但能记诵文辞，而人格卑污，何足以言学问呢？故学以人格修养为重。

学的重心虽是伦理的实践，可是智识技能也为本来儒家所不忽视，一面求致其知，一面求致其用；不过他们对于智能的讲究，仍不离人格说话。子夏所谓：

> “好学而笃志，切问而近思，仁亦在其中矣。”（《子张》）

照子夏这种话说，学问与人格是一件事，并不是两件事；一切学问，都要建立在人格上，真正的学问就是真正的人格。

2. 学的进步

学问怎样得进步呢？那非一蹴可几，必须好学。何谓好学？子夏说：

> “日知其所亡，月无忘其所能，可谓好学也已矣。”（《子张》）

好学的人，是必累进有恒，于其每日所不知的事理上，及每月所已得的学问上努力，不躐等，不浮夸，一步一步的前进。所谓“日知其所亡，知新也。义理在心，随处发现，引伸触类，有日知其所未知者，便是扩充之功；盖知其亡，则不安于亡，而求进于有也。月无忘其所能，温故也。义理在心，体验有得，保而守之，无复放逸，便是存养之功。盖无忘其所能，则不自恃其能，而思固其能也”（《明辨录》）。人能这样好学，日月各呈其功，新故交致其力，“虽愚必明，虽柔必强”。

3. 学的作用

子夏看学有甚么用呢？他说：

“百工居肆以成其事，君子学以致其道。”（《子张》）

学的最大作用，非惟技艺，是在使人致于君子之道；像百工之居肆，使人成为某种匠人一样。按学以致道，例以“居肆”句，则此“学”字当指学校言，省一“居”字；百工学艺，各于其肆专习而成，学道者也必于学的环境中以致。陆象山说：“‘致’字有二义：道之广大，有不能自致者，用勇往精到之学以致之；道之精微，有不可强致者，用涵泳从容之学以致之。”

学以致道，为何要在学校呢？据《管子》说：

四民勿使杂处，杂处则其言庞，其事易，是故圣主处工就官府。

原来百工必使居肆而心始专，不致见异思迁；学者也要有适宜的地位，方使其志不为外物所夺。《韩非子》记子夏说：

“吾入见先王之义则荣之，出见富贵之乐又荣之，两者战于胸中，未知胜负，……是以志之难也！”（《喻老》）

“入”是指其在学校与师友共处言，“出”是指其在普通社会言，两样的环境引起两样的心思，灵性上发生激烈的斗争，环境影响精神如此，所以子夏主张求学要有相当环境。

4. 学的专长

子夏长于文学，大家都是这么说。他在文学上究竟怎样擅长呢？汉儒所传六经，大都推源子夏，我们所可得而言者，有以下这些记载。

① **《诗》**　子夏常喜读《诗》，并有能《诗》之名。《论语》有一段记着说：

子夏问曰：“巧笑倩兮，美目盼兮，素以为绚兮。何谓也？”子曰：“绘事后素。”曰：“礼后乎？”子曰：“起予者商

也；始可与言《诗》已矣。”（《八佾》）

子夏所问的诗，不见于今《诗经》本，那是未经删订者。他由问诗之义，得悟礼（代表文物制度）后于本然的道德；孔子因他不以辞害意，而能触类引伸，赞其可与言诗。《韩诗外传》也有一段：

子夏读诗已毕。孔子问曰："尔亦何大于诗也？"子夏对曰："诗之于事也，昭乎若日月，燎乎如星辰；上有尧舜之道，下有三王之义；虽居蓬户之中，弹琴以咏先王之风，亦可发愤忘食矣。"夫子曰："商也，始可与言诗已矣！然吾见其表，未见其里也。"

子夏可与言诗，是在乎他懂得诗的义理，并不在乎他懂得诗的音韵格律；徒然懂得音韵格律者，是后世的诗学家，却非子夏之学。《礼记》有一段记子夏从孔子怎样学诗，说：

孔子闲居，子夏侍。子夏曰："敢问诗云：'岂弟（恺悌）君子，民之父母。'何如斯可谓'民之父母'矣？"孔子曰："必达于礼乐之原，以致五至，而行三无；四方有败，必先知之，此之谓'民之父母'矣。"子夏曰："何谓五至？"孔子曰："志之所至，诗亦至焉；诗之所至，礼亦至焉；礼之所至，乐亦至焉；乐之所至，哀亦至焉。哀乐相生。是故正明目而视之，不可得而见也；倾耳而听之，不可得而闻也；志气塞乎天地，此之谓五至。"子夏曰："何谓三无？"孔子曰："无声之乐，无体之礼，无服之丧，此之谓三无。"子夏曰："敢问何诗近之？"孔子曰："'夙夜基命宥密'（《周颂·昊天有成篇》），无声之乐也；'威仪棣棣，不可选也'（《邶风·柏州篇》），无体之礼也；'凡民有丧，匍匐救之'（《卫风·谷风篇》），无服之丧也。"子夏曰："言则大矣！美矣盛矣！言尽于此而已乎？”孔子曰：“犹有五起焉。”子夏曰：“何如？”孔子曰：“无声之乐，气志不违；无体之礼，威仪迟迟；无服之丧，内恕孔悲。无声之乐，气志既得；无体之礼，威仪翼翼；无服之丧，施及四国。无声之乐，气志既从；无体之礼，上下和同；无服之丧，以富万邦。无声之乐，日闻四方；无体之礼，日就月将；无服之丧，纯德孔明。无声之乐，气志既起；无体之礼，施及四海；无服之丧，施及孙子。”——子夏曰：“三王之德，参于天地，敢问何如斯可谓参天地矣？”孔子曰：“奉三无私，以劳天下。”子夏曰：“敢问何谓三无私？”孔子曰：“天无私覆，地无私载，日月无私照。奉斯三者，以劳天下，此之谓三无私。——此三王之德之所以参天地也。”子夏蹶然而起，负墙而立，曰：“弟子敢不承乎？”

又《韩诗外传》说：

子夏问曰：“《关雎》何以为国风始也？”孔子曰：“大哉！《关雎》之道也！生民之属，王道之原，不外此也。”（《家语》作：“《关雎》兴于鸟？……取其雌雄之有别；《鹿鸣》兴于欢兽，取其得食而相呼。”）子夏喟然叹曰：“乃天地之基也。”

由上诸端可见，子夏平素在诗上很用功，《史记》曾说子夏习于诗，能通其义；据传今《毛诗》本，即叙子夏的遗说者。

②**《易》**　子夏除传《诗》外，又有《易传》。《说苑》有一段，记子夏听孔子讲《易》说：

孔子读《易》，至于损益（二卦名），则喟然而叹。子夏避席而问曰：“夫子何为叹？”孔子曰：“夫自损者益，自益者损，吾是以叹也。”子夏曰：“然则学者不可以益乎？”孔子曰："否。天之道，成者未尝得久也。夫学者以虚受之，故日得；苟不知持满，则天下之善言，不得久其耳矣。昔尧寝〔履〕天子之位，犹允恭以持之，虚静以待下，故百载以逾盛，迄今而益章；昆吾自臧而满意，穷高而不衰，故当时而亏败，迄今而逾恶。是非损益之征与？……（《淮南子》是举孙叔敖与晋厉公故事为损益证。）'日中则昃，月盈则食，天地盈虚，与时消息。'（《易·丰·象传》）是以圣人不敢当盛。……"子夏曰："善！请终身诵之。"（《敬慎》）

③**礼**　子夏又是一个极讲礼仪的人。子贡曾说：

"送迎必敬，上交下接，若截焉，是卜商之行也。"（《弟子行》）

可见子夏对于礼仪研究有素，实行维谨。《礼记》中所载他的话不少，有人疑《礼记》即子夏这一门人所记述？这虽然是一种臆测，不足为凭，可是他自己重视礼仪，并也以此训徒，却是事实。子游故曾指摘他的教育说：

"子夏之门人小子，当洒扫，应对，进退，则可矣，抑末也。"（《子张》）

后来荀子也批评他说：

"正其衣冠，齐其颜色，嗛然而终日不言，是子夏氏之贱儒也。"（《非十二子篇》）

④**史**　文学家子夏，对于史也很精通。据《家语》："卜商尝返卫，见读史志者曰：'晋师伐秦，三豕渡河。'子夏曰：'非也。己亥'耳。'读史志者问诸晋史，果然。于是卫以子夏为圣。"这是子夏通史之证。

相传《穀梁传》，即穀梁子淑受经于子夏而传；又《公羊传》，其经也说是公羊高得自子夏。

（丑）子夏的教育观

在教育上，子夏于孔门中占有特别地位，汉儒所传诸经以子夏为师，良非无因；因自孔子死后，子夏退居西河，教授门人甚多，当时颇有声名于中原的魏文侯，也曾师事他，他的声誉鹊起，似乎非其他孔门弟子所及；不单同学，甚至孔子当日的教育地位，较他犹有逊色。所以曾子曾责备他说：

> “商！女何无罪也？吾与女事夫子于洙泗之间，退而老于西河之上，使西河之民疑女于夫子，尔罪一也。”（《檀弓》）

他在西河得民尊敬，人几疑孔子不如子夏，曾子以这为子夏第一大罪状，他当日在学术界的权威，及流派势力的雄厚，可以概见。为此，我们不可不知子夏的教育观。

1. 教育的目的

子夏认定“君子学以致其道”，致道即致于为君子之道；所以他的教育目的，仍不外乎他老师孔子的教育目的说，为使人有一完善的人格。从前孔子教子夏说：

> “女为君子儒，无为小人儒。”（《雍也》）

君子固为孔子的理想人格示范，他的教育，即为造就人如此；然而他特别要子夏做君子儒，而莫做小人儒，子夏或原有小人儒的器量，始以是儆醒他。

2. 教育的次序

子夏施行教育，颇能按步就班，循序渐进；对初学者，但语其粗浅的小学知识，俟其有成，始教以远大的学问。对于他这种教育次序，同学间颇有误会：

子游曰："子夏之门人小子，当洒扫，应对，进退，则可矣，抑末也。本之则无，如之何？"子夏闻之曰："噫！言游过矣！君子之道，孰先传焉，孰后倦焉？譬诸草木，区以别矣。君子之道，焉可诬也？有始有卒者，其惟圣人乎？"（《子张》）

子游讥子夏门人单习使令而洒扫，习言语而应对，习仪式而进退，皆属曲礼；他们但长于这些事，是已舍本而务末。子夏却不接受子游这批评，他为自己的教育辩护，因为人类资质不一，造诣当然不齐，教师虽无先传后倦的意思，事实上却不得不有次序。如果不论受教者程度如何，概灌注以高深学问，他们怎能理解？所以为初学者计，自然只可语其表面文章。

（寅）子夏的君子观

子夏教育以造就人做君子为目标，在他心目中的君子是怎样的人呢？这有两种看法：

1. 在学问上说

君子之所以为君子，有赖于学问，在学问上，君子怎样着手呢？子夏说：

"虽小道必有可观者焉，致远恐泥，是以君子不为也。"（《子张》）

君子不务小道，不计近功，惟从远处着想，从大道迈进。所以，

樊迟请学稼，子曰："吾不如老农。"请学为圃，子曰："吾不如老圃。"樊迟出，子曰："小人哉！樊须也。"（《子路》）

小人即君子的反面，樊迟之被称为小人，即以他所求学者小之故。

2. 在仪态上说

君子有君子的威仪，小人有小人的醜态。小人的醜态怎样？子夏说：

> “小人之过也必文。”（《子张》）

文过饰非，是小人的特点；凡人有过，涉于文饰，那就显出虚而不实，伪而不真，一切都是假充，使人觉得他靠不住。惟君子则不然，一切皆是出于真诚，所以著为仪表者，也就善美。如子夏说：

> “君子有三变，望之俨然，即之也温，听其言也厉。”（《子张》）

君子不论辞色，或庄或和，或温或厉，皆极中正；令人可敬可畏，可亲可近。

（卯）子夏的生活观

子夏的私人生活，如自修，或求学，我们从上文已可窥见其大概；这里，我们再将他的家庭，社会，及其政治生活一述。

1. 家庭生活

子夏在家庭中的生活，据曾子批评起来，不能说好。他说子夏于人前不尊师为一大罪外，又说：

> “丧尔亲，使民未有闻焉，尔罪二也；丧尔子，丧尔明，尔罪三也。”

曾子是个以全受全皈为孝道的人，子夏痛子而瞽，是毁伤了父母遗体，他当然以其罪无可逃；不过从另一面，看出子夏怎样深情，仍不失为慈父。

2. 社会生活

子夏认为社会人群，皆可化成我的弟兄，像他对司马牛说：

“君子敬而无失，与人恭而有礼，四海之内，皆兄弟也。君子何患乎无兄弟也？”（《颜渊》）

君子修其在我，自然亲近有人；可是这单只说有道德者有和任何人讲交情的可能，子夏与人相处，并非随便滥交，那样，要甚么人才可和他论交呢？

①**子夏和甚么人论交**　子夏对于社会人士的相与，据他门徒所述：

“可者与之，不可者拒之。”（《子张》）

他为甚么要拒绝人呢？因为他看为不可论交的人，免得受他的影响；可以论交的，方与订交，则可从他得些帮助。他说：

“谨身事一言，愈于终身之诵；而事一士，愈于治万民之功，夫人不可以不知也。”（《韩诗外传》）

他看朋友有那么大的关系，所以择交非常谨严；由他慎交的缘故，他的朋友多非等闲之辈。孔子故说：

“丘死之后，商也日益。……商也好与贤己者处。”（《说苑》卷十七）

②**子夏是怎么样论交**　子夏的朋友都很高明，他怎样和他们相交呢？子夏说：

“与朋友交，言而有信。”（《学而》）

“信”，就是朋友相交接的要道，以信相交交乃久；否则，没有诚意的周旋，那是普通的应酬，非和朋友真实相处之理。他故曾说：

“与人以实，虽疏必密；与人以虚，虽密必疏。夫实之与实，如胶如漆；虚之与虚，如薄冰之见昼。君子可不留意

哉？”（《韩诗外传》）

这几句话，可说是朋友相与的千古名言。

3. 政治生活

据《阙里志》说：

> 子夏家贫，衣若悬鹑。或曰：“子何不仕？”曰：“诸侯之骄我者，吾不为臣；大夫之骄我者，吾不复见也。”

孔子门徒大都注意出处，子夏也不例外，富贵虽为人之所欲，得之不以其道，宁可敝衣缺食以延生保命；他们故对于克制私欲，便不为富贵名利所动，似皆曾用过一番功。是故在位掌权者有何骄态，子夏认为足以侮辱我的人格；为保持自己人格计，断无俯就请事之礼。子夏重视人格的价值如此！虽然，子夏并非不仕，据《论语》，他曾做过一次莒父宰，在政治生活上也有相当经验。他的政治生活怎样？

①**政治与道德** 子夏看人从政要，有甚么道德呢？他说：

> “君子信而后劳其民，未信则以为谤己也；信而后谏，未信则以为谤己也。”（《子张》）

子夏认定从政的道德，第一是信；不论事上使下，非信不可。信而使民，民则乐从而不怨；信而事君，君谅其忠诚而肯听；是故凡从政者，必以取得君民的信心为急务。

②**政治与学问** 人要有甚么资格才可以从政？子夏说：

> “仕而优则学，学而优则仕。”（《子张》）

学已优裕方足以从政，正合子产所说：

> “侨闻学而后入政，未闻以政学者也。若果行此，必有所害。譬如田猎，射御贯则能获禽，若犹未尝登车射御，则

败绩厌覆是惧，何暇思获?”（《左传·襄公三十一年》）

这样看来，政治非同儿戏，子夏所以说必学优而后使之临民及物；他的意思，不单未做官前要储备丰富的学识，既做官后仍要不忘求学，庶无败事。

③**政治与措施** 政治的好坏，又不单关于执政者的道德、学问，并也关于执政者的措施是否适宜；在政治舞台上，尽管有些好好先生，政绩未必那样可观，所以措施得当是一个重要问题。因此，

子夏为莒父宰，问政。子曰：“无欲速，无见小利。欲速则不达，见小利则大事不成。”（《子路》）

子夏道德文章，人所皆知，惟嫌器量太窄，于政治上不免规模狭隘，图急功，好小利，孔子故训戒之如此。

（八）子游

言偃字子游，吴人，墓在江苏常熟，较孔子少四十五岁。

（子）子游的学问

《史记》孔子以子游习学于文，子游故和子夏在文学上齐名。子游除擅长文学外，又习于礼。据《礼记》，对于弔丧，曾子、子夏皆不及子游之得体，他似较任何同学熟习仪文末节，连那后来经他们以师礼相待的有子，也不及子游懂得礼制的文明。《檀弓下》载：

有子与子游立，见孺子慕者。有子谓子游曰：“予壹不知夫丧之踊也，予欲去之久矣。情在于斯，其是也夫。”子游曰：“礼有微情者，有以故兴物者，有直情而径行者，戎狄之道也；礼道则不然。人喜则斯陶，陶斯咏，咏斯犹，犹

斯舞，舞斯蹈矣；人悲则斯愠，愠斯戚，戚斯叹，叹斯群，群斯踊矣；品节斯，斯谓之礼。人死，斯恶之矣；无能也，斯倍之矣。是故制绞衾，设蒌翣，为使人勿恶也。始死，脯醢之奠，将行遣而行之，既葬而食之，未有见其飨之者也；自上世以来，未之有舍也，为使人勿倍也。故子之所刺于礼者，亦非礼之訾也。”

本来有子、子夏等皆重礼，子游和他们的分别，他盖为一礼的形式主义者；《礼记》和《家语》关于他的学问方面，都是这一些事的讲究。《论语》也记他说：

“丧致乎哀而止。”（《子张》）

止是止哀，非止礼文；所以《孔注》这一章，丧毋毁生灭性，《邢疏》谓人有父母之丧，当致极哀戚，不得过毁以至灭性，灭性则非孝。

（丑）子游的特行

子贡说：

“先成其虑，及事而用之，故动而不妄，是言偃之行也。”（《家语·弟子行》）

又孔子说：

“欲能则学，欲知则问，欲善则祥，欲给则豫，当是而行，言偃得之矣”。（《家语·弟子行》）

（寅）子游的政绩

子游曾为南武城宰，用其所学以为之政，于是武城大治，众人熙熙，有如登春台景象，随时可以听到欢声乐音。所以，

子之武城，闻弦歌之声。夫子莞尔而笑曰：“割鸡焉用

牛刀。”子游对曰：“昔者，偃也闻诸夫子曰：‘君子学道则爱人，小人学道则易使也。’”子曰：“二三子！偃之言是也。前言戏之耳。”（《阳货》）

孔子对于他那种政绩的满意，致令他忘了师的尊严，而喜得不由和门弟子开起玩笑来！既在武城看到那种政绩，想到那固有赖于子游的端仪示范，在政治上也少不了帮手。孔子故问子游说：

“女得人焉耳乎？”曰：“有澹台灭明者，行不由径，非公事未尝至于偃之室也。”（《雍也》）

“得人者兴，失人者崩。”一国如此，一县也是如此。子游于武城，故也颇注重一班士子的人品，使其能为之佐；他虽单举出灭明一人，足可概其余，则知子游在武城能有那种政绩，也非偶然。

子游因能以礼乐为政，所治者虽小，所成者实大，使孔子学理得一实验；相传大同、小康之说，孔子即为子游而发。

（卯）子游的孔子观

子游佩服他的老师，自不待言，相传他曾介绍其友卫将军子兰为孔子弟子，大概在武城任上也已介绍澹台灭明师事孔子；孔子声名洋溢于中国，固因他有相当学识及高尚人格，而得力于弟子们这么推崇者也多。《说苑》还有以下一段记子游为孔子辩护的话说：

季康子谓子游曰：“仁者爱人乎？”子游曰：“然。”“人亦爱之乎？”子游曰：“然。”康子曰：“郑子产死，郑人丈夫舍玦珮，妇人舍珠珥，夫妇巷哭三月，不闻竽琴之声。仲尼之死，吾不闻鲁国之爱夫子，奚也？”子游曰：“譬子产之与夫子，其犹浸水之与天雨乎？浸水所及则生，不及则死；斯民之生也，必以时雨，既以生莫爱其赐。故曰譬子产之与夫

子也，犹浸水之与天雨乎？”（卷五《贤德》）

（九）子张

子张为颛孙师字，郑玄说他是阳城人；按阳城属陈，《史记》故记他为陈人。少孔子四十八岁。

（子）子张的大度

子张在孔门中，气象独称阔大，度量特显宽宏。孔子所谓：

> “师也辟。”（《先进》）

“辟”即开广务远之意。因他认定：

> “执德不弘，信道不笃，焉能为有，焉能为无？”（《子张》）

世界不足轻重的人，即那有所得而守之太狭，有所闻而信之不坚的人；那种人以之为学，则不足以成圣贤之材；以之用世，则不足以任天下之任。他故以弘量笃志为其修养要功，对于人之偏隘迫狭，非常的瞧不起。所以，

> 子夏之门人问交于子张，子张曰：“子夏云何？”对曰：“子夏曰：‘可者与之，其不可者拒之。’”子张曰：“异乎吾所闻。君子尊贤而容众，嘉善而矜不能。我之大贤与，于人何所不容？我之不贤与，人将拒我，如之何其拒人也？”（《子张》）

“何所不容”一句，最能形容子张器量的弘伟；较之子夏与其可、拒不可的话，大相径庭。在《韩诗外传》里，有一段记子张和子夏这种相反的性格说：

> 孔子过康子，子张、子夏从孔子入座；二子相与论，终

日不决。子夏辞气甚隘，颜色甚变。子张曰："子亦闻夫子之议论耶？徐言訚訚，威仪翼翼；后言先默，得之推让。巍巍乎！荡荡乎！道有归矣，小人之议论也，专意自是，嗔目搤腕，疾言喷喷，口沸目赤；一幸得胜，疾笑嗌嗌，威仪固陋，辞气鄙俗，是以君子贱之也。"

（丑）子张的学问

孔门论学，有内圣外王的分别；子张学问，似偏于外王，内圣工夫较疏，所以每逢子张问及外王工夫，孔子施教总皈于内圣之道，以救其弊。例如：

子张学干禄，子曰："多闻阙疑，慎言其余，则寡尤；多见阙殆，慎行其余，则寡悔；言寡尤，行寡悔，禄在其中矣。"（《为政》）

干禄是求得有做官的地位和俸养，纯属外生活问题，孔子却将其转入切己的内生活的完成，意即使子张不必好高骛远，惟于自我求得解决。在《家语》也有一段类似的记载：

子张问入官于孔子，子曰："安身取誉为难。"子张曰："为之如何？"子曰："己有善勿专，教不能勿怠，已过勿发，失言勿掎，不善勿遂，行事勿留；君子入官，有此六者，则身安誉至而政从矣。且夫忿数者，狱之所由生也；距谏者，虑之所以塞也；慢易者，礼之所以失也；怠惰者，时之所以后也；奢侈者，财之所以不足也；专独者，事之所以不成也；君子入官，除此六者，则身安誉至而政从矣。……"（《入官》）

所谓"安身取誉"，是先内圣而后外王；不安身者不能取誉，不能取誉则政不从。换句话说，惟内圣方足语于外王之功，否则没有入官的资格，未有不能正己而能正人者。

在子张方面，因其性情豪迈，或以为只要取得政治地位，推行圣道易易，他故急急于求学干禄，学入官；孔子晓得他这种人，易犯空疏不落实际之病，凡有所问，必使反之于身。《礼记》也说：

> 子张问政，子曰："君子明于礼乐，举而措之而已。"子张复问，子曰："师！尔以为必铺几筵，升降酌，献酬酢，然后谓之礼乎？尔以为必行缀兆，兴羽籥，作钟鼓，然后谓之乐乎？言而履之，礼也；行而乐之，乐也。君子力此二者，以南面而立，夫是以天下太平也。"（《仲尼燕居》）

明于礼乐，是切己的学问，将这学问举而措之为政；由子张这种人听起来，思想又不免涉于空疏，以为献酬酢，作钟鼓，即已尽礼乐的能事，怎么足以为政呢？孔子故有履其言之为礼、乐其行之为乐的解释，使其思想仍归到切己的学问上去。

（寅）子张的行为

子张的行为怎么样？有三方面的看法：

1. 孔子的教训

> 子张问行，子曰："言忠信，行笃敬，虽蛮貊之邦行矣；言不忠信，行不笃敬，虽州里行乎哉？立则见其参于前也，在舆则见其倚于衡也，夫然后行。"子张书诸绅。（《卫灵公》）

2. 自己的表示

> 子张曰："士见危致命，见得思义，祭思敬，丧思哀，其可已矣。"（《子张》）

3. 子贡的称述

> "美功不伐，贵位不喜，不侮不佚，不傲无告，是颛孙

师之行也。”（《家语·弟子行》）

（卯）子张的丧亡

子张有父之丧，公明仪相焉。问稽颡于孔子，子曰：“拜而后稽颡，颓乎其顺也；稽颡而后拜，颀乎其至也。三年之丧，吾从其至者。”（《家语》）

子张既除丧而见，予之琴，和之而和，弹之而成声，作而曰：“先王制礼，不敢不至焉。”（《檀弓》）

子张病。召申祥而语之曰：“君子曰终，小人曰死，吾今日其庶几乎?”（《檀弓》）

（辰）子张的品评

子张为人开广务远，上文已曾提及；其长处是为进步独到，其弊害则为空疏而不着实。所以子游批评他说：

“吾友张也，为难能也！然而未仁。”（《子张》）

曾子也有同感：

“堂堂乎张也！难与并为仁矣。”（《子张》）

是故子张气象虽然宏伟，才识虽然高迈，为人却是不十分受人敬佩；不但同学如子游、曾子等对他这样，他的老师孔子也是一样品评。正如：

子贡问“师与商也，孰贤?”子曰：“师也过，商也不及。”曰：“然则师愈与?”子曰：“过犹不及。”（《先进》）

子夏在孔门中，规模似是最狭，和子张为人实得其反，子贡特举出他俩来对照，质问孔子何所取材；孔子却以他俩都不足取，都不适于中庸的标准。

（十）子贱

子贱为宓不齐字，鲁人；《家语》说他较孔子少三十岁，《史记》又说少四十九岁，无考。《汉书·艺文志》载《宓子》十六篇，已亡失。

（子）子贱治单的政绩

子贱曾为单父宰，政绩斐然可观，极得孔子称赞。据《说苑》说：

> 子贱为单父宰，辞于孔子。孔子曰："毋迎而距也，毋望而许也；许之则失守，距之则闭塞，譬如高山深渊，仰之不可及，度之不可测也。"子贱曰："善！敢不承命乎！"……过于阳书曰："子亦有以送仆乎?"阳书曰："吾少也贱，不知治民之术；有钓道二焉，请以送子。"子贱曰："钓道奈何?"阳书曰："夫扱纶错饵，迎而吸之者，阳桥（鱼名）也；其为鱼也，薄而不美。若存若亡，若食若不食者，鲂也；其为鱼也，薄而厚味。"宓子贱曰："善!"于是未至单父，冠盖迎之者交接于道。子贱曰："车驱之！车驱之！夫阳书之所谓'阳桥'者至矣。"于是至单父，请其耆老贤者而与之共治。"（《政理》）

又据《黄氏日钞》说：

> 单子贱为单父宰，恐鲁君听说言，使己不得行其政，于是辞行，故请君之近史二人，与之俱至官。宓子戒其邑吏，令二史书，方书辄掣其肘，书不善，则从而怒之；二史患之，辞请皈鲁。宓子曰："子之书甚不善，子勉而皈矣。"二史皈报于君曰："宓子使臣书而掣臣肘，书恶而又怒臣，邑吏皆笑之，此臣之所以去之而来也。"鲁君以问孔子，孔子

曰："宓不齐，君子也。其任治，王霸之佐；屈节治单父，将以自试也。意者，其以此为谏乎？"公悟，太息而叹曰："此寡人之不肖，寡人乱宓子之政而责其善，数矣。"遽使告宓子曰："自今以往，单父非吾有也，从子之制；有便于民者，子决为之。"宓子敬奉诏，于是单父治焉。三年，孔子使巫马期往观政焉；巫马期阴免衣，衣敝裘，入单父界，见夜鮫者得鱼辄舍之。巫马期问曰："凡鮫者为得，何以得鱼即舍之？"鮫者曰："鱼之大者名为鱄，吾大夫爱之；其小者名鱦，吾大夫欲长之，是以得之者辄舍之。"巫马期返以告，孔子曰："宓子之德，至使民闇行若有严刑于旁，敢问宓子何行而得于是？"孔子曰："吾尝与之言曰：'诚乎此者形乎彼。'彼宓子行此术于单父也。"

又据《家语》说：

孔子谓宓子贱曰："子治单父，众悦，子何施而得之也？其语丘所以为之者！"对曰："不齐父其父，子其子，恤诸孤而哀丧纪。"孔子曰："善！小民附矣。犹未足也。"曰："不齐所父事者三人，所兄事者五人，所友者十一人。"孔子曰："父事三人，可以教孝矣；兄事五人，可以教弟矣；友者十一人，可以教学矣。中节也；中民附矣，犹未足也。"曰："此地有贤于不齐者五人，不齐事之而禀度焉，皆教不齐所以治人之道。"孔子叹曰："欲其大者，乃于此在矣。昔尧舜听天下，欲求贤以自辅；夫贤者，百福之宗也，神明之主也，惜乎不齐之所治者小也！所治者大，其与尧舜继矣。"（《说苑》同）

又据《韩诗外传》说：

子贱在单父，身不下堂，鸣琴而治；既巫马期亦宰单父，以星出，以星入，日夜不处，以身亲之，而单父亦治。巫马期问于子贱，子贱曰："我任人，子任力；任人者佚，任力者劳。"人谓子贱则君子矣；巫马期劳力教诏，虽治犹未至也。（并见《吕氏春秋》）

又据《魏书》说：

子产治郑，民不能欺；子贱治单父，民不忍欺；西门豹治邺，民不敢欺。魏文帝问群臣："三不欺，于君德孰优？"太尉钟繇等对曰："君任德，则民感义而不忍欺；君任察，则民畏觉而不能欺；君任刑，则民畏罪而不敢欺。任德感义，与夫道德齐礼，有耻且格等趋者也；任察畏罪，与夫道政齐刑，免而无耻同皈者也。然则三子之不欺虽同，所以不欺异矣。辨治者，其以子贱为最贤乎？"

（丑）子贱人格的高尚

孔子从来不轻以君子许人，甚至自谦不如！却指着宓子贱说：

"君子哉若人！鲁无君子者，斯焉取斯？"（《公冶长》）

子贱之所以成为君子，是因其尊贤取友；如果没有贤友资其取法，则不能成此德。由子贱推知鲁多君子，由鲁多君子以成一子贱；是故自我人格的高下，系于其人格者至大。"不知其子视其父，不知其人视其友，不知其君视其所使，不知其地视其草木。"这是孔子对于人的一种观察法。

（十一）仲弓

仲弓姓冉名雍，鲁人，较孔子少二十九岁。

（子）仲弓的身世

《论衡·自纪篇》谓仲弓父名伯牛；《史记·列传》谓仲弓父为贱人，太史公盖本于孔子的话说：

> 子谓仲弓曰："犁牛之子骍且角，虽欲勿用，山川其舍诸？"（《雍也》）

孔子在这里用祭牲以譬仲弓父子，犁牛杂色，不适于用，因据《礼·檀弓》"夏后氏尚黑，牲用元；殷人尚白，牲用白；周人尚赤，牲用骍"，未闻犁牛可以作用者。那为仲弓父的虽像犁牛一般无用，可是从他生出了为骍角的仲弓，深合周时制度，人虽欲不用而不能舍；正如以瞽瞍为父而有舜，以鲧为父而有禹一样。

（丑）仲弓的人格

孔子既说仲弓优于其父，他的人格究是怎样善美？

> 或曰："雍也仁而不佞。"子曰："焉用佞？御人以口给，屡憎于人。不知其仁。焉用佞？"（《公冶长》）

据或人的批评，仲弓为人仁而无口才，因为"不有祝鮀之佞，而有宋朝之美，难夫免于今之世矣"。那一个时代，是一个重佞的时代，或人故以仲弓不佞为病。孔子意不然，"巧言令色，鲜矣仁"，"是故恶夫佞者"。为仁则人格完全，人格何有于口给？他故看仲弓没有口才不足为病，说他已经是一个仁人也未必；原来，那为孔门第一大贤的颜回，尚只"三月不违仁，其余则日月至焉而已矣"。虽然孔子不称许仲弓为仁，后来荀子却很崇敬他说：

> 彼大儒者，虽隐于穷阎陋屋，无立锥之地，而王公不能与之争者，其言有类，其行有礼，其举事无悔。其时〔恃?〕险应变，曲当与世迁徙，与世偃仰，千举万变，其道一也。

其穷也，俗儒笑之；其通也，英杰化之，嵬琐逃之，邪说畏之，众人愧之。通则一天下，穷则独立贵名；天不能死，地不能埋，桀跖之世不能污，仲尼、子弓是也。（“仲弓”改称“子弓”，因上“仲尼”而改，古以“子”为字的例证很多。）

（寅）仲弓的才具

仲弓刚毅木讷，虽无口才，而其德性即才。孔子故说：

“雍也可使南面。”（《雍也》）

孔子另外有话批评过冉有、季路但为具臣而非大臣，这里却说仲弓可使南面，则其人的才具是怎样高贵！孔子怎么说他有这资格呢？

仲弓曰：“居敬而行简，以临其民，不亦可乎？……”子曰：“雍之言然。”（《雍也》）

居敬行简以临其民之说，表明仲弓确有可使南面的资格。所谓居敬行简以临其民，就是孔子所说：

“无为而治者，其舜也与？夫何为哉？恭己正南面而已矣。”（《卫灵公》）

所以冉雍如果得势，安知他又不是尧舜？荀子曾说：

“圣人之得势者，舜禹是也。……圣人之不得势者，仲尼、子弓是也。”

仲弓有为人君的风度，深惜其和仲尼一样不得势而行，致无舜禹等圣主的表现！曾且折节为季氏宰！真是大材小用，屈杀贤良！虽然，他处在那种小地位，尚自时虞陨越，谨慎将事，请求孔子指教。《论语》记着：

仲弓为季氏宰，问政。子曰："先有司，赦小过，举贤才。"曰："焉知贤才而举之？"曰："举尔所知，尔所不知，人其舍诸？"（《子路》）

（卯）仲弓的特行

子贡说：

"在贫如客，使其臣如借，不迁怒，不深怨，不录旧罪，是冉雍之行也。"（《弟子行》）

（十二）伯牛

伯牛姓冉名耕，鲁人，与仲弓同族。

（子）伯牛的德行

据《从祀名贤传》说：

冉伯牛以德行称，亚于颜、闵。孔子为司寇，以为中都宰。尝从厄于陈、蔡之间，弹咏不辍。后设教于洛，乐道不仕。

又据《尸子》说：

仲尼意志〔志意〕不立，子路侍；仪服不修，公西华侍；礼不习，子游侍；辞不辨，宰我侍；亡忽古今，颜回侍；节小物，冉伯牛侍。子曰："吾以六子自厉也。"

（丑）伯牛的病患

《白虎通德论》说：

伯牛危言正行，而遭恶疾。

当他患病之际，孔子到他家去探视，从窗户里拿着他的手说：

“亡之，命矣夫！斯人也而有斯疾也！斯人也而有斯疾也！”（《雍也》）

孔子据伯牛的善德讲，吉人自有天相，似无患此之理；不应患而患，命运殊不可解，莫由救治，不胜惋惜之至！这病究属何病？《淮南子·精神训》说：

子夏失明，伯牛为厉。

“厉”，据《史记·范睢传》“漆身为厉”注：“厉，音赖，以漆涂身而生疮为病癞。”那样，伯牛所患者为大麻疯呢？至今山东仍有是病存在。

（十三）宰我

宰我名予，鲁人；今曲阜西南三里许有宰我墓。

（子）宰我的口才

《论语》以宰我和子贡同列“言语”科，《史记·列传》也说宰我利口辨辞；他之善于为说，为各书所共通的记事，不过没有子贡那么多得机会表现而已。孔子曾说：

“吾于予，取其言之近类也；于赐，取其言之切事也。近类则足以喻之，切事则足以惧之。”

这是宰我和子贡词令的分别，他本人常以辩才无碍自负，像子路以勇自负一样。曾问孔子说：

“君子尚辞乎？”孔子曰：“君子以理为尚。博而不要，非所察也；繁辞富说，非所听也。”

孔子以君子尚理答宰我尚辞之问，正同于以君子尚义答子路之问勇，殆皆针对各自本性的缺欠而施的教训。

（丑）宰我的不德

宰我除口才外，无何足称；各书且以其多失德处，甚至《史记·列传》说：

> 宰我为临菑大夫，与田常作乱，以夷其族，孔子耻之！

按：《史记》这说不实，苏子由曾作《古史》，精为之辩，以为子我乃阚止，与田常争齐政，为常所杀，因其字和宰予同，战国诸书故误以其即宰予云。按：宰我虽不至于如《史记》那么大逆不道，可是他的为人，素为孔子所不满，事很明显；《论语》关于他的记载有三，都属不满之词。

一则宰我的精神不振：

> 宰予昼寝。子曰："朽木不可雕也，粪土之墙不可杇也，于予与，何诛！"

范氏说："君子之于学，惟日孜孜，毙而后已，惟恐其不及也；宰予昼寝，自弃孰甚焉，故夫子责之。"胡氏说："宰我不能以志帅气，居然而倦，是宴安之气胜，儆戒之志惰也；古之圣贤，未尝不以懈惰荒宁为惧，勤励不息自强，此孔子所以深责宰予也。"

二则宰我的言行不符：

> 子曰："始吾于人也，听其言而信其行；今吾于人也，听其言而观其行。于予与改是。"（《公冶长》）

三则宰我的居心不仁：

> 宰我问："三年之丧，期已久矣？君子三年不为礼，礼必坏；三年不为乐，乐必崩。旧穀既没，新穀既升，钻燧改

火，期已可矣。”子曰：“食夫稻，衣夫锦，于女安乎？”曰：“安。”“女安则为之。夫君子之居丧，食旨不甘，闻乐不乐，居处不安，故不为也。今女安则为之。”宰我出。子曰：“予之不仁也！子生三年，然后免于父母之怀；夫三年之丧，天下之通丧也。予也有三年之爱于其父母乎？”（《阳货》）

（十四）冉有

冉有与仲弓、伯牛等同族，鲁人，名求，少孔子二十九岁。

（子）冉有的才艺

冉有以才艺名，孔子曾对季康子这么称道过。按“艺”，古有六项，即礼乐射御书数是。

礼分为五：吉，凶，军，嘉，宾。

乐分为六：云门，大成，大韶，大夏，大获，大武。

射分为五：白矢，参连，剡柱，襄尺，井仪。

御分为五：鸣和鸾，逐水曲，过君表，舞交衢，逐禽左。

书分为六：象形，会意，转注，指事，假借，谐声。

数分为九：一为方田，以御田畴、界域；二为粟米，以御文质、变易；三为差分，以御贵贱廪税；四为少广，以御积幂方圆；五为商功，以御功程积实；六为均输，以御远近劳费；七为方程，以御错揉正负；八为赢不足，以御隐杂互见九；为勾股，以御高深广远。相传九数为黄帝命隶首所作；后人有关于讲论九数的专著二种，即《九章算术》与《九数通考》。

冉子对于六艺是否件件精通，已不可考。

（丑）冉有的政事

冉有因多才艺，孔子曾经说他从政不难。他究能在政治舞台上做甚么呢？他说：

“方六七十，如五六十，可使足民；如其礼乐，以俟君子。”（《先进》）

孔子也承认他有这本事，对孟武伯说：

“求也，千室之邑，百乘之家，可使为之宰也。”（《公冶长》）

但孔子虽然承认他有点政治才，却是小器具，并非了不得的人物。所以，

季子然问：“仲由，冉求，可谓大臣与？”子曰：“吾以子为异之问，曾由与求之问！所谓大臣者，以道事君，不可则止；今由与求也，可谓具臣矣。”曰：“然则从之者与？”子曰：“弑父与君，亦不从也。”（《先进》）

冉求与季路同列“政事”科，并同做过季氏家臣，季氏子弟以其家庆得人，特为问其德能；孔子却给他一个冷淡答复，谓其聊以备数，而非希世大材。孔子之所以说他们不堪为大臣者，是在他们不知以道为进退；他们不能先阻季孙伐颛臾，即其明证。尤其冉有，单晓得为季氏尽力，对于季氏的不德，曾不稍加谏劝，此诚令孔子失望得很。例如：

季氏旅于泰山。子谓冉有曰：“女弗能救与？”对曰：“不能。”子曰：“呜呼！曾谓泰山不如林放乎？”（《八佾》）

按《礼·王制》，天子祭天下名山大川，五岳视三公，四渎视诸侯；诸侯祭名山大川之在其封境者，大夫祭五祀。季氏以大夫而行旅祭于泰山，是为僭妄，冉有为季氏宰而不能救，是不能以道事君者，是不知不可则止者；然则冉有纵具才艺，孔子但称其为具臣也宜。冉子又不单不能救其失，有时且将错就错，奉其命而非为！孔子不单失望，而且甚愤！《论语》说：

季氏富于周公，而求也为之聚敛而附益之。子曰："求也，非吾徒也！小子鸣鼓而攻之，可也。"（《先进》）

孟子也说：

求也为季氏宰，无能改于其德，而赋粟倍他日。孔子曰："求非吾徒也，小子鸣鼓而攻之，可也。"（《孟子·离娄上》）

冉有不能阻止季氏苛政的施行，不能救其非法的举动，一因他没有那种勇敢，一因他没有那种知识；他似以为季氏之政即鲁政，为季氏努力即为国努力，不分辨出公私。孔子故有一次特为纠正他的这种错谬观念：

冉子退朝。子曰："何晏也?"对曰："有政。"子曰："其事也；如有政，虽不吾以，吾其与闻之。"（《子路》）

这是冉子以私事为公务的证据，孔子即不容其混说，根据他老先生的正名精神，以使冉子勿再糊涂将事；如系国政，未有不公诸朝议而请教他这国老者，今在私室与二三子谈谈，是非公议，从命则涉于私。冉子之不容于师门，即为缺此决择力。至于冉子果真尽力为国，孔子无不称许。例如《左传》哀公十一年春，齐国书、高无丕帅师伐鲁，为之筹御外侮者，完全是冉求一人之力；他凭他的武勇，深入敌军，以挫其锋。孔子就赞美他说："义也。"然则孔子有何嫌恶于冉子？要在希望他不为私而为公。

（寅）冉有的性质

孔子曾对公西华说：

"求也退，故进之。"（《先进》）

"退"是表明冉子资质柔弱，没有进取的精神，没有勇敢的意志；他在政治上，但能随从季氏主见，不有特别建树和表现，即吃了这种性质的亏。孔子为救其偏失，曾屡用方法激其勇往上进；他问"闻斯行诸"，孔子答以即闻即行，无所用其犹豫。因为像冉有这种人，知之非艰，行之维艰，多顾虑，少决断。是故《论语》载着：

冉求曰："非不说子之道，力不足也。"子曰："力不足者，中道而废；今女画。"（《雍也》）

"有能一日用其力于仁矣乎？我未见力不足者。""我欲仁，斯仁至矣，为仁由己，而由人乎哉？"孔子最重的是积极的力行，勇往的进取；冉有居然告诉他老师说其力不足以行道，那是怎样萎靡，颓败，孔子故责其不该画地自封。人本可至于道而不去做，反诿于力量不够，冉有昏懦至是，难怪其仅局于艺！孔子说士"志于道，据于德，依于仁，游于艺"，艺乃儒家末务，冉有故在孔门中不算十分高明。

（卯）冉有的行赞

子贡说：

"恭老恤幼，不忘宾旅，好学博艺，省物而勤，是冉求之行也。"孔子语之曰："好学则知，恤孤则惠，恭则近礼，勤则有继。"（《弟子行》）

冉有长于记事，长于学艺，已见上文；至于恭老恤孤，又是凡柔性的人所优为。所以，

子华使于齐，冉子为其母请粟。子曰："与之釜。"请益。曰："与之庾。"冉子与之粟五秉，子曰："赤之适齐也，乘肥马，衣轻裘。吾闻之，君子周急不继富。"（《雍也》）

冉子以为子华出使，老母在堂宜养，是其性之善；既而不以釜（六斗四升）或庾（十六斗）为足，竟违孔子命，给赤母粟以五秉（每秉十六斛）之巨，未免逾分，又是其行之过。他这行为，虽不合于周急不继富的君子之道，却也可以为冉有恭老恤孤之证。

（十五）子华

子华姓公西名赤，鲁人，少孔子四十二岁。

（子）子华的能干

公西华有甚么本领？他说：

“宗庙之事，如会同，端章甫，愿为小相焉。”（《先进》）

孔子对孟武伯论到他说：

“赤也，束带立于朝，可使与宾客言也。”（《公冶长》）

《家语》也说：

齐庄而能肃，志通而好礼，摈相两君之事，管雅而有节，是公西赤之行也。——子曰：“经礼三百，可勉能也；威仪三千，则难也。”公西赤问曰：“何谓也？”子曰：“貌以摈礼，礼以摈辞，是谓难焉。”众人闻之，以为成也。孔子语人曰：“当宾客之事则达矣。……二三子之欲学宾客之礼者，其于赤也。”（《弟子行》）

（丑）子华的孝养

《淮南子》说：

公西华之养亲也，若与朋友处；曾参之养亲也，若事严主烈君，其养一也。”

（十六）原宪

原宪字子思，少孔子三十六岁。郑玄说他是鲁人，《家语》说他是宋人。

（子）原宪的清高

原宪为人清高自守，《史记》、《庄子》及《韩诗外传》等书，皆载他穷居不仕，对于财物非常淡漠，不但断不至于有非分的希求，甚至分所应得也不为意。例如孔子为鲁司寇时，

> 原思为之宰，与之粟九百，辞。子曰："毋以与尔邻里乡党乎？"（《雍也》）

子思应得的俸禄也不领受，以为一己生活费足够，何必要这许多？清高虽是清高得很，可是仍未达于为人之道；作非分想是不应当，惟若有余，未尝不可以补人的不足，人不要单保守自我人格不沾染污俗，尤在以我之所有所能，帮助人群社会，孔子故禁令原宪独行其是，要他以之与其邻里乡党。按《周礼·地官·大司徒》："五家为比（《遂人》作"邻"），使之相保；五比为闾（《遂人》作"里"），使之相受；四闾为族，使之相葬；五族为党，使之相救；五党为州，使之相赒；五州为乡，使之相宾。"在邻里乡党间，有许多互助的义务；我们为人，固然绝对不可贪，惟以社会需要我的财力者正多，乃于相当环境及可能机会内，应使其财其力储备得丰富。

（丑）原宪的学问

原宪学问偏于内圣工夫，他常时和孔子研究的就是这道；孔子晓得他性近于是，在学问上有所偏重，特意加以矫正。《论语》记有一段：

宪问耻，子曰："邦有道，谷；邦无道，谷，耻也。""克伐怨欲不行焉，可以为仁矣？"子曰："可以为难矣；仁则吾不知也。"（《宪问》）

两问耻与仁，皆属内圣作为，并且他都有相当造诣；可是在知耻为仁上，孔子皆包举外王之道而言，和原宪的观点不同。

1. 耻

原宪懂得邦无道谷为耻，要他和伯夷、叔齐那样义不食周粟容易；至于邦有道，理当有所建树，或为宪所不及，孔子故以邦有道而尸位素餐为耻，以勉原宪于操守外还要有力为。

2. 仁

原宪以为不好胜，不矜夸，不忿恨，不贪私，那也可算为仁；讵知那都属仁的消极方面的事，仁非仅消极的不有那一切行为，尤贵在己立立人，己达达人，使天下人人皆为仁德化，皆受仁者惠；原宪单讲究了内圣的一半，孔子故不许其仁，而仅称其为难。

（十七）子长

子长姓公冶名苌，范宁说他字子芝。《史记》说他是齐人，《家语·弟子解》又作鲁人。按《弟子解》对于公冶长行述有误，其籍贯也难凭。他的事迹，今无可考，惟知他是孔子所选的乘龙快婿；他之所以获选，据《论语》说：

子谓："公冶长可妻也，虽在缧绁之中，非其罪也。"以其子妻之。（《公冶长》）

寥寥数语，可知公冶长的德行怎样高尚！他虽困于缧绁，孔子不以其处境穷辱，而竟以其膺东床之选，又可见圣人看人原自高俗人一等。至其陷于缧绁的缘故，正经未曾明言，仅谓此"非其罪”；后人竟附会一个传说，以为公冶长获罪是为通鸟语？田艺衡《留青日札》说：“世传公冶长能通鸟语，贫而闲居，无以给食。有雀呼之曰：‘公冶长！公冶长！南山有个虎驮羊；尔食肉，我食肠，当亟取之勿彷徨。’长如其言往山中，果得羊，食之有余；及亡羊者往迹之，得其角，乃以为偷，讼之鲁君，鲁君逮系之狱。未几，长在狱又闻雀呼之曰：‘公冶长！公冶长！齐人出师侵我疆；沂水上峄山旁，当亟御之勿彷徨。’长语狱吏，白之鲁君，鲁君如其言往迹之，而齐师果将及矣；急发兵应敌，遂获大胜；因释公冶长而厚赐之，欲爵为大夫，长辞不受。”这是俗人野谈，不可视为事实。另据叶廷珪《海录》说：“公冶长辨鸟雀语，闻雀啃啃啧啧，‘白莲水边，有车覆粟；车脚沦泥，犊牛折角。收之不尽，相呼共啄’。人验之，果然。”

（十八）子容

子容姓南宫名适，《史记》作“括”，《家语》作“縚”，原名仲孙阅；因居南宫而以为姓，因其谥敬而又居次，所以又称南宫敬叔。

（子）南容的就学

南容师事孔子，详《左传·昭公七年》。孔子既得他为徒，因而受鲁君车马资助，往周学礼访乐；自周反鲁，其道弥尊。孔子故说：“自季孙之赐我粟千钟也，而交益亲；自南宫敬叔之乘我车也，而道加行。故道虽贵，必有时而后垂，有势而后行；微夫二子之贶财，则丘之道殆将废矣。”（《家语》）

（丑）南容的德行

南宫敬叔是个天性淳厚的人，出口总不离德。

南宫适问于孔子曰：“羿善射，奡荡舟，俱不得其死！

然禹稷躬稼而有天下。”夫子不答。南宫适出，子曰：“君子哉若人！尚德哉若人！”（《宪问》）

孔门中，除子贱被孔子称为君子外，仅又许南容为尚德的君子！他看人生，宁可做一个修德的禹稷，不可如以力自恃的羿、奡，此其所以见称于孔子。孔子为看中了他的德性，所以以其兄孟皮之女为之妻。《论语》关于这事有两种记载：

一见于《公冶长》，说：

子谓：“南容邦有道，不废；邦无道，免于刑戮。”以其兄之子妻之。

一见于《先进》篇，说：

南容三复白圭，孔子以其兄之子妻之。

据《公冶长》，孔子之选上南容为侄婿，是因其能守身，能用世；据《先进篇》，孔子是见他谨口慎言。两处行文虽稍不同，要以南容为一有德者则一。而且这两种不同的记载，据孔子论士子处世的态度看来，实在有很密切的关系。因他曾说：

“邦有道，危言危行；邦无道，危行言孙。”（《宪问》）

人的品格固要高贵，人的言语却不可不随时制宜，以求避羞免祸；南容既然一日三复白圭之诗，则其于邦无道而能危行言孙可知，孔子故始可说南容可免刑戮于无道之世，而见用于有道之时。《家语》就是本乎这些记述而论到南容的德行说：

独居思仁，公言言义，其于《诗》也，则一日三复“白圭之玷”（《大雅·抑之》），是南宫縚之行也。孔子信其能仁，以为异士。（《弟子行》）

南容能仁而非已仁，他的德性虽好，究不可算完全，常不免有亏欠；他不过喜欢往完完全全的人生道路上走，知过必改。例如："南宫敬叔以富得罪于定公，奔卫；卫侯（灵公）请复之，载其宝玉以朝。夫子闻之曰：'若是其货也，丧不若速贫之愈也。'子游侍，曰：'敢问何谓？'孔子曰：'富而不好礼，殃也；敬叔以富丧矣，而又弗改，吾惧其有后患也。'敬叔闻之，骤如孔氏，而后循礼施散焉。"（《弟子行》、《子贡问》）

（寅）南容对于文化的贡献

南容凭其势利地位，帮助孔子适周，原也可视为对于文化上的一种贡献；现代赀助学者或学术团体研究某项科学之举，南容实开其先河。外此，他对于周代文化，又曾尽力救护。据《左传》说：

> 哀公三年，夏五月，辛卯，司铎火；火踰公宫，桓、僖灾。救火者皆曰顾府（藏货财之所）；南宫敬叔至，命周人出御书，俟于宫。曰："庀女而不在，死！"

起火时，大家忙于搬救财物，南容独命人抢出典籍，责成看守勿遗，否则治以死罪，可见他是怎样重视文物的价值！按韩宣子曾经说过，"周礼尽在鲁矣"，赖南容得保全，其功甚伟。

（十九）子开

子开姓漆雕、名启。《弟子解》作漆雕开字子若；又有人疑《说苑》漆雕马人即漆雕开。少孔子十一岁。

（子）漆雕开的学问与学派

开的学问怎样，正经没有明文。《论语》只说：

> 子使漆雕开仕。曰："吾斯之未能信。"子说。（《公冶长》）

谢氏说："开之学无可考；然圣人使之仕，必其材可仕矣。至于心术之微，则一毫不自得，不害其为未信，此圣人所不能知而开自知之。其材可以仕，而其器不安于小成，他日所就，其可量乎？夫子所以说之也。"按谢氏说子开学问不可考见，惟据《史记索隐》引《家语》说则不然。它说：

> 开习《尚书》，不乐仕。孔子曰："可以仕矣。"对曰："吾斯之未能信。"——王肃《注》说："未得明斯书之意，故曰未能信也。"

按：这已指明漆雕开所长者为《尚书》之学，并说他不自信者是无那书的知识，和《论语》所载颇有出入；《家语》似是由《论语》那几句话悬拟而成，断无漆雕开连那点书本知识尚无，而孔子欲使之仕之理。我们看孔子不赞成子路使子羔为费宰，可知《家语》所说之妄。我们今但从孔子使漆雕开仕的一点上，可以看到他学问颇有成就；又由漆雕开不出仕一点上，可以看到他意志力的坚强，对于一种学问非透澈的了解，非精进到极点不止。

漆雕开有那种精神向学，后故得有相当造诣，能够在学术界上独树一帜，于战国时代居然成了一大派；《韩非子》以其为孔子后八大儒家之一，与颜、孟等齐名。论到这派的行为说：

> 不色挠，不目逃，行曲则违于臧获，行直则怒于诸侯，世主以为廉而礼之。（《显学篇》）

《孟子·公孙丑上》说北宫黝养勇，也有"不肤挠，不目逃……"的话，或即漆雕开这一流人物。《汉志》著录《漆雕子》十三篇，惜已亡佚。

（丑）漆雕开的德行与善言

据《说苑·权谋》说：

孔子问漆雕马人曰：“子事臧文仲、武仲、孺子容三大夫者，孰为最贤？”对曰：“臧氏家有守龟焉，名曰蔡。文仲立，三年为一兆焉；武仲立，三年为二兆焉；孺子容立，三年为三兆焉。马人见之矣；若夫三大夫之贤不贤，马人不识也。”孔子曰：“君子哉漆雕氏之子！其言人之美也，隐而显；其言人之过也，微而著。”

（二十）子羽

子羽姓澹台、名灭明，与曾子同邑，南武城有澹台山、澹台河。灭明较孔子少三十九岁。

（子）澹台灭明的游学

当言偃为武城宰，和澹台灭明相友善；孔子问言偃，在那里曾否得人，子游即以灭明对，灭明由子游的介绍而进见孔子。《史记》记他从学的经过说：

澹台灭明状貌甚恶，欲事孔子，孔子以为材薄；既已受业，退而修行，行不由径，非公事不见卿大夫。南游至江（今江苏有澹台湖，即其遗迹），从弟子三百人；设取予去就，名施乎诸侯，孔子闻之曰：“吾以言取人，失之宰予；以貌取人，失之子羽。”（《仲尼弟子列传》）

《家语》也有类似的记述：

澹台子羽有君子之容，而行不胜其貌；宰我有文雅之辞，而智不充其辩。孔子曰：“语云：‘相马以舆，相士以居。’弗可废矣。以容取人，则失之子羽；以辞取人，则失之宰予。”（《子路初见》）

按两记载，都是证明子羽容貌不扬。惟《史记》确指孔子因而有轻视之心，致遗后悔，与《家语》异；《家语》乃孔子儆人不可以言貌取人，非他自己失悔之意，和《论语》孔子所谓“论笃是与，君子者乎？色庄者乎？”词旨正同。又《史记》以“行不由径，非公事不见卿大夫”，为灭明从孔子学后的行为，《论语》则载此乃灭明的素性，非定在从孔子以后；我们正不必以为孔门弟子凡有所长，概系得自孔子。

（丑）澹台灭明的特行

《弟子行》说：

> 贵之不喜，贱之不怒；苟利于民矣，廉于行己；其事上也以佑其下；是澹台灭明之行也。”

（廿一）子迟

子迟为樊须字，少孔子三十六岁；《史记》与《家语》都作鲁人，郑玄却以其原籍为齐。

（子）樊迟的求学生活

樊迟在孔门中，资质较为迟钝，致于孔子所讲说的学理，时常不能领悟。例如：

> 樊迟问仁，子曰：“爱人。”问知，子曰：“知人。”樊迟未达。子曰：“举直错诸枉，能使枉者直。”樊迟退，见子夏曰：“乡也，吾见于夫子而问知，子曰：‘举直错诸枉，能使枉者直’，何谓也？”子夏曰：“富哉言乎！……”（《颜渊》）

初问仁、智，孔子一答，樊迟不知所云为何；孔子加以申说，他仍莫名其妙；但他一对子夏提及，子夏立即领悟其旨，可见樊迟资质之差。虽然，他能一问再问，总以不达其意为歉；于老师外，又找同学来问，务欲明其道理而后已，这是一个最好的求学模范。所以尹氏说："学者之问也，不独欲闻其说，又必欲知其方；不独欲知其方，又必欲为其事。如樊迟之问仁智也，夫子告之尽矣，樊迟未达，故又问焉，而犹未知何以为之也；及退而问诸子夏，然后有以知之，倘其未喻，则必将复问矣；既问于师，又辨诸友，当时学者之务实也如是。"是故樊迟资质虽然较次，却因他勤学好问，足以济其穷，樊迟即孔子所说困而学之者；"或勉强而行之，及其成功则一"，他故也在身通六艺的七十子之列。

樊迟勤学好问，不单上课时为然，甚至游戏时也仍不忘学问。例如：

> 樊迟从游舞雩之下，曰："敢问崇德，修慝，辨惑？"子曰："善哉问！先事后得，非崇德与？攻其恶，无攻人之恶，非修慝与？一朝之忿，忘其身以及其亲，非惑与？"（《颜渊》）

樊迟看游是学问的一种，从游也是从学，他故提出此问；可见学者为学，无论何时何地，不宜稍懈其志。樊迟当怡情遣性之日，仍注意修己求道之功，孔子故亟加以赞美；一面赞美他提出的问题切要，一面也是赞美他有好学不倦之心。从这一点，我们并可看出孔子教育，并非如后此老学究的呆版，没有生机；他老先生于上课外，还有游戏，使各学生有自由活动的机会。不过他的教育偏重德育，樊迟这一问，正合他老先生的脾胃，颇蒙赏识；至于商、农、工等实科，他老先生似乎有点不屑谈，这依我现代人的眼光看来，不能不说是他教育的缺点。所以，

> 樊迟请学稼。子曰："吾不如老农。"请学为圃。子曰："吾不如老圃。"樊迟出。子曰："小人哉！樊须也。夫上好礼，则民莫敢不用敬；上好义，则民莫敢不服；上好信，则

民莫敢不用情。夫如是，则四方之民襁负其子而至矣！焉用稼？”（《子路》）

他老先生对于学生的惟一希望，他们都能学好政治经济，到社会上去当大人，自会有一班小人来供养，生活不成问题，自身故不必以稼圃为学；学好了政治经济，去临民及物，兴礼义则足以致治，学稼圃也无用。后来儒者以宦途为其惟一出路，这不能不说是孔子教育的流弊；至于那些未曾得着做官机过的儒者，谋生乏术，就成了社会上的高等游民。正如《荀子》所说：

偷儒惮事，无廉耻而耆饮食，必曰君子固不用力。（《非十二子篇》）

这种情形，战国时代已很普遍，至今尤烈；稍微读了几句诗云子曰，居然跻入缙绅之列，多方剥削平民，作威作福。这岂孔子始料所及？

倒是樊迟在那时代虽被视为小人，到如今却可做一个最重实用的好学生。

（丑）樊迟的仕宦生活

樊迟曾一度任职于鲁，当哀公十一年春，齐伐鲁之役，他曾参与其间，据《左传》说：

冉求帅左师，管周父御，樊迟为右。季孙曰：“须也弱。”有子曰：“就用命焉。”……师及齐师，战于郊，……师不踰沟。樊迟曰：“非不能也，不信子也，请三刻而踰之。”如之，众从之，师入齐军。

“须也弱”，杜预《注》“年少”，是说那时樊迟少不解事，冉有却说他能用命；出军以后，他果帮助冉有立信以济其军。可惜对于他这位少年官，除此以外，不知其他；惟据《论语》，他和孟懿子也有来往，孔子故曾以孟懿子问孝语樊迟。

（廿二）子牛

子牛宋人，姓向、名耕，兄弟五人，长名巢，次名魋，三子颀，四子车，耕最幼；因其家世为宋司马，《论语》故称司马牛。

（子）司马牛的身世

司马牛的兄弟虽多，可是大都不肖，以致司马牛时以为忧，不胜感慨说：

“人皆有兄弟，我独亡。”（《颜渊》）

他有兄弟五人而说独，可见子牛是怎样愤恨极！我们看到子牛诸兄情形，当也难怪他是这么悲观。即如他二哥桓魋，曾起意杀害孔子。《史记·孔子世家》说：

孔子去曹适宋，与弟子习礼大树下，宋司马桓魋欲杀孔子，拔其树，孔子去。

孔子去宋，门徒有恐桓魋遣人追逐者，促其速行，孔子却说：

“天生德于予，桓魋其如予何！”（《述而》）

桓魋欲杀害孔子，虽未成为事实，不过那种举动，是叫司马牛怎样愧对他的老师和同学们！后来子车、子颀又助其二兄为恶，“向魋遂入曹以叛；六月，使左师巢（魋兄）伐之，……亦入于曹取质。……既不能事君，又得罪于民，……民遂叛之，向魋奔卫，向巢奔鲁，……司马牛致其邑与珪焉而适齐。向魋出于卫地，公文民攻之，求夏后氏之璜焉，与之他玉而奔齐，陈成子使为次卿，司马牛又致其邑焉，而适吴，吴人恶之而反。赵简子召之，陈成子亦召之。卒于鲁郭门外，阬氏葬诸丘舆。”（《左传·哀公十四年》）墓在今山东费县西。

（丑）司马牛的学问

司马牛可悲的身世，很影响他的生活，为此不免常怀抑郁，所以孔子的教训，同学的劝勉，皆是针对他的这种心情而发。例如：

> 司马牛问君子，子曰："君子不忧不惧。"曰："不忧不惧，斯谓之君子矣乎？"子曰："内省不疚，夫何忧何惧？"（《颜渊》）

司马牛以其兄弟不德，忧其宗祀之将斩，惧其灾祸之临身，孔子故告以君子即在没有这种心情，意即指示司马牛在学问上最宜努力的就是这一点；君子修其在我，兄弟贤否，祸福有无，皆属外在事实，不可容其缠累，戕贼性灵，阻凝进修。我果俯仰能无愧怍，何忧惧为？他们怙恶不悛，还足以联累我么？莫说那不必然，即使有此，我固全德全性而皈，无所用其忧惧；这就是孔子教司马牛自保之道，莫徒为他人着急，而自忽于修到君子的地步。

又按：司马牛既为其身世而抑郁寡欢，就不免愤慨时生，像上所引自叹无兄弟，即其一例；这种心烦意乱的人，说话当然燥急无伦。因而，

> 司马牛问仁，子曰："仁者，其言也讱。"曰："其言也讱，斯谓之仁矣乎？"子曰："为之难，言之得无讱乎？"（《颜渊》）

朱子说："言讱与讷于言，意思不同；讷言是怕说多，后行不逮，言讱是说持守得那心定后，说出来自是有斟酌也。""夫子以牛多言而燥，故告之以此，使其于此而谨之，则所以为仁之方

不外是矣。”

孔子答司马牛问，或仁或君子，皆针对其切己之病；其病不除，必难入德之门，此孔子所以欲司马牛在这方面的学问上努力。不但老师孔子这样，他的同学也对其悲苦的身世表同情，常用以慰勉司马牛者，一则使司马牛安命，一则励其扩大家庭观念。如子牛对子夏说他虽有兄弟等于无，子夏就说：

> “商闻之矣，‘死生有命，富贵在天’。——君子敬而无失，与人恭而有礼。四海之内，皆兄弟也。君子何患乎无兄弟也？”

人生悲苦不能解脱，要在不听天由命。儒家认定乐天知命故不忧，不忧不惧乃君子，所以说“不知命，无以为君子也”。孔子既以君子为人生鹄的，知命乃为君子之道，乃以知命为一种大学问，自述五十而知天命；子夏看司马牛为其兄弟有莫大的隐痛，就是缺少这一种学问的缘故。次则司马牛的家庭观念未免太深，人生岂必同胞始为兄弟？同胞固有手足的情分相联，然而“民吾同胞，物吾与也”，一个儒者的眼光，应该这么透过家庭而投射到人类世界，何必为少数兄弟愁烦，而忘忽天下一家的亲谊与责任？何况君子敬以修己，恭以待人，行见四海之人，皆将爱敬如兄如弟，其同胞岂不也可感化？徒忧何益？我不如虔修俟命之为得。

（廿三）子羔

子羔姓高、名柴，为齐人敬仲高傒十代孙，以其居次，《左传》故称季羔，《礼记》又作子皋。郑玄以其为卫人，无据，或因子羔仕卫多年而误。子羔少孔子三十岁。

（子）子羔的愚性

孔子说：

“柴也愚。”（《先进》）

《史记》“子羔长不盈五尺，孔子以为愚”；除孔子这一句评论子羔性质的话外，别无考见。不过孔子既是这么说子羔，子羔大概在学问上不很敏捷，在行为上颇为拘谨；所以子路使子羔为费宰，孔子却嫌其学而未成。《家语》记其“自见孔子，出入于户，未尝越履；往来过之，足不履影；启蛰不杀，方长不折”（《大戴记》同），正是一个知不足而谨厚有余的人底神态。

（丑）子羔的孝行

《礼·檀弓》说：

高子皋执亲之丧也，泣血三年，未尝见齿。（《弟子行》同）

王充对此表示怀疑，《论衡》有言：“未尝见齿，不言不笑也。不笑可也，安得不言？言安得不见齿？”按：这是王氏推论过甚之词，“见齿”单指笑说，《礼》有“笑不见齿”的话可证，经传中无有以言见齿者；所以这是说子羔居丧三年无欢容，即上句“泣血三年”的注脚。这种事实，非孝思纯笃的人不能至此；因而子羔在当代颇有孝名，并且化及于民。《檀弓下》说：

成人有其兄死而不为衰者，闻子皋将为成宰，遂为衰。成人曰：“蚕则绩而蟹有匡，范则冠而蝉有緌，兄则死而子皋为之衰。”

（寅）子羔的政治生活

子羔开始政治生活，约在孔子为鲁司寇任内，并且是堕费堕郈以后（见《史记》）；那时子路为季氏宰，特使这老实人去镇抚那初堕之邑，孔子颇不谓然。《论语》记他们师徒为此辨议说：

子路使子羔为费宰。子曰：“贼夫人之子！”子路曰：“有民人焉，有社稷焉，何必读书，然后为学？”子曰：“是故恶夫佞者。”（《先进》）

孔子不赞成子路使子羔负此重任，和郑子产不赞成子皮使尹何为邑宰同意。据《左传·襄公三十一年》说：

子皮曰：“使夫往而学焉，夫亦愈知治矣。”子产曰：“不可。人之爱人，求利之也；今吾子爱人则以政，犹未能操刀而使割也，其伤实多。……侨闻学而后入政，未闻以政学者也。”

当时子路何尝不同子皮那么设想？以为从政也可为学，增加许多阅历经验；不知经验固属重要，惟此属从政后事，先无此项学识则不足以语此，子产所谓未能操刀则不可使割者是。所以子路有“民人社稷，足可为学”的话，虽也言之成理，因为闻见无非学问，经验就是智能；只是冒昧从政，究属害多益少。所以子路之言为强辩。

从那次仕鲁以后，又曾仕卫，逢蒯聩入国之难。《左传》上说：

季子（子路）将入，遇子羔将出。……子羔曰：“不践其难。”季子曰：“食焉，不避其难。”子羔遂出，子路入，……孔子闻卫乱，曰：“柴也其来，由也死矣！”

子羔为甚么不如子路食君之禄而死其难呢？据《通幽赋注》说：

卫蒯聩乱，子羔灭髭，改衣妇人之衣逃出，曰：“父子争国，吾何与其间乎?”

那时子羔是否化装逃难，乃一疑问；惟卫乱乃系卫孝公以子拒父，蒯聩劫甥孔悝以求入主，子羔觉得无死难的价值，当属实情；他故不但自己不做，并且劝子路不必，孔子也料定会返鲁相见，可见子羔尚较子路明于去就。当他逃避卫乱之时，还有一点周折。据《家语·致思篇》说：

> 季羔为卫士师，刖人之足，俄而卫有蒯聩之乱，季羔逃之，走郭门，刖者守门焉。谓季羔曰：“于彼有缺。”子羔曰：“君子不踰。”又曰：“于彼有窦。”子羔曰：“君子不隧。”又曰：“于此有室。”子羔乃入焉。既而追者罢。子羔将出，谓刖者曰：“吾不能亏主之法而亲刖子之足，今吾在难，正子报怨之时，而逃我者三，何哉?”刖者曰：“断足，固我之罪。若公之治臣也，倾倒法令，先后臣以法，欲臣之免于法也，臣知之；狱决罪定，临当论刑，君愀然不乐，见于颜色，臣又知之。君岂私臣哉?天生君子，其道固然，此臣之所以脱君也。”孔子闻之曰：“善哉为吏，其用法一也；思仁恕则树德，加严暴则树怨。公以行之，其子羔乎?”（《说苑》同）

子羔自那次脱难至鲁，又尝致仕〔出仕?〕，当哀公十七年会齐侯盟于蒙，子羔曾参与其间，孟武伯问子羔说：“诸侯盟，谁执牛耳?”季羔告以史无定例，“鄫衍之役，吴公子姑曹（执者为大国）；发阳之役，卫石魋（执者为小国）”。

当子羔在鲁为孟氏宰任内，他的妻子离世，送柩人多，车马纷杂，以致有损道旁民间田禾；有人以为要赔偿损失，他却发出一篇议论来，证其人虽愚而非以煦煦为仁，孑孑为义。《檀弓下》说：

子羔葬其妻，犯人之禾。申详（子张子）以告曰："请庚之。"子羔曰："孟氏不以是罪子，朋友不以是弃子，以吾为邑长于斯也，买道而葬，后难继也。"

（廿四）子期

子期，《史记》作子旗，姓巫马、名施，陈人，少孔子三十岁。《论语》除陈司败告巫马期以孔子有私党嫌疑外，无何足述；在子书中，可看到以下二事。

（子）巫马期的操守

据《韩诗外传》说：

子路与巫马期薪于韫邱之下，陈之富人有处师氏者，脂车百乘，觞于韫邱之上，子路语巫马期曰："使子无忘子之所知，亦无进子之所能，得此富终身，无复见夫子，子为之乎？"巫马期喟然，仰天而叹，闟然投镰于地曰："吾尝闻之夫子：'志士仁人不忘在沟壑，勇士不忘丧其元。'子不知予与？试予与？意者其志与？"子路心惭，负薪先皈。孔子曰："由！何为偕出而先返也？"子路以告。孔子曰："予道不行耶？使汝以是愿也。"

按：这段传说并不十分可靠；因为子路不是这种人，孔子说他衣敝缊袍与衣狐貉者立而不耻，何来这么一问？

（丑）巫马期的治功

巫马期曾一度继子贱后，为单父宰；以星出，以星入，日夜不处，亲临其事，单父治安无虞。虽然，君子说他治单父的政绩，不如子贱德化之为上选

(廿五) 琴牢

琴牢即《左传》的琴张，字子开；有人以为即《庄子·大宗师篇》的子琴张，按与经传所记的琴牢性质不合。牢属卫人，事迹不多；《论语》除记他述孔子“不试故艺”一语外，别无考见。

据《左传》，他与宗鲁相友善，宗鲁蒙齐豹荐，为公孟骖乘；后齐豹作乱，宗鲁预闻而不劝阻，重私情而又不忠告其主，徒然以身命供无谓牺牲。“琴张闻宗鲁死，将往弔之，仲尼曰：‘齐豹之盗，而孟挚之贼，女何弔焉？君子不食奸，不受礼，不为利疾于回（邪也），不以回待人，不盖不义，不犯非礼。’”（昭公二十年）

(廿六) 申枨

《论语释文》说：“由枨，郑康成云：盖孔子弟子申绩。”《家语·弟子解》说：“申绩，鲁人，字子周。”《史记索隐》引作“申缭”，或本又作“续”，皆以字形相近而误。按：申绩名不见于《史记·列传》，惟其字“周”与《列传》中“申棠”字同，“绩”当是“棠”；今本《史记》又有以“棠”为“党”者，必乃传写之误。

申枨事无多可述，惟《论语》载：

> 子曰：“吾未见刚者。”或对曰：“申枨。”子曰：“枨也欲，焉得刚？”（《公冶长》）

或人以枨为刚者，可以想见其平居气象；不过孔子根据素常观察，觉得申枨嗜欲未绝，不足以语刚德。是故后汉《王政碑》说：

> “有羔羊之洁，无申枨之欲。”

人有欲则无刚，刚则不屈于欲。枨有欲，而或人误会他是刚者，得非子路行行者呢？子贡侃侃者呢？或嘐嘐进取者呢？

(廿七) 曾皙

曾皙名点，鲁人，即曾子父；他在孔门求学，和子路、冉有、公西华等同时。有一次，孔子问他们几个人的志向，于由、求、赤等对答后，孔子说：

> “点！尔何如?”鼓瑟希，铿尔，舍瑟而作，曰：“异夫三子者之撰。”子曰：“何伤乎？亦各言其志也。”曰：“暮春者，春服既成，冠者五六人，童子六七人，浴乎沂，风乎舞雩，咏而皈。”夫子喟然叹曰：“吾与点也!”（《先进》）

我们看“子路率尔而对”，冉有、公西华轮次畅述所怀，曾皙则若无其事然，鼓瑟不已，舍瑟而作，那是多么潇洒自如！他所说的一切，正和他的那种神情符合。又据《礼·檀弓》说：

> 季武子寝疾，峤固不说（同“脱”）齐衰而入，见。曰：“斯道也，将亡矣，士惟公门脱齐衰。”季武子曰：“不亦善乎！君子表微。”及其丧也，曾点倚其门而歌。

他的行为超脱，几乎同于道家者流！由他这种人述说的志向，所以，[朱子说：]“不过即其所居之位，乐其日用之常，初无舍己为人之意，而其胸次悠然，直与天地万物上下同流，各得其所之妙，隐然自见于言外；视三子之规规于事为之末者，其气象不侔矣。故孔子叹息而深许之！”程子也说：“孔子之志，在于‘老者安之，朋友信之，少者怀之’，使万物莫不遂其性；曾点知之，故夫子喟然叹。”

（廿八）颜路

颜路名无繇，即颜回父，少孔子六岁，是孔子第一班学生之一；《史记》故说无繇父子，尝各异时事孔子。颜回离世之年，颜路尚健在，曾请子之车以为之椁而见拒；《论语》除记他这事外，没有别的话。据《家语》说：“颜渊之丧既祥，颜路馈祥肉于孔子，孔子自出而受之；入，弹琴以散情，而后食之。”情理上想也当然。

三 名 表

孔门群贤，除上述已见《论语》的二十八人外，其他可疑之点甚多，我们先考其异，次始题名，以便参究。

（甲）考异

孔子弟子没有确数，篇首已经说过，《史记》与《家语》同说七十七人，实际上也不然。宋马端临故说：“孔子弟子，《史记》与《家语》所载皆七十七人，魏王肃本自颜回至颜祖，止列弟子七十六人，缺一人，不合前数。及观《史记·弟子传》有颜何字冉，《索隐》注之曰：《家语》曰称，则如颜何已载于《家语》，肃本缺之耳。又北齐颜之推称，仲尼门徒升堂者七十有二，……颜何与焉；《索隐》去古未远，之推、真卿皆颜氏裔孙，必各有据，今当以颜何足七十七人之数。”《家语》七十七人之数，虽经那么补充，可是它的名字又和《史记》不一样；《史记》有公伯寮、秦冉、鄡单，为《家语》所无，《家语》别有琴牢、陈亢、杲畳；又《史记》郑国字子徒，申党字子周，和《家语》申绩、薛邦字同而名异，可见那些名字传说记载的纷纭。苏子由

《古史》故又录七十九名；杜佑《通典》载开元赠典，于《史记》七十七人外，又有蘧瑗、林放、陈亢、申枨、琴牢、琴张六人，合共八十三名。这中间就有好些问题在：孔子弟子之已升堂入室者，究是几个？那些人是谁呢？

按《史记》及《家语》所列诸名，以及后儒所议从祀者，有的不免重复，有的不免牵强，不可都信。例如公伯寮，明为季氏嬖臣，而曾为子路政敌，非孔门生；蘧伯玉为孔子所严事，不当在孔子弟子列。又有一人二名，而竟误以为二人者，如二申（申枨、申党）、二琴（琴牢、琴张）是。至于《家语》杲豊，另本作県亶，此必形近而误，県亶当即《史记》鄡单；《前汉·地理志》巨鹿郡鄡县，《后汉·郡国志》“鄡”改作“鄡”，“県”即“鄡”的省写。二字原通变；“亶”与“单”也是一样，如大王亶父有作大王单父者。其他名字异传者多，俟于下段姓氏中言及。

（乙）题名

《史记·列传》所载颜回至公孙龙三十五人，颇有年名，皆受业闻见于书传；其无年而事少见于经传者，冉季至公西葴四十二人。今按《阙里志》所录从祀诸贤的次序，胪列而加按语于后：

（子）四圣　内有述圣、亚圣，非七十子之列。

1. 复圣颜子，名回，字子渊，鲁人。
2. 宗圣曾子，名参，字子舆，鲁人。
3. 述圣子思，名伋，孔子嫡孙。
4. 亚圣孟子，名轲，邹人。

（丑）十哲

1. 闵损，字子骞，鲁人。

2. 冉耕，字伯牛，鲁人。

3. 冉雍，字仲弓，鲁人。

4. 宰予，字子我，鲁人。

5. 端木赐，字子贡，卫人。

6. 冉求，字子有，鲁人。

7. 仲由，字子路，卞人。

8. 言偃，字子游，吴人。（《志》及《家语》作鲁人，据《史》改正。）

9. 卜商，字子夏，卫人。

10. 颛孙师，字子张，陈人。（《吕氏春秋》谓子张为鲁之鄙家，似为鲁人？按其原籍为陈阳城，鲁乃徙居之所。）

（寅）两庑

1. 澹台灭明，字子羽，鲁武城人。

2. 宓不齐，字子贱，鲁人。

3. 原宪，字子思，宋人。（郑玄说是鲁人。）

4. 公冶苌，字子长，鲁人。

5. 南宫适，字子容，鲁人。

6. 高柴，字子羔，齐人。

7. 漆雕开，字子若（一说作“启”），郑玄作鲁人，《家语》作蔡人。

8. 樊须，字子迟，鲁人。

9. 司马耕，字子牛，宋人。

10. 公西赤，字子华，鲁人。

11. 有若，字子有，鲁人。

12. 琴张（又名牢），字子开，卫人。

13. 申枨，字子周，鲁人。

14. 陈亢，字子禽，陈人。或疑亢非孔门生，乃子贡徒；

《墨子》有子禽问墨子以多言一节，子禽似又转学，非一纯粹儒者。据《礼·檀弓》下说，陈亢有兄名子车，死于卫，其嫂与家大夫谋，欲以殉葬，谋定而后亢至，举以告。亢说："以殉葬，非礼也。虽然，则彼疾当养，孰若妻与宰？得已，则吾欲已；不得已，则吾欲以二子者之为之也。"于是弗果用。这是一个破除迷信最有趣的故事。

15. 巫马施，字子期，陈人。(郑玄说是鲁人)

16. 梁鳣，字子鱼（或作鲤，字叔鱼），齐人，少孔子二十九岁。年三十岁无子，欲出其妻，商瞿劝他不要这样说："吾恐子自晚生耳，未必妻之过。"三年后果有子。这是古代以女子为生殖器的一段趣闻。

17. 公晳哀（《家语》作"公晳克"），字季沈（《史记》作"季次"），齐人。《史记》孔子说："天下无行，多为家臣，仕于郡，惟季次未尝仕。"太史公说："季次、原宪，读书，怀独行君子之德义，不苟合当世，终身空室蓬户，褐衣疏食不厌，死而已；四百余年弟子志之不倦，此可以知其贤矣。"

18. 商瞿，字子木，鲁人，少孔子二十九岁。据《史记·弟子列传》说：瞿年三十八岁，尚无子嗣，母以为忧。孔子安慰她说："瞿过四十，当有五丈夫子。"这不过是孔子藉人迟育之理，以宽老妇之心，确指为五男儿，当属尊圣者根据已成事实所增附；后商瞿又本此经验，阻止梁鳣休妻。

又据《史记》："孔子传《易》于瞿，瞿传楚人驼臂子弘，弘传江东人矫子庸疵，疵传燕人周子家竖，竖传淳于人光子乘羽，羽传齐人田子庄何，何传东武人王子中同，同传淄川人杨何，何元朔中以治《易》为汉中大夫。"

19. 冉孺。字子鲁，（《家语》有本作"冉儒，字子鱼"，形近而误。）鲁人，少孔子五十岁。

20. 颜辛，字子柳，鲁人，少孔子四十六岁。

21. 伯处，字子皙，（《家语》作“伯虔，字子楷”。“虔”与“处”形近而误；子楷《史记》作“子析”，可知子皙叚借为析，又因“析”而误为“楷”，所以《史记索隐》引《家语》也作“子皙”。）鲁人，少孔子五十岁。

22. 曹恤，字子循，蔡人，少孔子五十岁。

23. 冉季，字子产，鲁人。

24. 公孙龙，字子石，卫人（郑玄说是楚人），少孔子五十三岁。

25. 漆雕侈（《史记》作“哆”），字子敛，鲁人。

26. 秦商，字子丕，鲁人；《家语》说字不慈，郑玄说是楚人。按《索隐》引《家语》说秦商字丕慈，少孔子四岁，其父堇父与孔子父叔梁纥俱以力闻；考《左传》，秦堇父曾参与偪阳之役，皈后生秦丕兹，则今本《家语》“不慈”即“丕慈”之误。

27. 漆雕徒父，字子有，鲁人；《家语》作“从，字子文”，这是“从”与“徒”形近而误，又以“父”为字而误为“文”。

28. 颜高又名刻，字子骄，鲁人。颜高为一大力士，据《左传》，他使用的弓有六钧重，曾助阳虎攻匡，并曾参与定公八年侵齐之役。孔子过匡，颜刻为仆，拿马鞭指着城说：“昔吾入此，由彼缺也。”匡人以为阳虎复至，团团围困孔子，致有“子畏于匡”一段纪实。又当孔子耻为灵公夫人次乘，颜刻问说：“夫子何耻之？”孔子说：“诗云：‘觏尔新婚，以慰我心。’乃叹曰：‘吾未见好德如好色者也。’”

29. 商泽，字子秀，鲁人；《家语》作“字子季”，形近而误。

30. 壤驷赤，字子徒，秦人；《家语》作“穰驷赤，字子从”，皆因形近而误。按《通志略》，壤驷为复姓。

31. 任不齐，字子选，楚人。

32. 石作触，字子明，秦成纪人。

33. 公良孺，字子正，陈人。《孔子世家》说：“孔子去陈过蒲，会公叔氏以蒲叛，蒲人止孔子。弟子有公良孺者，以私车五乘从孔子；其为人长，贤有勇力，谓曰：‘吾昔从夫子遇难于匡，今又遇难于此，命也已！吾与夫子再罹难，宁斗而死。’斗甚疾，蒲人惧，谓孔子曰：‘苟无适卫，吾出子。’与之盟，出孔子东门。”

34. 公夏首，字子桀，鲁人。按《家语》作“公夏守，字子乘”；惟据《索隐》引《家语》原也作“首”，则古本《家语》与《史记》同，今本《家语》系因音近而误。“子桀”误为“子乘”，因形近似。

35. 公有定，字子中，鲁人。据《索隐》，古本《家语》和《史记》同；今本《家语》作“公有，字子仲”，皆属形近传写有误。

36. 后处，字子里，齐人。据《索隐》，《家语》与《史记》同；今本《家语》作“石去，字里之”者，误。

37. 鄡单，字子家，鲁人。鄡单即《家语》的縣亶，说见前条“考异”；《礼·檀弓》篇的県子，或即其人。

38. 奚容蒧，字子皙，鲁人。按《索隐》引《家语》同于《史记》，今本作“奚咸”者，误。

39. 罕父黑，字子索，鲁人。按《氏族略》，无罕父氏，惟有宰父，似应作宰父黑？其字《史记集解》引《家语》同，今本《家语》作“字子黑”者，误。

40. 颜祖，字子襄，鲁人。按今《家语》作“颜相，字则同”，想因形近而误；并据《索隐》，司马贞所见《家语》古本，无此人名。

41. 荣旗，字子旗，鲁人。按《索隐》引《家语》作“荣祈，字子颜”。

42. 秦祖，字子南，秦人。

43. 左人郢，字子行，鲁人。

44. 句井疆，字子界，卫人。

45. 郑国，字子徒，鲁人。（按即《家语》的薛邦，说见前。）

46. 公祖句兹，字子之，鲁人。

47. 原亢，字子籍，鲁人。

48. 县成，字子棋，鲁人。

49. 原虔，字子曹；《家语》作“廉絜，字子庸”，形近有误。郑玄说他是卫人，《古史》作齐人。

50. 燕伋（《家语》作“级”），字子思，秦人。

51. 叔仲哙，字子期，鲁人，少孔子五十四岁。

52. 颜之侯，字子叔，鲁人。

53. 乐欬，字子声，鲁人。按今本《家语》有作“乐欣”者，形近传写有误；唐以前，《家语》与《史记》均作“乐欬”，见《索隐》引。

54. 公西舆如，字子上，鲁人。《索隐》说《家语》与《史记》同。

55. 邽巽，字子敛，鲁人。按《家语》作“邦选”，字同。《文翁图》又作“国选”。考文翁称“国选”者，为避汉高祖讳；然则本名“邦选”，《史记》“邽巽”者误。

56. 狄黑，字晳之，卫人。按《史记》作“字晳”，《索隐》说《家语》同，“之”为衍字。

57. 孔忠，字子蔑，孔子兄孟皮子；《史记集解》引《家语》同，今本《家语》作“孔弗”者误。他在求学时代，曾问行己之道？孔子告诉他说：“知而弗为，莫如勿知；亲而弗信，莫如勿亲。乐之方至，乐而不骄；患之方至，思而弗忧。”孔蔑又追问说：“行己乎？”孔子说：“攻其所不能，备其所不足；毋以其所不能疑人，毋以其所能骄人。终日言无遗己之忧，终日行不遗己之患，惟智者有之；故恐惧所以除患也，恭敬所以越难也。终身为之，一言败之，可不慎乎？”及后“孔蔑与宓子贱皆仕。孔子往过孔蔑问之曰：‘自子之仕，何得何亡？’孔蔑曰：‘自吾仕者，未有所得，而有所亡者三：王事若龙，学焉得习？以是学不得明也；俸禄少，鬻鬻不足及亲戚，亲戚益疏也；公事多急，不得弔死问疾，是以朋友益疏矣。”孔子不悦。（《说苑》）

58. 公西葳，字子尚，鲁人。

59. 步叔乘，字子车，齐人。

60. 施之当，字子常，（似当从《史记》及《家语》作“施之常，字子恒”。）鲁人。

61. 秦非，字子之，鲁人。

62. 颜哙，字子声。鲁人。

据上所引《阙里志》载从祀者七十六名，内除子思、孟子非七十子之列，尚馀七十四人，较之七十七子差三名。按《史记》与《家语》，孔子名弟子中有颜路与曾晳，并具见于《论语》，《志》或以他二人之子皆正享而不便使配享，乃不书；另有秦冉（字开）、颜何（《史记》字“冉”，《家语》字“称”），连同以上所有，共达七十八名。惟从祀者有子禽在内，实不应当；因据《论语·子张篇》，子禽以子贡贤于仲尼，足证他非孔子徒，当除去，以是实符七十七子之数。

补 白

子夏问仲尼曰："颜渊之为人也，何若?"曰："回之信，贤于丘也。"曰："子贡之为人也，何若?"曰："赐之敏，贤于丘也。"曰："子路之为人也，何若?"曰："由之勇，贤于丘也。"曰："子张之为人也，何若?"曰："师之庄，贤于丘也。"于是子夏避席而问曰："然则四子何为事先生?"曰："居！吾语女。回能信而不能反，赐能敏而不能屈，由能勇而不能怯，师能庄而不能同；兼此四子者，丘不为也。夫所谓至圣之士，必见进退之利、屈伸之用者也。"（《说苑》卷十七）

第三篇　《论语》的古人观

《论语》除讲论孔子及孔门弟子外，又有一部分关于古圣时贤的品评；这些被品评者，皆在当代社会政治上占有相当地位，更有几个特殊阶级，与我国文化有莫大关系，为全民族所一致崇奉，视为人类的典型人物，其生活的重要可知。我们知道，孔子本来不轻易批评人，正如他的话说：

> "吾之于人也，谁毁谁誉？如有所誉者，其有所试矣。斯民也，三代之所以直道而行也。"（《卫灵公》）

孔子对于人的态度既然这么正直切当，是故不单对于他的门人底讲论公平确实，对于一班古人的意见，我们似也应该绝对信任；因为不单他的批评态度好，而且他的批评是基于其真知灼见而发。

一　三代三圣

唐帝尧，虞帝舜，夏王禹，三人为三代圣主；"仲尼祖述尧舜"，"孟子言必称尧舜"，他们所以得我后世人景仰不衰者有素。惟他们究属怎样呢？

（甲）尧舜禹人格的高尚

尧、舜、禹人格是人生的极范，《论语》常用"尧舜其犹病诸”一语，说明某种生活之不易；那种生活假使尧舜尚觉歉然于心，普通的人更宜黾勉以赴，其受孔子重视也如是。

孔子又不单消极的以难能可贵说明尧舜等人格高尚无比，更积极的以具体物事形容其人格怎样伟大！《泰伯篇》说：

“大哉尧之为君也！巍巍乎唯天为大，唯尧则之！荡荡乎民无能名焉。”

尧德如天，光被四海，化泽群黎，致当时民众形容之不足尽其蕴，悉数之不能究其终；“夫子之不可及也，犹天之不可阶而升也”，子贡所以称赞孔子者，即孔子之所以称赞尧。《白虎通》论尧之所以谥尧说：

“尧犹荛荛也，至高之貌。清妙高远，优游博衍，众圣之主，百王之长也。”

尧德如天的高明，悠久，广博，普遍，舜、禹又怎么样？

“巍巍乎舜禹之有天下也，而不与焉！”（《泰伯》）

舜、禹都是以匹夫而贵为天子，富有四海，却并不以其为荣为乐，他们只顾对天下负责，尽其职守，老子所谓“作而不辞，生而不有，为而不恃，长而不居”。足证其心包乎天下之外而天下皆小，超乎天下之上而天下皆卑；诚然巍巍乎极其高明，至高无上！

（乙）尧舜禹开创的文化

尧、舜、禹不单在人格上显其伟大，而且他们对于中国文化有特别贡献，可说他们是中国文化的创造人；那为我国主要文化的儒家文化，就是推源于尧，尧以传舜，舜以传禹，禹以传至周、孔。正如《尧曰篇》说：

尧曰："咨尔舜，天之历数在祢躬，允执其中，四海困穷，天禄永终。"舜亦以命禹。

尧所授舜的道德，皈纳为"中"，这在文化上是一大发明；我国现代之所以有此民族性，有此文化型，皆"中"之为用。当初舜从尧领受此道，他的生活确果这样。孔子故赞美他说：

"舜其大智也与？舜好问而好察迩言，隐恶而扬善，执其两端，用其中于民，其斯以为舜乎！"（《中庸》）

舜之所以为舜，即在他能听尧之训而执两用中。《白虎通》也说：

舜犹僢僢也；言能推信尧道而行之也。

可见舜之得名，又不单信行尧道，更能推而广之，扩而充之，使其意义更丰富。他后逊位于禹，对禹授其心传说：

"人心惟危，道心惟微，惟精惟一，允执厥中。"（《书·大禹谟》）

舜授命禹，虽仍为执中之义，可是说得更较详细。危微之辨，所以严此中之防；精一之旨，所以几此中之功。禹于受命之余，他也和舜一样执中不违。如孔子说：

"禹，吾无间然矣！菲饮食而致孝乎鬼神，恶衣服而致美乎黻冕，卑宫室而尽力乎沟洫，禹吾无间然矣！"（《泰伯》）

禹一生无可滋议，深得孔子嘉许，即在他的生活丰俭得宜，适合中庸之体。他的中庸显于勤苦力行和敬神爱人上，于是演成后此的墨家文化；墨子即以夏禹为祖，和仲尼祖述尧舜一样。

（丙）尧舜禹政治的成绩

尧、舜、禹对于中国文化有过特别贡献，在政治上尤有相当成绩；并且可说他们能使某种文化推行有力，得助于其政治地位者不少。前古帝制政府，本有创造文化、统治文化的全权，所谓“礼乐征伐自天子出”者是；后来孔子要推行他的学说，原也有凭借政治地位的企图，无如他的企图不能实现。所以荀子有言：“圣人之得势者，舜禹是也；圣人之不得势者，仲尼、子弓是也。”从仲尼起，始以布衣而行王者之事，寖假而中国文化乃由贵族式而渐趋平民化；以前文化贵族色彩浓厚，实以文化背景如此之故。

尧、舜、禹等除凭借其政治地位创造文化外，还有甚么政绩呢？我们分开来说。

（子）尧的政绩

尧是怎样为皇帝呢？“尧之为君也，其仁如天，其智如神；就之如日，望之如云；富而不骄，贵而不舒。黄收（冕名）纯衣，彤车白马，茅茨不剪，朴桷不斲，素题不枅，大辂不画，越席不缘，大羹不和，饭于土簋，饮于土铏，金银珠玉不饰，锦绣文绮不展，音怪异物不视，玩好之器不宝，淫佚之乐不听，宫垣室屋不垩色，布衣掩形，鹿裘御寒，衣履不蔽尽，不更为也。”（《通鉴》）“存心于天下，加志于穷民。一民饥，曰我饥之也；一民寒，曰我寒之也；一民有罪，曰我陷之也。百姓戴之如日月，亲之如父母。仁昭而义立，德溥而化广；故不赏而民劝，不罚而民治。”（《说苑》）孔子故赞美他说：

> “大哉尧之为君也！……巍巍乎其有成功也！焕乎其有文章！”（《泰伯》）

这是说尧帝的伟大，又显于政治的成功，文章的焕发，礼乐因而美备，法度因而修明，启累世洪荒之业，开三代治平之基，此帝尧之所以名。至于《管子》却本于法治观点说：

昔者尧之治天下也，犹埴之在埏也，惟陶之所以为；犹金之在垆也，恣冶之所以为。引之而来，推之而往，修之而成，禁之而止。故尧之治也，善明法禁之令而已矣。

（丑）舜的政绩

舜是怎样做皇帝呢？“舜之为君也，上循尧道，下任众贤，师纪后，拜蒲衣，亲善〔单〕卷，学于务成昭。立诽谤木，设旌谏鼓，以广直言之路；访不逮于总章，养国老于上庠，养庶老于下庠，宪其行止，贵德尚齿，藏金巉岩之山，捐珠五湖之渊，俾下服度，于以杜淫邪而绝觊媚；作米廪以藏帝籍，立两学以教国士。恭己南面，无为而治。”（《通鉴》）正如孔子的话：

“无为而治者，其舜也与！夫何为哉？恭己正南面而已矣。”（《卫灵公》）

又《荀子》说：

舜南面而治天下，天下太平。照于玉烛，息于永风，食于膏火，饮于醴泉。舜之行，其犹河海乎！千仞之溪满焉，蝼蚁之穴亦满焉。由此观之，禹汤之功，不足云也。

《韩诗外传》也说：

昔者，舜甑盆无膻，而下不以馀获罪；饭乎土簋，啜乎土型，而农不以力获罪；粗衣而执领，而女不以巧获罪；法下易由，事寡易为功，而民不以政获罪。故大道多容，大德众下；圣人寡为，故用物常壮也。

这就是仲弓所说："居敬而行简，以临其民"；也就是老子所倡的无为主义。

（寅）禹的政绩

禹是怎样做皇帝呢？孟子说：

> "禹恶旨酒而好善言"；（《离娄下》）"禹闻善言则拜"。（《公孙丑上》）

又说：

> "禹思天下有溺者，犹己溺之也。"（《离娄下》）

孟子所说，一为禹的自修，一为禹之临政，这两层意义，正和《五子之歌》所述禹训一样：

> 其一曰："皇祖有训，民可近，不可下；民惟邦本，本固邦宁。"……其二曰："训有之，内作色荒，外作禽荒，甘酒嗜音，峻宇雕墙，有一于此，未或不亡。"

他能这么俭约自奉，重固邦本，以致人民爱戴，没齿不忘。他后来奉行尧舜故事，让位于贤。"荐益于天，七年禹崩，三年之丧毕，益避禹之子于箕山之阴，朝觐讼狱者，不之益而之启曰：'吾君之子也。'讴歌者，不讴歌益而讴歌启曰：'吾君之子也。'"（《孟子·万章上》）

二　殷末三仁

据《微子篇》说：

> 微子去之，箕子为之奴，比干谏而死。孔子曰："殷有三仁焉。"

（甲）微子

微子名启，帝乙长子，纣王庶兄，食采于微而名；微为国，子为爵。初为纣卿士，纣无道而屡谏不从；及祖尹以周西伯昌之修德政，灭阢国，惧大祸将至，特以告纣。纣说："我生不有命在天乎？是何能为?"于是微子度纣终不可谏，欲死或去，未即自决，乃和太师箕子、少师比干商量。《商书·微子篇》记其事说：

> 微子若曰："父师少师，殷其或弗乱正四方，我祖底遂陈于上。我用沉酗于酒，用乱败厥德于下；殷罔不小大，好草窃奸宄，卿士师师非度，凡有辜罪，乃罔恒获，小民方兴，相为敌仇。今殷其沦丧，若涉大水，其无津涯；殷遂丧，越至于今。曰：父师少师！我其发出狂，吾家耄逊于荒，今尔无指，告予颠隮，若之何其?"父师若曰："王子！天毒降灾荒殷邦，方兴沉酗于酒，乃罔畏畏，咈其耇长，旧有位人。今殷民，乃攘窃神祇之牺牷牲，用以容，将食无灾。降监殷民，用乂仇敛，召敌仇不怠，罪合于一，多瘠罔诏，商今其有灾，我兴受其败；商其沦丧，我罔为臣仆，诏王子出迪。我旧云刻子；王子弗去，我乃颠隮。自靖，人自献于先王，我不顾行遁。"

关于微子去处，这篇陈义很详，箕子告微子不可不去，以存殷祀，自己有不得不留的苦衷；所谓"自靖"，即各尽其义之所当尽。按这篇，原属微子与箕子、比干谋，独有箕子作答，比干或以死志已决，箕子"自靖"之词正合心意，乃不复有所言说呢？他们三人行为虽不一致，志操则同。孔子故说"三仁"。

微子自与箕子、比干商量去就后，比干谏而被剖，微子说：

"父子有骨肉，而臣主以义属。故父有过，子三谏不听，则随而号之；人主三谏不听，则义可以去矣。"于是遂行。据《左传》："楚子克许，许男面缚御璧，衰絰与衬以见楚子，楚子问诸逢伯。逢伯对楚子说：'昔武王克商，微子启如是，武王亲释其缚，受其璧而祓之，焚其衬，礼而命之。'"《史记·宋世家》也说："武王伐纣克殷，微子乃持其祭器造于军门，肉袒面缚，左牵羊，右把茅，膝而前以告，于是武王乃释微子，复其位如故。"按这话不可靠，微子去志既决，早怀丧不臣周之心，何得这么卑躬屈节来降？《左传》逢伯特为许男开脱之词，并非实有其事；《史记》又因误以《左传》为真，失于不察。后来纣子武庚作乱受诛，周公乃求微子以代殷后，奉其先祀，申以《微子之命》，国于宋；是周求微子，非微子投周。微子既经就国，因其仁贤而得殷余民爱戴。微子卒，嫡子早亡，立其弟衍为微仲，《檀弓》所谓"微子舍其孙腯而立衍"。

（乙）箕子

箕子名胥馀，食采于箕而名。纣性汰侈，好酒色，始为象箸。箕子叹息说："彼为象箸，必不盛以土铏，将作犀玉之杯；玉杯象箸，必不羹藜藿，衣短褐，而舍于茅茨之下，则锦衣九重，高台广室，称此以求，天下不足矣。远方珍怪之物，舆马宫室之渐，自此而始，故吾畏其卒也。"既而纣愈淫佚，作炮烙刑，箕子谏不听。或说："可以去矣。"他说："为人臣，谏不听而去，是彰君之恶，而自说于民，吾不忍为也。"乃披发佯狂而为奴，遂隐而鼓琴以自悲，传之为《箕子操》。

武王克殷。封箕子于朝鲜而不臣；后武王又访箕子问道，箕子乃为陈禹《洪范》九畴。"初一曰五行，次二曰敬用五事，次三曰农用八政，次四曰协用五纪，次五曰建用皇极，次六曰七用三德，次七曰明用稽疑，次八曰念用庶征，次九曰向用五福，威用六极。”这是箕子对于当代一大贡献，《洪范》乃古代政治原理和最有系统的哲学。除《洪范》外，另传箕子作有《麦秀之诗》，说因箕子朝周，过故殷墟，看见宫室尽为禾黍，极为伤感。乃歌：

> “麦秀渐渐兮，禾黍油油兮，彼狡童兮，不与我好兮。”

按这诗歌有不可信者二，一则箕子为殷故臣，不应斥纣为“狡童”；二则箕子原不臣周，何愿来朝？或说箕子既不臣周而朝周，为甚么他又陈禹《洪范》呢？苏氏说：“天以是道畀之禹，传至于我，不可使自我而绝；以武王而不传，则天下无可传者矣。故为箕子之道者，传道则可，仕则不可。”

箕子墓在今朝鲜平壤。

（丙）比干

比干见箕子谏不听而佯狂为奴，说：“王暴不谏，非忠也；畏死不言，非勇也；君有过而不以死争，则百姓何辜。”于是陈述先王艰难、天命不易，请王洗心易行。纣大怒说：“比干自以为圣人矣，吾闻圣人之心有七窍，信有诸乎？”就杀比干，刳视其心。

三　周的至德

《论语》称周的至德者二，一为泰伯，一为文王。

（甲）泰伯

孔子说：

> “泰伯，其可谓至德也已矣！三以天下让，民无得而称

焉。”（《泰伯》）

泰伯三让天下事，《吴越春秋》说：“古公（即大王亶父）三子，长曰泰伯，次曰仲雍，少曰季历。季历生子昌；古公知昌贤，欲传国以及昌。曰：‘兴王业者，其在昌乎？’泰伯、仲雍望风知指，古公病，二人托命采药于衡山，遂之荆蛮，断发文身，因其俗为夷狄之服，示不可用。古公薨，泰伯、仲雍归，丧事毕，还荆蛮，国民君事之，自号为勾吴。古公病将卒，令季历让国于泰伯，泰伯辞不受，故曰三以天下让。”三让而不明著其德，是故民无得而称；“上德不德，是以有德”（《老子》），孔子称为至德也宜。

惟其让天下，是指谁家天下呢？据朱子《注》：“大王之时，商道寖衰，而周日强大，季历又生子昌有圣德，大王因有剪商之志，而泰伯不从，大王遂欲传位季历以及昌云。”照这说话，大王原是一个大野心家，早已蓄意谋占王位，泰伯不予同意而失继承权；那么，他让天下是让商，非让周。朱子这解释，有两个根据：一是《左传》宫之奇说：“大伯虞仲，大王之昭也，大伯不从，是以不嗣。”（僖公五年）一是《诗》说：“至于大王，实始戬商。”惟《左传·僖五年》所载宫之奇语，原不十分可靠，朱子自己也曾据宫之奇“虞不腊矣”一语，断定为秦人言；至《诗》“戬商”之义，也有另解，“戬”即福，言大王始受福于商，并非剪除之意。是故泰伯之让，当以三次让位为是。

（乙）文王

泰伯既不与立，大王传位于季历，是为王季；王季传昌，即为文王。孔子指着文王说：

“三分天下有其二，以服事殷；周之德，其可谓至德也

已矣！”（《泰伯》）

文王的至德，是在以三分之二的天下为殷臣，他怎会得三分之二的天下呢？据《吕氏春秋》说：“西伯（即文王昌）立灵台，掘地得死人之骨。西伯曰：‘更葬之。’吏曰：‘此无主矣。’西伯曰：‘有天下者，天下之主也；有一国者，一国之主也。寡人即其主，又安所求主乎？’遂葬之。天下皆曰：‘西伯泽及枯骨，况其人乎？’于是皈者三千国，三分天下，奄有其二。”照这说，似乎西伯有得有三分之二的天下即为泽及枯骨一事，实则这不过西伯仁政的一端，“西伯遵后稷、公刘之业，则古公、季历之法，笃仁敬老，慈幼礼贤，晏朝不食，以延四方之士，询于八虞，咨于二虢，度于闳夭，诹于蔡原，访于辛尹，重之以周、召、毕、荣，亿宁百神而柔和万民，于是伯夷、鬻熊之徒咸至。”似此，天下之民何得不皈顺？

民既皈心于他，纣王忌之也切，经崇侯虎谮言，囚西伯于羑里。西伯并不因而怨纣，反倒利用那种境遇，演易八卦为六十四卦，对中国文化作一极有价值的发明。孔子故说：“《易》之兴也，其当殷之末世，周之盛德耶！当文王与纣之事耶！”方西伯被囚于羑里，失去自由，闳夭之徒设法营救，献上美女宝物，纣王大悦，乃赦西伯，并赐以弓矢斧钺，得专征伐。明年，伐犬戎，得吕尚；又明年，伐密须，都于程；又明年伐耆；又明年伐邛；又明年伐崇，作丰邑，迁都于此。“文王侵密，克莒，举酆，三举事而纣恶之，文王乃惧，请入西洛之地，赤壤之国方千里，以请解炮烙之刑。仲尼闻之曰：‘仁哉文王！轻千里之国，而解炮烙之刑；智哉文王！出千里之地，而得天下之心。’”（《韩非子》）

看到这些史实，足知文王奄有三分之二的天下，也非偶然。这么天与人皈而不以为意，纣虽无道至极而能终身不二，非至德者何能这样？北宫文子故说："《周书》数文王之德曰：'大国畏其力，小国怀其德'，言畏而爱之也；《诗》云：'不识不知，顺帝之则'，言则而象之也。纣囚文王七年，诸侯皆从之囚，纣于是乎惧而皈之，可谓爱之；文王伐崇，再驾而降为臣，蛮夷帅服，可谓畏之；文王之功，天下颂而歌舞之，可谓则之；文王之行，至今为法，可谓象之。"（《左传·襄公三十一年》）

四 两大霸主

霸业始于齐桓，继成于晋文；至孔子时，霸业已经衰歇。孔子曾就齐桓、晋文的事加以品评说：

"晋文公谲而不正，齐桓公正而不谲。"（《宪问》）

本来"仲尼之徒，羞称五霸"，"无道桓文之事者"，孔子当日为甚么又这样加以评论呢？孔子说这，正是要人知道霸术的不可尚，不足尚，一个较低一个，齐桓犹有片善，晋文则愈乖违，况欲步他们后尘而又不如的呢？从此可见，降至春秋时代，不但王道与霸术显有高低，就是霸术和霸术也令人有江河日下之感！

五 鲁卿大夫

鲁国卿大夫，经《论语》提论者，有臧文仲、季文子、臧武仲、孟公绰、卞庄子、孟之反等人；这些人在人格上虽不完全，却是各人皆有偏长可取。所以，

子路问成人，子曰："若臧武仲之智，公绰之不欲，卞庄子之勇，冉求之艺，文之以礼乐，亦可以为成人矣。"（《宪问》）

（甲）臧文仲

《世本》说鲁孝公生僖伯彄，彄字子臧，是臧氏之始；臧文仲即僖伯彄的曾孙，名辰，时有智者之称。孔子却不以为然，说：

“臧文仲居蔡，山节藻棁，何如其知也？”（《公冶长》）

孔子不单说他不知，而且指责他说：

“臧文仲其窃位者与？知柳下惠之贤而不与立也。”（《卫灵公》）

据《左传·僖公二十六年》，“齐孝公侵鲁北鄙，……公使展喜犒师，使受命于展禽（即柳下惠），……齐侯乃还”。鲁国因柳下惠的话而得免战祸，他的贤才可以概见；使展喜而必使先去请教他哥哥，则其贤才为鲁政府所熟悉也可知。臧文仲为鲁卿相，有推贤荐能之任，明知柳下惠贤而不任用，岂非怕柳下惠夺去他的地位？窃位之嫌，在所不免。虽然，鲁岂止一臧文仲呢？当代又岂止一鲁国有他这种人呢？孔子周游列国而不见用于诸侯，实也以无卿大夫推用之故。孔子此言，颇堪耐人寻味。

总其一生，“臧文仲不仁者三，不知者三。下展禽，废六关，妾织蒲，三不仁也；作虚器（居蔡），纵逆祀（事太庙跻僖公），祀爰居（海鸟名），三不知也。”

（乙）季文子

季文千名行父，为鲁元卿，人颇谨慎。《公冶长》说：

季文子三思而后行。子闻之曰：“再斯可矣。”

人的行为鲁莽草率，多由于不用思想；季文子能够三思而后行，（如《左传》文公六年秋，使季文子聘于晋，求遭丧之礼以行，预备不虞。）似有过人之处。然而孔子又觉得“终日不食，终夜不寝，以思，无益，不如学”。思不可少，过思也不必；因为是非可否，务穷理而贵果断，不徒以多思为尚。像季文子于宣公篡立，应申讨而不为，反为出使赂齐，以定公位，是何等优柔！这是过思的人易犯的弊病，常多顾虑。虽然，季文子在鲁卿大夫中，仍为可取之士，以致《左传》作者为之盖棺论定说：

> 季文子卒，大夫入敛，公在位；宰庀家器为葬备，无衣帛之妾，无食粟之马，无藏金玉，无重器备。君子是以知季文子之忠于公室也。相三君矣，而无私积，可不谓忠乎？

（丙）臧武仲

武仲名纥，即文仲孙，父名宣叔；孔子虽不承认文仲为智者，却告诉子路为人当有武仲之智。据《左传》，武仲预知卫献公将复国（襄公十四年），阻止季孙铸鼎铭功（十九年），讥季氏受邾庶其之叛，说招致外盗乃引起之因（二十一年），知齐侯将败而不受其邑（二十三年）；凡此诸端，皆足显明他是明理先见，智过常人。甚至在当代社会，他有圣人之誉！所以“臧武仲如晋，雨，过御叔，御叔在其邑，将饮酒曰：‘焉用圣人？我将饮酒而已。雨行，何以圣为？’”（二十二年）这虽是御叔轻慢的态度，讥诮的口调，却可为臧武仲已著圣誉于当代的反证。虽然武仲有相当的智识，行为究有亏欠，曾经阿顺季氏废长立幼，树敌招怨，致不见容于孟孙，不能在鲁容身。孔子故说：

> “智则难也！有臧武仲之智而不容于鲁国，抑有由也，作不顺而施不恕也。《夏书》曰：‘念兹在兹’，顺事恕施也。”（《左传·襄公二十三年》）

颜回也说：

“武仲世称圣人，而身不免于罪，是智不足称也！好言兵讨，而锉锐于邾，是勇不足名也！”（《家语》）

按武仲号称圣人，还有这些缺点，无非利令智昏，以为季氏执政，从其所好，则可以固禄位，不料终因而获罪出奔；既而请求立后，又为识者不取，总总是私利之过。孔子说：

“臧武仲以防求为后于鲁，虽曰不要君，吾不信也。”（《宪问》）

按臧武仲以防求为后于鲁，事见《左传》襄公二十三年，“孟孙告于季孙曰：‘臧氏将为乱，不使我葬。’季孙不信，臧孙闻之戒。冬十月，孟氏将辟，藉除于臧氏，臧孙使正夫助之；除于东门，甲从己而亲之。孟氏又告季孙，季孙怒，命攻臧氏；乙亥，臧纥斩鹿门之关以出，奔邾。……臧武仲自邾使告臧贾，且致大蔡焉曰：‘纥不佞，失守宗祧，敢告不弔；纥之罪，不及不祀，子以大蔡纳请，其可。’贾曰：‘是家之祸也，非子之过也；贾闻命矣，再拜受龟，使臧为以纳请，遂自为也。臧孙如防，使来告曰：‘纥非能害也，知不足也。非敢私请；苟守先祀，无废三勋，敢不辟邑。’乃立臧为，臧纥致防而奔齐。”

（丁）孟公绰

孟公绰在鲁以寡欲名。孔子曾说：

“孟公绰为赵、魏老则优，不可以为滕、薛大夫。”（《宪问》）

《困勉录》说：“家之大者，无如赵、魏；国之小者，无如滕、薛。人各有能有下能，公绰盖廉静而短于才者，使他做家老，就是赵、魏尚优；若使他做大夫，即滕、薛且不可。”

（戊）卞庄子

卞庄子名已失传，只晓得他是曹叔振铎之后；曹叔支庶有食采于卞者，因以为氏。卞庄子以勇名，除《论语·宪问》一提外，据《春秋后语》说：

> 卞庄子性好勇，尝刺虎。管竖子止之曰：“两虎方食牛，牛甘必争斗，则大者伤，小者亡，从伤而刺，一举必有两获。”庄子然之，果获二虎。——齐人欲伐鲁，忌卞庄子，不敢过。”

又《韩诗外传》说：

> 庄子善事母，母无恙时，三战而三北，交游非之，国君辱之；庄子受命，颜色不变。及母死三年，鲁兴师伐齐，庄子请从，见于鲁将军曰：“初与母处，是以三北，吾甚辱焉；今母没矣，请塞责。”遂赴敌，获一甲首而献之曰：“请以此塞一北也。”又入，获一甲首而献之曰：“请以此塞再北。”又入获一甲首而献之曰：“请以此塞三北。”将军上之，请为兄弟。庄子曰：‘三北以养母也，是子职也；今士节小具，而塞责焉，吾闻之，节士不以辱生。”遂奔敌，杀七十人而死。君子曰：“三北而塞责，没世断家，于孝不终也。”

（己）孟之反

孟之反为鲁孟氏族人，名侧。《左传》“哀公十一年，春，齐为鄎故，国书、高无丕帅师伐鲁，及清。孟孺子泄帅右师，……冉求帅左师，……师及齐师，战于郊，……右师奔，齐师从之。……孟之侧后入以为殿。抽矢策其马曰：‘马不进也。’”孔子听了，赞美他说：

> “孟之反不伐。奔而殿，将入门，策其马曰：“非敢后也，马不进也。”（《雍也》）

孟之反断后以保全右师，使各士卒从容退皈，于败军中立功，他却在后而言非敢在后，不进非徒系马力而言马不进，不独有功不居，反倒自掩其能。老子说：“夫惟不居，是以不去。”（《道德经》二章）孔子赞之也宜。

附二名士

《论语》除鲁卿大夫外，又提过两个名士，一名微生高，一名原壤。孔子论到微生高说：

> “孰谓微生高直？或乞醯焉，乞诸其邻而与之。”（《公冶长》）

程子说：“微生高所枉虽小，害直为大。”范氏说：“是曰是，非曰非，有曰有，无曰无，谓直；圣人观人于一介之取予，而千驷万钟从可知焉。故以微事断之，所以教人不可不谨。”

至于原壤，为周文王第十六子原伯的后人，和孔子素有交往；他的行为，放乎礼法之外。《礼·檀弓》说：

> 孔子之故人曰原壤，其母死，夫子助之沐淳。原壤登木曰：“久矣予之不托于音也；歌曰：‘狸首之斑然，执女手之卷然。”夫子为弗闻也者而过之。从者曰：‘子未可以已乎?’夫子曰：‘丘闻之，亲者毋失其为亲也，故者毋失其为故也。”

母死不悲，还能有心放歌，这和孔子态度是怎样相反！孔子仍本其亲故不失为亲故之意，尽其在我以为之助。他那么藐弃礼法，违反人情，孔子也并不加以指斥，以这种人当大事尚且如此；圣人能怎么样呢？虽然，那也要看情势而定，孔子固非不欲教他；孟子所谓“不屑教诲之者，是亦教诲之而已”。是故到了后来，孔子虽未和他绝交，他又觉得尽其故人本分，不得不稍予指正其行为的乖谬。正如《宪问篇》说：

原壤夷俟。子曰：“幼不孙弟，长而无述焉，老而不死，是为贼。”以杖叩其胫。

孔子看他这种人空长百岁，白占地土，不过为一社会蠹贼而已；既无善状足述，徒行伤风败俗。人生不求有点贡献于社会人群，有甚么价值呢？

六 卫诸君子

从前吴季札历聘至卫，看见蘧伯玉、史狗、史鱼、公子荆、公叔文子、公子朝等人，说：“卫多君子，未有患也。”所以卫国是个多君子的国，国家就靠他们那些人存在。《说苑》故说：

赵简子将袭卫，使史默往视之。默还曰：“今蘧伯玉为政，……其佐多贤，未可以加兵也。”简子按兵不动。（《奉使篇》）

《论语》也说：

子言卫灵公之无道也。康子曰：“夫如是，奚而不丧？”孔子曰：“仲叔圉治宾客，祝鮀治宗庙，王孙贾治军旅。夫如是，奚其丧？”（《宪问》）

足见卫国前后数十年，完全是那些君子支撑着！如王孙贾等，虽不足语于君子之堂，尚也有相当干才，配居君子之位。孔子在卫多年，与诸贤大夫时相过从，并曾屡主蘧伯玉家，对于他们都有相当论评。

（甲）蘧伯玉

伯玉名瑗，有贤名于当代。孔子赞美他说：

> “君子哉蘧伯玉！邦有道，则仕；邦无道，则可卷而怀之。”（《卫灵公》）

孔子赞许蘧伯玉，这里是就从政的观点，和处世的态度上说；可以仕则仕，可以止则止，正是孔子的人生态度。按蘧伯玉有道则进，无道则退，事详《左传》襄公十四年及二十六年：孙文子谋害卫献公，“入见蘧伯玉曰：‘君之暴虐，子所知也，大惧社稷之倾覆，将若之何？’曰：‘君制其国，谁敢奸之？虽奸之，庸知愈乎？’遂行，从近关出”。既而“卫献公使子鲜为复，……以公命与宁喜言曰：‘苟反，正由宁氏，祭则寡人。’宁喜告蘧伯玉。伯玉曰：‘瑗不得闻君之出，敢闻君入。’遂行，从近关出”。因为卫献公之出，咎由自取，入又不得其正，此所谓君不君、臣不臣，蘧伯玉故皆不与闻。孔子以为义。蘧伯玉何以这么明于去就呢？考其生平，蘧伯玉是个严于自修的人，对于处世为人之道，虔思有素，始能当机立断，去非从是。他平常是怎样虔修呢？

> 蘧伯玉使人于孔子，孔子与之坐而问焉。曰：“夫子何为？”曰：“夫子欲寡其过而未能也。”使者出。子曰：“使乎！使乎！”（《宪问》）

孔子赞美使者答辞得体，无异赞美蘧伯玉虔修得宜。《淮南子》故说：

蘧伯玉行年五十，而知四十九年之非。

《庄子·则阳》也说：

伯玉行年六十而六十化。

一个这么讲究修养的人，无怪他不失为君子；不单孔子认识他人格高尚，连那淫妇南子也钦佩他，如《小学·内篇》说：

卫灵公与夫人夜坐，闻车声辚辚，至阙而止；过阙后，依然有声。问夫人曰："此为谁？"夫人曰："此蘧伯玉也。"公曰："何以知之？"夫人曰："妾闻礼下公门，式路马，所以广敬也。夫忠臣与孝子，不为昭昭伸节，不为冥冥堕行。蘧伯玉，卫之贤大夫也，仁而有智，敬于事上，此其人必不以暗昧废礼，是以知之。"公使人视之，果伯王也。

（乙）宁武子

宁武子名俞，庄子子。孔子论到他说：

"宁武子，邦有道则知，邦无道则愚；其知可及也，其愚不可及也。"（《公冶长》）

按《左传》，"武子仕卫，当文公、成公之世。文公有道，而武子无事可见，此其知之可及也；成公无道，至于失国，而武子周旋其间，尽心竭力，不避艰险，凡其所处者，智谋之士所深避而不肯为者，而能卒保其身以济其君，此其愚之不可及也"。（《朱注》）

（丙）史鱼

史鱼名鰌，世为卫太史。孔子论到他说：

“直哉史鱼！邦有道如矢，邦无道如矢。”（《卫灵公》）

何以见得史鱼为人直道而行呢?《新序》说：“卫蘧伯玉贤而不用，弥子瑕不肖而任事，卫大夫史鰌患之，数以谏灵公，不听。史鰌病且死，谓其子曰：‘我即死，治丧于北堂；吾不能进蘧伯玉而退弥子瑕，是不能正君也，生不正君者，死不当成礼，置尸北堂，于我足矣。’史鰌死，灵公往弔，见丧在北堂，问其故？其子具以父言对，灵公蹴然易容，寝然失位。曰：‘夫子生则欲进贤而退不肖，死且不懈，又以尸谏，可谓忠而不衰矣。’于是乃召蘧伯玉而进之以为卿，退弥子瑕；徙丧北堂，成礼而后返，卫国以治。”（卷一）

（丁）公叔文子

文子为公叔发的谥号，他怎么配得这名呢？

（子）文子的得名

《论语》说：

公叔文子之臣大夫僎，与文子同升诸公子。闻之曰：“可以为文矣。”（《宪问》）

孔子据公叔发不尸位素餐，不拘分贱下，能够推贤选能，许其足以称文。这不过是孔子个人偶然有所感而言，至其得这谥号的经过，《礼记》：“公叔文子卒，其子戍请谥于君曰：‘日月有时，将葬矣，请所以易其名者。’君曰：‘昔者卫国凶饥。夫子为粥与国之饿者，是不亦惠乎？昔者卫国有难（徐文豹作乱杀卫侯之兄絷），夫子以其死卫寡人，不亦贞乎？夫子听卫国之政，修其班制，以与四邻交，卫国之社稷不辱，不亦文乎？故谓夫子贞惠文子。’”

（丑）文子的家产

据上引《礼记》，文子曾为粥与国之饥民，他怎能这样博施济众呢？原来他在卫国是个有名的财主。据《左传》说："初，文子朝而请享灵公，退见史鰌而告之。史鰌曰：'子必祸矣。子富而君贪，罪其及子乎？'文子曰：'然。吾不先告子，是吾罪也。君既许我矣，其若之何？'史鰌曰：'无害。子臣可以免；富而能臣，必免于难，上下同之。戍也骄，其亡乎？富而不骄者鲜，吾唯子之见；骄而不亡者，未之有，戍必与焉。'及文子卒，卫侯始恶于公叔戍，以其富也。公叔戍又将去夫人之党，夫人愬之曰：'戍将为乱。'十四年春，卫公叔戍奔鲁。"（定公十三年）

（寅）文子的自修

文子治人严，自治更严，以致人误传其不言，不笑，不取。所以，

> 子问公叔文子于公明贾曰："信乎夫子不言，不笑，不取乎？"公明贾对曰："以告者过也。夫子时然后言，人不厌其言；乐然后笑，人不厌其笑；义然后取，人不厌其取。"子曰："其然岂其然乎？"（《宪问》）

孔子虽以公明贾之言不必然，然而时人相传他不言不笑不取，未始无因，其为人也廉静寡欲可见。

（卯）文子的政治

又据谥号中，称文子听政，修班制，似乎文子为政很重秩序，主严肃。所以《说苑》说："文子为大令尹三年，民无敢入朝。"（《政理》）对于他这种严厉主张，时人颇有非议，说是"严则下喑，下喑则上聋。聋喑不通，何国之治也？盖闻之也，顺针镂者成帷幕，合升斗者实仓廪，并小流而成江海；明王者，有所

受命而不行，未尝有所不受也”。

文子主内政虽严，对于外交又很和平善易，《左传》“鲁定公侵郑，取匡。……往不假道于卫。及还，阳虎使季孟自南门入，出自东门，舍于豚泽。卫侯怒，使弥子瑕追之。公叔文子老矣，辇而如公曰：‘尤人而效之，非礼也。昭公之难，君将以文之舒鼎，成之昭兆（宝龟），定之鞶鉴，苟可以纳之，择用一焉；公子与二三臣之子，诸侯苟忧之，将以为之质，此群臣之所闻也。今将以小忿蒙旧德，无乃不可乎？大姒之子，唯周公、康叔为相睦也，而效小人以弃之，不亦诬乎？夫将多阳虎之罪而毙之，君姑待之，若何？’乃止。”（定公六年）

（戊）孔文子

孔文子名圉，以其居次，连称仲叔圉，文子也是他的谥号。按《汲冢书》说：“周公旦制谥，经纬天地曰文，道德博原曰文，慈惠爱民曰文，愍民惠礼曰文，锡民爵位曰文。”孔圉也以“文”为谥号，又是属那一样？

> 子贡问曰：“孔文子何以谓之文也？”子曰：“敏而好学，不耻下问，是以谓之文也。”（《公冶长》）

孔文子之所以为“文”，据孔子说，不在其才堪经纬天地，或是道德博原，乃是因他好学问故。他的才干，孔子以其善治宾容；大概孔子至卫，常受他的招待，请教孔子之处必多，孔子故这么说。照《左传》，哀公十一年冬，“孔文子之将攻大叔也，访于仲尼。仲尼曰：‘胡簋之事，则尝学之矣；甲兵之事，未之闻也。’退，命驾而行曰：‘鸟则择木，木岂能择鸟？’文子遽止之。”文子留住仲尼，是他分内事，何况孔子行是因他不合道呢？他连那种事也拿来问孔子，则其平素和孔子探讨其他学问也可知。

（己）祝鮀

祝鮀字子鱼，为卫大祝，《论语》故说他有治宗庙之才，孔子并说他也善词令。关于他的职守与说辞，可参《左传·定公四年》说："春三月，刘文公合诸侯于召陵，谋伐楚也。……将会，卫子行、敬子言于灵公曰：'会同难，啧有烦言，莫之治也；其使祝鮀从。'公曰：'善。'乃使子鱼。子鱼辞曰：'臣展四体，以率旧职，犹惧不给，而烦刑书；若又共二，徼大罪也。且夫祝，社稷之常隶也；社稷不动，祝不出竟，官之制也。君以军行，祓社衅鼓，祝奉以从，于是乎出竟；若嘉好之事，君行师从，卿行旅从，臣无事焉。'公曰：'行也。'及皋鼬，将长蔡于卫，卫侯使祝鮀私于苌弘曰：'闻诸道路，不知信否？若闻蔡将先卫，信乎？'苌弘曰：'信。蔡叔，康叔之兄也，先卫不亦可乎？'子鱼曰：'以先王观之，则尚德也，……非尚年也；今将尚之，是反先王也。……吾子欲复文武之略，而不正其德，将如之何？'苌弘说，告刘子，与范献子谋之，乃长卫侯于盟。"

（庚）王孙贾

贾系周大夫王孙满之后，当时为卫权臣，掌兵柄；曾借媚灶媚奥之喻，暗示孔子附己，以便执政，孔子虽不直其所为，却也承认他有相当军事才。他长于军事，可从以下一段事实看出："晋师将盟灵公于鄟泽。赵简子曰：'群臣谁敢盟卫君者？'涉佗、成何曰：'我能盟之。'卫人请执牛耳。成何曰：'卫君温原也，焉得视诸侯？'将歃，涉佗捘卫侯之手及腕，卫侯怒。王孙贾趋进曰：'盟以信礼也，有如卫君，其敢不唯礼是事，而受此盟也？'灵公欲叛晋。而患诸大夫；王孙贾使次于郊。大夫问政。公与晋诟语之。且曰：'寡人辱社稷，其政卜嗣，寡人从焉。'大夫曰：'是卫之祸，岂君之过也？'公曰：'又有患焉，必以而子与大夫之子为质。'大夫曰：'苟有益焉，公子则往，群臣之子敢不负羁绁以从。'将行，王孙贾曰：'苟卫国有难，工商未尝不为患，使皆行而后可。'公以告大夫，乃皆将行之；行有日，公朝国人，使贾问焉。曰：'若卫叛晋，晋五伐我，我病何如矣？'皆曰：'五伐我，我犹可以能战！'贾曰：'然则如叛之，病而后质焉，何迟之有？'乃叛晋，晋人请改盟，弗许。"

另据《吕氏春秋》："卫灵公天寒凿池，王孙贾奏曰：'君衣狐裘，而坐熊席，奥隅百灶，是以不寒；民衣敝不补，履决不苴，君则不寒，民诚寒矣。'公曰：'善。'令罢役。"可见王孙贾虽非贤者，却也颇能顾及民众。

（辛）公子荆

荆字南楚，为卫公子，曾得吴季札赏识；孔子也觉得他没有时下一班公子奢侈恶习，曾加激赏。《子路篇》说：

> 子谓卫公子荆善居室。始有曰："苟合矣。"少有曰："苟完矣。"富有曰："苟美矣。"

居室本于居心，寡营由于寡欲。燥心胜者，有病于欲足；贪心胜者，务求于尽美。公子荆能这么谨身节用，持盈戒满，难怪季札既称其贤，孔子又赞其善。

七　齐三贤臣

（甲）管仲

管仲字夷吾，颍上人。

（子）管仲执政的功业

据《史记》说："管仲相桓公专且久，以区区之齐在海滨，通货积财，富国强兵，与俗同好恶。故其言曰：'仓廪实而知礼节，衣食足而知荣辱，上服度则六亲固；四维不张，国乃灭亡。'下令如流水之原，令顺民心，故论卑易行。俗之所欲，因而予之；俗之所否，因而去之。其为政也，善因祸而为福，转败而为功；贵轻重，慎权衡。桓公实怒少姬，南袭蔡，管仲因而伐楚，责包茅不入贡于周室；桓公实北征山戎，而管仲因而令燕修召公之政；于柯之会，桓公欲背曹沫之约，管仲因而信之。诸侯由是皈齐。"（《管晏列传》）终桓公之世，灭国者五，城国者三，兵车之会三，乘车之会六；至于葵丘之会，一明天子之禁，王室赖以复振。是故《宪问篇》说：

> 子路曰："桓公杀公子纠，召忽死之，管仲不死，曰未仁乎？"子曰："桓公九合诸侯，不以兵车，管仲之力也。如其仁！如其仁！"
>
> 子贡曰："管仲非仁者与？桓公杀公子纠，不能死，又相之！"子曰："管仲相桓公，霸诸侯，一匡天下，民到于今受其赐！微管仲，吾其被发左衽矣。岂若匹夫匹妇之为谅也？自经于沟洫而莫之知也。"

（丑）管仲人格的品评

> 或问："管仲？"子曰："人也。夺伯氏骈邑三伯，饭疏食，没齿无怨言。"（《宪问》）

伯氏骈邑被夺，以致家人生活困穷，然而对于管仲并不怀恨，自是以为管仲应该享受那些，自己不配。孔子故许其为人！虽然，孔子单承认他不失为人而已，不可以语圣贤；又但说"如其仁”而已，并非就是仁者。原来管仲在人格上有许多欠全之处，正如《八佾篇》：

> 子曰：“管仲之器，小哉！”或曰：“管仲俭乎?”曰：“管氏有三归①，官事不摄，焉得俭?”“然则管仲知礼乎?”曰：“邦君树塞门，管仲亦树塞门；邦君为两君之好有反坫，管氏亦有反坫②，管氏而知礼，孰不知礼?”

管仲论政，以礼为四维之首，其重视礼的价值可知。桓公三十三年，盟诸侯于鲁之宁母，管仲请桓公招携以礼；三十五年，天子赐胙，管仲告桓公拜受以礼；三十八年，管仲奉命平戎，辞受上卿之礼；这些事，都足以构成时人一般以为管仲知礼的观念。然而，孔子以其树塞门，有反坫如邦君，迹近于僭，不礼之甚！是故管仲非以礼让为国之士，仅能做到以力假人而霸；只因他单使桓公为霸主，而止未能施行王道，孔子故虽一面称其功业不凡，究属局量褊浅，规模卑狭。

（乙）晏平仲

晏平仲名婴，莱之夷维人。据《史记》，晏平仲为孔子在齐

---

① 三皈，台名；台为方形，上下中方各几千尺。据《说苑》说，管仲筑此，特以自伤于民。

② 树塞门者，即屏蔽内外之意。按礼，天子外屏，诸侯内屏，大夫以簾，士以帷；管仲应以簾而竟用木，此其僭妄。

反坫，为诸侯酬酢，反爵于其上之礼。赵氏说：“古者，诸侯与邻国为好会，主君献宾，宾筵前受爵；饮毕，反此虚爵于坫上，于西阶上拜，主人于阼阶上答拜。宾于坫上取爵，洗爵，以酢主人；主人受爵既毕，反此虚爵于坫上，主人阼阶上拜，宾答拜。是宾主饮毕，反爵于坫也。大夫则无之。

所敬事之人；我在上文说过，孔子至齐当不止一次，为期而且很久，是故对于晏子人格有极长时间的体认。本乎他的经验而批评晏子说：

“晏平仲善与人交，久而敬之。”（《公冶长》）

孔子在齐若没有好多年，何能说晏子久交而不失敬？至于晏子善交，历史上还有一段佳话：“越石父贤，在缧绁中；晏子出，遭之涂，解左骖赎之，载皈，弗谢。人闺，久之，越石父请绝。晏子戄然，摄衣冠谢曰：‘婴虽不仁，免子于厄，何子求绝之速也？’石父曰：‘不然。吾闻君子绌于不知己，而伸于知己者。方吾在缧绁中，彼不知我也；夫子既已感悟而赎我，是知己，知己而无礼，固不如在缧绁之中。’晏子于是延人为上客。”（《管晏列传》）

附晏平仲事略（据《左传》）

齐庄公三年秋，栾盈自楚适齐。晏平仲言于齐侯曰：“商任之会，受命于晋，今纳栾氏，将安用之？小所以事大，信也；失信不立，君其图之。”弗听。退告陈文子曰：“君人执信，臣人执共，忠信笃敬，上下同之，天之道也；君自弃也，弗能久矣。”（灵公二十二年）

庄公六年，夏，五月乙亥，崔杼弑庄公；晏子闻难，立于崔氏门外。其人曰：“死乎？”曰：“独吾君也乎哉？吾死也。”曰：“行乎？”曰：“吾罪也乎哉？吾亡也。”曰：“皈乎？”曰：“君死安皈？君民者，岂以陵民？社稷是主；臣君者，岂为其口实？社稷是养；故君为社稷死则死之，为社稷亡则亡之。若为己死，而为己亡，非其私昵，谁敢任之？且人有君而弑之，吾焉得而死之？而焉得亡之？将庸何皈？”门启而入，枕尸股而哭；兴，三踊而出。人谓崔子：“必杀之。”崔子曰：“民之望也，舍之得民。”……崔杼立灵公嬖子杵臼，是为景公。……盟国人于大宫。曰：“所不与崔庆者。”晏子仰天叹曰：“婴所不惟忠于君，利社稷者是与，有如上帝。”乃歃。（灵公二十五年）

庆氏亡，……与晏子邶殿，其鄙六十，弗受。子尾曰：“富，人之所欲也，何独弗欲？”对曰：“庆氏之邑足欲，故亡；吾邑不足欲也，益之以邶殿，乃足欲，足欲，亡无日矣。在外，不得宰吾一邑；不受邶殿，非恶富也，恐失富也。且夫富，如布帛之有幅焉；为之制度，使无迁也。夫民生厚而用利，于是乎正德以幅之，使无黜嫚，谓之幅利；利过则为败，吾不敢贪多，所谓幅也。”（襄公二十八年）

景公四年，吴季札聘于齐，说晏平仲。谓之曰：“子速纳邑与政；无邑无政，乃免于难。齐国之政，将有所皈；未获所归，难未歇也。”故晏子因陈桓子以纳政与邑，是以免于栾（子施）高（子良）之难。（难作于昭十年）（襄公二十九年）

九年春，景公使晏婴请继室于晋。……既成昏，晏子受礼；叔向与之宴，相与语。叔向曰：“齐其何如？”晏子曰：“此季世也，吾弗知。齐其为陈氏矣！公弃其民，而皈于陈氏。……”初，景公欲更晏子之宅，曰：“子之宅近市，湫隘嚣尘，不可以居，请更诸爽垲者。”辞曰：“君之先臣容焉，臣不足以嗣之，于臣侈矣。且小人近市，朝夕得所求，小人之利也。敢烦里旅？”公笑曰：“子近市，识贵贱乎？”对曰：“既利之，敢不识乎？”公曰：“何贵何贱？”于是景公繁于刑，有鬻踊者。故对曰：“踊贵履贱。”……景公为是省于刑。君子曰：“仁人之言，其利溥咸！晏子一言，而齐侯省刑。《诗》曰：‘君子如祉，乱庶遄已。’其是之谓乎？”——及晏子如晋，公更其宅；反，则成矣。既拜，乃毁之；而为里室皆如其旧，则使宅人反之。且谚曰：“非宅是卜，唯邻是卜。”二三子先卜邻矣，违卜不祥；君子不犯非礼，

小人不犯不祥，古之制也。吾敢违诸乎?”卒复其旧宅。（昭公三年）

十六年，齐惠栾、高氏皆嗜酒，信内多怨，强于陈、鲍氏而恶之。夏，有告陈桓子曰：“子旗、子良将攻陈鲍。”亦告鲍氏。桓子授甲而如鲍氏。遭子良醉而骋，遂见文子，则亦授甲矣。使视二子，则皆将饮酒。桓子曰：“彼虽不信，闻我授甲，则必逐我；及其饮酒也，先伐诸。”陈、鲍方睦，遂伐栾、高氏。子良曰：“先得公，陈、鲍焉往?”遂伐虎门。晏平仲端委立于虎门之外；四族召之，无所往。其徒曰：“助陈、鲍乎?”曰：“何善焉?”“助栾、高乎?”曰：“庸愈乎?”“然则皈乎?”曰：“君伐焉皈?”公召之而后入。……五月庚辰，战于稷，栾、高败，又败诸庄；国人追之，又败诸鹿门。栾施、高强奔鲁，陈、鲍分其室。晏子谓桓子：“必致诸公。让，德之主也；让之谓懿德。凡有血气，皆有争心，故利不可强，思义为愈；义，利之本也。蕴利生孽，姑使无蕴乎？可以滋长。”桓子尽致诸公，而反老于莒。（昭公十年）

二十六年，景公疥，遂痁，期而不瘳，诸侯之宾问疾者多在，梁丘据与裔款言于公曰：“吾事鬼神丰，于先君有加矣；今君疾病，为诸侯忧，是祝史之罪也。诸侯不知，其谓我不敬，君盍诛于祝固、史嚚以辞宾。”公说，告晏子。晏子曰：“……祝有益也，诅亦有损；聊摄以东，姑尤以西，其为人也多矣。虽其善祝，岂能胜亿兆人之诅？君若欲诛祝、史，修德而后可。”公说，使有司宽政，毁关，去禁，薄敛，已责。（昭公二十年）

齐侯至自田，晏子侍于遄台，子犹（梁丘据字）驰而造焉。公曰：“唯据与我和夫。”晏子对曰：“据亦同也，焉得为和?”公曰：“和与同，异乎?”对曰：“异。和如羹焉，水火醯醢盐梅以烹鱼肉，燀之以薪，宰夫和之，齐之以味，济其不及，以泄其过；君子食之，以平其心。君臣亦然，君所谓可，而有否焉；臣献其否，以成其可。君所谓否，而有可焉；臣献其可，以去其否。是以政平而民不干，民无争心。故《诗》曰：'亦有和羹，既戒既平，鬷嘏无言，时靡有争。'（《诗·颂》）先王之济五味，和五声也，以平其心，成其政也。声亦如味，一气，二体，三类，四物，五声，六律（黄钟、大簇、姑洗、蕤宾、夷则、无射），七音（五声外，加变宫、变徵），八风，九歌（六府三事），以相成也；清浊，小大，短长，疾徐，哀乐，刚柔，迟速，高下，出入，周疏，以相济也。君子听之，以平其心，必平德和。故《诗》曰：'德音不瑕。'今据不然，君所谓可，据亦谓可；君所谓否，据亦谓否。若以水济水，谁能食之？若琴瑟之专台，谁能听之？同之不可也如是。"饮酒乐。公曰："古而无死，其乐若何？"晏子对曰："古而无死，则古之乐也，君何得焉？昔爽鸠氏始居此地，季萴因之，有逢伯陵因之，而后大公因之；古若无死，爽鸠氏之乐，非君所愿也。"（昭公二十二年）

三十二年冬，齐有慧星，齐侯使禳之。晏子曰："无益也，只取诬焉。天道不谄，不贰其命，若之何禳之？且天之有慧也，以除秽也。君无秽德，又何禳焉？若德之秽，禳之何损？《诗》曰：'唯此文王，小心翼翼，昭事上帝，聿怀多幅；厥德不回，以受方国。'（《大雅》）君无违德，方国将至，何患于慧？《诗》曰：'我无所监，夏后及商，用乱之故，民卒流亡。'（《逸诗》）若德回乱，民将流亡，祝史之为，无能补也。"公说，乃止。（昭公二十六年）

齐侯与晏子坐于路寝。公叹曰："美哉室！其谁有此乎？"晏子曰："敢问何谓也？"公曰："吾以为在德。"对曰："如君之言，其陈氏乎？（参《左传·襄公二十九年》）陈氏虽无大德，而有施于民。豆区釜钟之数，其取之公也薄，其施之民也厚；公厚敛焉，陈氏厚施焉，民皈之矣。《诗》曰：‘虽无德与女，式歌且舞。’（《小雅》）陈氏之施，民歌舞之矣。后世若少惰，陈氏而不亡，则国，其国也已！”公曰：“善哉！是可若何？”对曰：“唯礼可以已之。在礼，家施不及国，民不迁，农不移，工贾不变，士不滥，官不滔，大夫不收公利。”公曰：“善哉！我不能矣！吾今而后，知礼之可以为国也！”对曰：“礼之可以为国也久矣，与天地并。君令，臣共，父慈，子孝，兄爱，弟敬，夫和，妻柔，姑慈，妇听，礼也；君令而不违，臣共而不贰，父慈而教，子孝而箴，兄爱而友，弟敬而顺，夫和而义，妻柔而正，姑慈而从，妇听而婉，礼之善物也。”公曰：“善哉！寡人今而后闻此礼之上也。”对曰：“先王所禀于天地，以为其民也，是以先王上之。”（昭公二十六年）

齐景公好治宫室，尝起大召，岁寒，役多冻馁。公延晏子饮酒，乐甚！晏子歌曰：“庶民之冻，我若之何？奉上靡敝，我若之何？”歌终，喟然流涕。公止之曰：“子殆为大召之役乎？寡人将罢。”时，雨雪三日，公衣狐白之裘，谓晏子曰：“天下不寒，何也？”晏子曰：“贤君饱知人饥，温知人寒。君独不知天下之寒，何也？”公遂出衣发粟，以赈冻馁。（《晏子春秋》）公尝纵酒解衣冠以自乐，驾车以迎晏子。晏子闻之，朝服而至。公曰：“寡人此乐，愿与大夫共之。”晏子曰：“君言过矣！齐国三尺以上，力皆能胜婴与君，所以不敢者，畏礼也。礼决其防，人谁不有此乐哉？”公乃更衣而坐；觞酒三行，晏子辞而去。（《韩诗外传》）

晏子为齐相时，出。其御之妻，从门间而窥其夫，其夫为相御，拥大盖，策驷马，意气扬扬甚自得也。既而皈，其妻请去。夫问其故，妻曰：“晏子长不满六尺，身相齐国，名显诸侯，今者妾观其出，志念深矣，常有以自下者；今子长八尺，乃为人仆

御，然子之意自以为足，妾是以求去也。”其后夫自抑损，晏子怪而问之；御以实对，晏子荐以为大夫。（《管晏列传》）

晏子历事齐灵公、庄公、景公，以节俭力行重于齐；虽相而食不重肉，妾不衣帛，祀其先人豚肩不掩豆，一狐裘三十年，世以为陋，而晏子行之自若。

（丙）陈文子

陈文子名须无，齐贤大夫之一，功勋虽不及管晏，品德却有可取。曾经有人拿他来和孔子讨论说：

> “崔子弑齐君，陈文子有马十乘，弃而违之，至于他邦。则曰：‘犹吾大夫崔子也。’违之，之一邦，则又曰：‘犹吾大夫崔子也。’违之。何如？”子曰：“清矣。”曰：“仁矣乎？”曰：“未知。焉得仁？”（《公冶长》）

孔子虽因陈文子但能消极的避恶，而不能除恶，不承认他人格已到顶点的仁，却以他为清；清是不贪财，不恋位，较俗子也高一等。按：崔子弑齐庄公，在《左传·鲁襄公二十五年》，陈文子因而外游，直至齐景公二年始皈。

八　楚二令尹

《论语》对于楚大夫有所评论者，为子文和子西；子文为令尹于楚成王时，子西则于楚昭王时为令尹。

（甲）子文

子文姓鬬、名穀於菟。他命名的由来，据《左传》说：“初，若敖娶于邧，生鬬伯比；若敖卒，从其母育于邧，淫于邧子之女，生子文焉。邧夫人使弃诸梦中，虎乳之；邧子田，见之，惧而皈，夫人以告，遂使收之，楚人谓乳，穀；谓虎，於菟；故命之曰鬬穀於菟，……实为令尹子文。”《论语》关于他的人生，曾有如下的讨论：

> 子张问曰：“令尹子文三仕为令尹，无喜色；三已之，无愠色；旧令尹之政，必以告新令尹。何如？”子曰：“忠矣。”曰：“仁矣乎？”曰：“未知。焉得仁？”（《公冶长》）

孔子许子文为忠，而不许其为仁，足见忠不能概括仁，仁是元德。至于子文的忠，见于以下书传。据《左传》说：“鬬穀於菟为令尹，自毁其家，以纾楚国之难。”（庄公三十年）“缁布以朝，鹿裘以处；未明而立朝，日晦而皈食；朝不谋夕，家无盈积；不为爵劝，不为禄勉。尝曰：‘蔽贤者不祥，专利者必害。’故为政度材以用人，溥惠以抚下，自空厥心，不遑他恤。”（《战国策·楚策》）其族有干法者，廷理拘之，闻其贵族也而释之。子文召廷理，责之曰：“凡主理者，将以司犯王令而察触国法者也。夫直士持法，柔而不挠，刚而不折；今弃法背令而释犯法者，是理之不端而驳之于法也。执一国之柄而以私闻，与吾生不以义，不若以义而死也。”廷理惧，遂刑其族。楚成王闻之，不及履而至于子文之室曰：“寡人幼少，置理失人，以违夫子之意。”乃黜廷理，而尊子文，使及内政。（《说苑》）成王闻子文之朝不及夕也，于是乎每朝设脯一束，糗一筐，以馐子文；至……必逃，王止而后复。人谓子文曰：“人生求富而子逃之，何也？”对曰：“从政者，以庇民也；民多旷者，而我取富焉，是勤民以自封也，死无日矣。我逃死，非逃富矣。”（《国语·楚语》）他的人生态度及其从政的勤劳，由这些记载里可看出。

（乙）子西

春秋有三子西，郑驷夏，楚鬬宜申及公子申，皆以“子西”为字。按：驷夏未当国，宜申为乱臣贼子，皆不足论。《论语》所论者，当属与孔子同时的公子申。《宪问篇》记：

或问：“子西？”曰：“彼哉！彼哉！”

孔子看子西，就是那么一个人而已，无庸褒贬；说他无可取不可，说他有可取也不可。朱子说：“楚公子申能逊楚国，立昭王，而改纪其政，亦贤大夫也；然不能革其僭王之号，昭王欲用孔子又沮之，其后卒召白公以致祸乱，则其为人可知矣。‘彼哉’者，外之之辞。”（事详《左传》昭公三十年，定公六年，哀公元年、又十五年、又十六年。）

九　郑贤子产

子产为郑穆公孙，乃以公孙为姓，名侨；其氏族在郑原最卑弱，因子产而始昌盛。孔子于当代列国贤士大夫多所敬事，子产也是其中之一；我们从经史里可知，孔子佩服子产之至。《论语》论子产者有二大端。

（甲）子产的为政

子产从政四十余年，为相也有一十八载，振衰起敝，安内睦外，郑国赖以数世平泰，子产功诚不小。虽然，总其成者为子产，尚得多少辅佐之力；要在他能集思广益，善与人同。孔子故说：

“为命，裨谌草创之，世叔（姓游名吉，即《左传》子

大叔）讨论之，行人子羽（公孙挥）修饰之，东里子产润色之。”（《宪问》）

“为命”虽是指外交辞令而言，仅为郑政一端；可是他于外交辞令既然这么审慎周详，由此一端，即可推及其余。是故《左传》论“子产之从政也，择能而使之。冯简子能断大事；子大叔美秀而文；公孙挥能知四国之为，而辨于其大夫之族姓、班位、贵贱、能否，而又善为辞令；裨谌能谋，谋于野则获，谋于邑则否。郑国将有诸侯之事，子产乃问四国之为于子羽，且使多为辞令；与裨谌乘以适野，使谋可否；而告冯简子，使断之；乃授子大叔，使行之，以应对宾客，是以鲜有败事”。子产为政不拘己见，兼采众长，于此描述无遗；他也不单于同僚中留意可否，更善于观民风以验得失，以定去取。是故“郑人游于乡校，以论执政。然明谓子产曰：‘毁乡校何如?’子产曰：‘何为？夫人朝夕退而游事，以议执政之善否，其所善者，吾则行之；其所恶者，吾则改之。是吾师也，若之何毁之？我闻忠善以损怨，不闻作威以损怨。岂不遽止？然犹防川，大决所犯，伤人必多，吾不克救也，不如小决使道。——不如吾闻而药之也。’然明曰：‘蔑也今而后知吾子之信可事也，小人实不才，若果行此，其郑国实赖之！岂唯二三臣?’仲尼闻是语也，（按：孔子时年仅十岁，此必以后所闻，实非当日所说，作传人并案录此，以便参阅，《左传》中这种笔例很多。）曰：‘以是观之，人谓子产不仁，吾不信也。’”（襄公三十一年）子产对于他人议论，抱定有则改之、无则加勉的态度，虽未闻言而拜，不几也等于禹德呢？孟子说：“大舜有大焉，善与人同，舍己从人，乐取于人以为善，自耕稼陶渔以至为帝，无非取于人者；取诸人以为善，是与人为善者也，故君子莫大乎与人为善。”（《公孙丑上》）然则子产择能而使，不毁乡校，岂不有大舜的风度呢？

（乙）子产的人格

子产人格，在他政治生活中可看出他的伟大。《论语》论到他有二处，一则论子产为君子说：

> 子谓子产有君子之道四焉：其行己也恭，其事上也敬，其养民也惠，其使民也义。（《公冶长》）

一则论子产为惠人说：

> 或问："子产？"子曰："惠人也。"（《宪问》）

附子产事略（据《左传》）

郑简公元年，夏四月，"郑子国、子耳侵蔡，获蔡司马公子燮，郑人皆喜，唯子产不顺。曰：'小国无文德而有武功，祸莫大焉！楚人来讨，能勿从乎？从之，晋师必至。晋楚伐郑，自今郑国，不四五年，弗得宁矣。'子国怒之曰：'尔何知？国有大命，而有正卿；童子言焉，将为戮矣。'"（襄公八年）

三年，冬十月，戊辰，"尉止……帅贼以入，晨攻执政于西宫之朝，杀子驷、子国、子耳，劫郑伯以如北宫；子孔知之，故不死。……子西闻盗，不儆而出，尸而追盗，盗入于北宫，乃皈授甲，臣妾多逃，器用多丧。子产闻盗，为门者，庀辟司，闭府库，慎闭藏，完守备，成列而后出，兵车十七乘，尸而攻盗于北宫；子蟜帅国人助之，杀尉止，子师仆，盗众尽死。……子孔当国，为载书，以位序，听政辟，大夫诸司门子弗顺，将诛之；子产止之，请为之焚书。子孔不可曰：'为书以定国，众怒而焚之，是众为政也，国不亦难乎？'子产曰：'众怒难犯，专欲难成，合二难以安国，危之道也；不如焚书以安众。子得所欲，众亦得安，不亦可乎？专欲无成，违众兴祸，子必从之。'乃焚书于仓

门之外，众而后定”。（襄公十年）

十二年，秋八月，甲辰，“子展、子西帅国人……杀子孔而分其室，……郑人使子展当国，子西听政，立子产为卿”。（公十九年）

十五年夏，“晋人征朝于郑，郑人使少正公孙侨对。曰：‘在晋先君悼公九年，我寡君于是即位，……无岁不聘，无役不从，以大国政令无常，国家罢病，不虞荐至，无日不惕，岂敢忘职？大国若安定之，其朝夕在廷，何辱命焉？若不恤其患，而以为口实，其无乃不堪任命，而翦为仇雠，敝邑是惧，委诸执事，执事实重图之。’”（襄公二十二年）

十七年，晋范宣子为政，诸侯之币重，郑人病之；二月，郑伯如晋。子产寓书于子西以告宣子曰：“子为晋国，不闻令德，而闻重币，侨也惑之；侨闻君子长国家者，非无贿之患，而无令名之难。夫诸侯之贿聚于公室，则诸侯贰；若吾子赖之，则晋国贰。诸侯贰，则晋国坏；晋国贰，则吾子之家坏。何没没也！将焉用贿？夫令名，德之舆也；德，国家之基也。有基无坏，无亦是务乎？有德则乐，乐则能久。《诗》云：‘乐旨君子，邦家之基。’（《小雅》）有令德也夫？‘上帝临女，无贰尔心。’（《大雅》）有令名也夫？恕思以明德，则令名载而行之，是以迩至远安。毋宁使人谓子，子实生我，而谓子浚我以生乎？象以齿焚其身，贿也。”宣子说，乃轻币。（襄公二十四年）

十八年，郑子产献捷（子展伐陈有功）于晋，戎服将事。晋人问陈之罪，对曰：“陈忘周之大德，蔑我大惠，弃我姻亲，介恃楚众，以凭陵我敝邑，不可億逞，我是以有往年之告，未获成名，则有我东门之役（前年陈从楚伐郑），当陈隧者，井堙木刊，敝邑大惧不竞，而耻大姬，天诱其衷，启敝邑心，陈知其罪，授手于我，用敢献功。”晋人曰：“何故侵小？”对曰：“先王之命，唯罪所在，各致其辟。且昔天子之地一圻，列国一同；自是以衰，今大国多数圻矣。若无侵小，何以至焉？”晋人曰：“何故戎服？”对曰：“我先君武庄，为平桓卿士，城濮之役，（见鲁僖公二十八年）文公（晋侯）布命曰：‘各复旧职。’命我文公戎服辅王，以授楚捷，不敢废王命故也。”士庄伯不能诘，复于赵文子。文子曰：“其辞顺，犯顺不祥。”乃受之。……仲尼曰：“《志》有之：‘言以足志，文以足言。’不言，谁知其志？言之无文，行而不远。晋为伯，郑入陈，非文辞不为功，慎辞哉！”（襄公二十五年）

同年十二月，晋程郑卒，子产始知然明。（前年然明预言程郑将死，果验。）问为政焉？对曰：“视民如子！见不仁者诛之，如鹰鹯之逐鸟雀也。”子产喜，以语子大叔。且曰：“他日吾见蔑之面而已，今吾见其心矣。”子大叔问政于子产，子产曰：“政如农功，日夜思之，思其始而成其终；朝夕而行之，行无越思，如农之有畔，其过鲜矣。”

十九年三月，郑伯赏入陈之功，赐子产次路再命之服，先六邑。子产辞邑曰：“自上以下，隆杀以服，礼也；臣之位在四。（次于子展、子西、长宵）且子展之功也，臣不敢及赏礼，请辞邑。”公固予之，乃受三邑。公孙挥曰：“子产其将知政矣。让不失礼。”（襄公二十六年）

同年冬十月，楚子伐郑，郑人将御之。子产曰：“晋楚将平，诸侯将和，楚王是故昧于一来，不如使遗〔逞〕而皈，乃易成也。夫小人之性，衅于勇，啬于祸，以足其性而求名焉者，非国家之利也。若何从之？”子展说，不御寇。

二十一年秋，蔡侯皈自晋，入于郑；郑伯享之，不敬。子产曰：“蔡侯其不免乎？且其过此也，君使子展往劳于东门之外而傲，吾曰犹将更之；今还受享而惰，乃其心也。君小国，事大

国，而惰傲以为己心，将得死乎？……其为君也，淫而不父，如是者恒有子祸。”（襄公二十八年）

同年九月，子产相郑伯以如楚，含〔舍〕不为坛。外仆言曰：“昔先大夫相君适四国，未尝不为坛；自是至今，亦皆循之。今子草舍，无乃不可乎？”子产曰：“大适小，则为坛；小适大，苟舍而已，焉用坛？侨闻之，大适小有五美，宥其罪戾，赦其过失，救其菑患，赏其德刑，教其不及，小国不困，怀服如皈。是故作坛以昭其功，宣告后人，无怠于德。小适大有五恶，说其罪戾，请其不足，行其政事，共其职贡，从其时命；不然，则重其币帛，以贺其福，而弔其凶，皆小国之祸也，焉用作坛以昭其祸？所以告子孙，无昭祸焉可也。”

二十二年，郑子展卒，子皮即位。吴季札聘于郑，见子产，如旧相识，谓子产曰：“郑之执政侈，难将至矣，政必及子；子为政，慎之以礼，不然郑败。”郑大夫盟于伯有氏。裨谌曰：“是盟也，其与几何？《诗》曰：‘君子屡盟，乱是用长。’今是长乱之道也。祸未歇也，必三年而后能纾。”然明曰：“政将焉往？”裨谌曰：“善之代不善，天命也，其焉辟子产？举不踰等，则位班也；择善而举，则世隆也。……天祸郑久矣！其必使子产息之，乃犹可以戾（定也）；不然，将亡矣。”（襄公二十九年）

二十三年春，子产相郑伯以如晋。叔向问郑国之政焉，对曰：“……驷（子皙）良（伯有）方争，未知所成？……”叔向曰：“不既和矣乎？”对曰：“伯有侈而愎，子皙好在人上，莫能相下也；虽其和也，犹相积恶也，恶至无日矣。”（襄公三十年）

同年六月，子产如陈莅盟，皈复命，告大夫曰：“陈，亡国也，不可与也。聚禾粟，缮城郭，恃此二者而不抚其民，……政多门，以介于大国，能不亡乎？不过十年矣。”（至昭公八年，楚灭陈。）

同年秋七月，驷氏攻良，伯有奔雍梁。人谓子产就直助强。子产曰：“岂为我徒？国之祸难，谁知所敝。或主强直，难乃不生，姑成吾所。”辛丑，子产欲伯有氏之死者而殡之，不及谋而遂行，印段（子石）从之，子皮止之。众曰：“人不我顺，何止焉？”子皮曰：“夫子礼于死者，况生者乎？”遂自止之。壬寅，子产入；癸卯，子石入；皆受盟于子皙氏。伯有因马师颉介于襄库，以伐旧北门，驷带率国人以伐之，皆召子产。子产曰：“兄弟而及此，吾从天所与？”伯有死于羊驷，子产葬诸斗城。子驷氏欲攻子产。子皮怒之曰：“礼，国之干也；杀有礼焉，祸莫大焉。”乃止。子皮授子产政。辞曰：“国小而偪，族大宠多，不可为也。”子皮曰：“虎帅以听，谁敢犯子？子善相之，国无小，小能事大，国乃宽。”子产为政，有事伯石，赂与之邑。子大叔曰：“国皆其国也，奚独赂焉？”子产曰：“无欲实难。皆得其欲，以从其事，而要其成。非我有成，其在人乎？何爱于邑，邑将焉往？”子大叔曰：“若四国何？”子产曰：“非相违也，而相从也。四国何尤焉？《郑书》有之曰：‘安定国家，必大焉先。’姑先安大，以待其所皈。”……子产使都鄙有章，上下有服，田有封洫，庐井有伍。大夫之忠俭者，从而与之；泰侈者，因而毙之。丰卷将祭，请田焉，弗许。曰：“唯君用鲜（野献），众给而已。”子张（丰卷字）怒，退而征役。子产奔晋，子皮止之，而逐丰卷，丰豐卷奔晋；子产请其田里，三年而复之，反其田里及其入焉。从政一年，舆人诵之曰：“取我衣冠而褚之，取我田畴而伍之。孰杀子产？吾其与之。”及三年，又诵之曰：“我有子弟，子产诲之；我有田畴，子产殖之。子产而死，谁其嗣之？”（襄公三十年）另据《史记》：“子产为相一年，竖子不戏狎，斑白不提絜，僮子不犁畔；二年，市不豫贾；三年，门不夜关，道不失遗；四年，田器无皈；五年，不令而治。”《吕氏春秋》也说：“子产相政十八年，刑三人，杀二人，桃李之垂于街者，莫之援也；锥刀之遗于道者，莫之举也。”

二十四年，夏六月，子产相郑伯以如晋，晋侯以鲁丧故，未之见也。子产使尽坏其馆之垣，而纳车马焉。士文伯让之曰：“敝邑以政刑之不修，寇盗充斥，……是以令吏人完客所馆。……今吾子坏之，虽从者能戒，其若异客何？以敝邑之为盟主，缮修葺墙，以待宾客，若皆毁之，其何以共命？寡君使匄请命。”对曰：“以敝邑褊小，介于大国，诛求无时，是以不敢宁居，悉索敝赋，以来会时事；逢执事之不闲，而未得见，又不获闻命，未知见时，不敢输币，亦不敢暴露。其输之，则君之府实也，非荐陈之，不敢输也；其暴露之，则恐燥湿之不时，而朽蠹以重敝邑之罪。侨闻文公之为主也，宫室卑庳，无观台榭，以崇大诸侯之馆，……宾至如皈，无虞菑患，不畏寇盗，而亦不患燥湿；今铜鞮之宫数里，而诸侯舍于隶人，门不容车，而不可踰越；盗贼公行，而天疠不戒；宾见无时，命不可知，若又勿坏，是无所藏币以重罪也。敢语执事，将何所命之？虽君之有鲁丧，亦敝邑之忧也。若获荐币，修垣而行，君之惠也，敢惮烦劳？”文伯复命，赵文子曰：“信，我实不德；而以隶人之垣，以赢诸侯，是吾罪也。”使士文伯谢不敏焉。晋侯见郑伯，有加礼，厚其宴好而皈之。乃筑诸侯之馆。叔向曰：“辞之不可以已也，如是夫！子产有辞，诸侯赖之，若之何其释辞也？《诗》曰：‘辞之辑矣，民之睦矣；辞之绎矣，民之莫矣。’（《大雅》）其知之矣。”（襄公三十一年）

同年，子皮欲使尹何为邑。子产曰：“少，未知可否？”子皮曰：“愿，吾爱之，不吾叛也。使夫往而学焉，夫亦愈知治矣。”子产曰：“不可。人之爱人，求利之也；今吾子爱人则以政，犹未能操刀而使割也，其伤实多。子之爱人，伤之而已，其谁敢求爱于子？子于郑国，栋也；栋折榱崩，侨将厌焉，敢不尽言。子有美锦，不使人学制焉；大官大邑，身之所庇也，而使学者制焉。其为美锦，不亦多乎？侨闻学而后入政，未闻以政学者也。若果行此，必有所害。譬如田猎，射御贯则能获禽；若未尝登车射御，则败绩厌覆是惧，何暇思获？”子皮曰：“善哉！虎不敏。吾闻君子务知大者，远者；小人务知小者，近者；我，小人也。衣服附在吾身，我知而慎之；大官大邑，所以庇身也，我远而慢之。微子之言，吾不知也。他日我曰：‘子为郑国，我为吾家，以庇焉，其可也。’今而后知不足；自今请虽吾家，听子而行。”子产曰：“人心之不同，如其面焉，吾岂敢谓子面如吾面乎？抑心所谓危，亦以告也。”子皮以为忠，故委政焉；子产是以能为郑国。

二十五年五月，庚辰，郑放游楚于吴，子产咨于大叔。大叔曰：“吉不能亢身焉，能亢宗？彼国政也，非私难也。子图郑国，利则行之，又何疑焉？周公杀管叔而蔡蔡叔，夫岂不爱，王室故也。吉若获戾，子将行之，何有于诸游？”郑为游楚乱故，六月丁巳，郑伯及其大夫盟于公孙段氏，罕虎、公孙侨、公孙段、印段、游吉、驷带私盟于闺门之外，实薰燧；公孙黑强与于盟，使大史书其名，且曰七子（自视同于六卿），子产弗讨。（昭公元年）

同年，晋侯有疾，郑伯使公孙侨如晋聘。叔向问焉，曰：“寡君之疾病。卜人曰实沈台骀为祟，史莫之知，敢问此何神也？”子产曰：“……实沈，参神也；……台骀，汾神也。抑此二者不及君身；……若君身，则亦出入饮食哀乐之事也。山川星辰之神，又何为焉？……”叔向曰：“善哉！肸未之闻也。……”晋侯闻子产之言，曰：“博物若子也。”

楚公子围使公子黑肱、伯州犁城犨、栎、郏，郑人惧。子产曰："不害。令尹将行大事，而先除二子也，祸不及郑，何患焉？"楚公子围果弑王篡位，是为灵王。郑游吉如楚葬郏敖（楚之先王），且聘主君。皈，谓子产曰："其行器矣！楚王汰侈而自说其事，必合诸侯，吾往无日矣。"子产曰："不数年，未能也。"（昭公元年）

二十六年秋，郑公孙黑将作乱，……伤疾作而不果，子产使吏数其罪而速之死。（昭公二年）

二十八年，郑子产作丘赋。国人谤之曰："其父死于路，（子产父见杀于尉氏）己为虿尾。以令于国，国将若之何？"子宽以告。子产曰："何害？苟利社稷，生死以之。且吾闻为善者，不改其度，故能有济也；民不可逞，度不可改。《诗》曰：'礼义不愆，何恤于人言？'（《逸诗》）吾不迁矣。"（昭公四年）

三十年，三月，郑人铸刑书。叔向使贻子产书。子产复曰："若吾子之言，侨不才，不能及子孙，吾以救世也，既不承命，敢忘大惠？"（昭公六年）

三十一年，郑子产聘于晋。韩宣子曰："寡人寝疾，……今梦黄熊入于寝门，其何厉鬼也？"对曰："以君之明，子为大政，其何厉之有？……"晋侯赐子产莒之二方鼎。子产为丰施皈州田于韩宣子。（昭公七年）

同年，郑人相惊以伯有；子产立公孙泄及良止（伯有子）以抚之，乃止。

三十六年，三月，郑简公卒，司墓之室当道不毁；君子谓子产于是乎知礼，礼无毁人以自成也。（昭公十二年）

郑定公元年，子产相郑伯如晋朝嗣君（晋昭公新立），晋侯享诸侯，子产辞于享，请免丧而后听命；晋人许之，礼也。（昭公十二年）

二年，晋合诸侯于平丘，子产、子大叔相郑伯以会；子产以幄幕九张行，子大叔以四十，既而悔之，每舍损焉。及会，亦如之。及盟，子产争承（贡赋之次），自日中以争至于昏，晋人许之。子产皈，闻子皮卒，哭。且曰："吾已无为为善矣！唯夫子知我！"仲尼谓"子产于是行也，足以为国基矣。《诗》曰：'乐旨君子，邦家之基。'子产，君子之求乐者也。且曰："合诸侯，艺贡事，礼也。"（昭公十三年）

五年三月，晋韩起聘于郑。宣子有环，其一在郑商；宣子谒诸郑伯，子产弗与。宣子私觐于子产，以玉与马曰："子命起舍夫玉，是祸我玉而免吾死也，敢不藉手以拜。"（昭公十六年）

七年，夏五月，郑火。裨灶曰："不用吾言，郑又将火。"郑人请用之（祈禳）。子产曰："天道远，人道迩，非所及也，何以知之？灶焉知天道？是亦多言矣。岂不或信？"遂不与，亦不复火。书焚室而宽其征，与之材。（昭公十八年）

八年，郑驷偃卒。子游娶于晋大夫，生丝，弱；其父兄立子瑕。子产憎其为人也，且以为不顺，弗许亦弗止。驷氏耸。他日，丝以告其舅；冬，晋人使以币如郑，问驷乞之立故。驷氏惧，驷乞欲逃，子产弗遣；请龟以卜，亦弗予。大夫谋对，子产不待而对客，……晋人舍之。（昭公十九年）

同年，郑大水，龙斗于时门之外洧渊，国人请为荣焉，子产弗许。曰："我斗，龙不我觌也；龙斗，我独何觌焉？禳之，则彼其室也；吾无求于龙，龙亦无求于我。"乃止。

八年，子产有疾，谓子大叔曰："我死，子必为政；惟有德者能以宽服民，其次莫如猛。夫火烈，民望而畏之，故鲜死焉；水懦弱，民狎而玩之，则多死焉。故宽难。"疾数月而卒。大叔为政，不忍猛而宽，郑国多盗，取人于萑苻之泽。大叔悔之曰："吾早从夫子，不及此。"兴徒兵以攻萑苻之盗，尽杀之，盗少止。仲尼曰："善哉！政宽则民慢，慢则纠之以猛；猛则民残，残则施之以宽；宽以济猛，猛以济宽，政是以和。《诗》曰：‘民亦劳止，汔可少康；惠此中国，以绥四方。’（《大雅》）施之以宽也。‘毋从诡随，以谨无良；或遏寇虐，惨不畏明。’纠之以猛也。‘柔远能迩，以定我王。’平之以和也。又曰：“不竞不絿，不刚不柔，布政优优，百禄是遒。’和之至也。”及子产卒，仲尼闻之出涕曰：“古之遗爱也。”（昭公二十年）

十　一班逸民

甚么叫逸民？《后汉书·逸民传》说：“《易》称：‘遁之时义，大矣哉！’或隐居以求其志，或曲避以会道，或静己以镇其踊，或去危以图其安，或垢俗以动其慨，或疵物以洁其精。然观其甘心畎亩之中，憔悴江海之上，岂必亲鱼鸟，乐林木哉？亦云尽性所至而已。虽蝉脱嚣埃之中，自致寰区之外，异夫饰智巧以逐利者乎！”故逸民大都是些清高之士，他的人格虽不完全，虽非至上，自也有相当价值。《论语》所载“荷蒉”“晨门”，长沮、桀溺，以及荷蓧丈人之流，皆属当代逸民，孔子似未深加注意，他对于历来逸民惟取七人。哪七人呢？

> “逸民：伯夷，叔齐，虞仲，夷逸，朱张，柳下惠，少连。”
>
> 子曰：“不降其志，不辱其身，伯夷、叔齐与？”
>
> 谓：“柳下惠，少连，辱身矣；言中伦，行中虑，其斯而已矣。”
>
> 谓：“虞仲，夷逸，隐居放言，身中清，废中权。”（《微子》）

按这七个逸民，最可取者为伯夷、叔齐，其次为柳下惠、少连，再则为虞仲、夷逸；至于朱张，不见其他经传，王弼说朱张字子弓，即《荀子》所说的那人，后来王应麟故说“朱张行与孔子同”（《困学纪闻》）。按孔子于叙论七人之余，说“我则异于是”，足见这些逸民的行为，志趣，都和孔子不同，何可说“朱张行与孔子同”呢？《荀子》以子弓与孔子连称，乃《论语》的仲弓，上篇“仲弓”条已论及；王应麟殆因王弼语而又误会者。假使朱张与《荀子》的子弓为一人，则其行为很高尚，仲尼何独不品评而表彰他呢？而且荀子大儒，何得崇拜逸民某如孔子呢？他也明是说一个大儒的生活态度，何尝说逸民呢？故以朱张为子弓之说不足凭，他的事迹无可考见，孔子除一提其名外，也未及其生活之究竟，我们也只好舍而不谈。

（甲）伯夷、叔齐

伯夷名允、字公信，叔齐名智、字公达，皆孤竹君之子。伯、叔乃其兄弟行，夷、齐为其谥号。《谥法》：安心好静曰夷，执心克庄曰齐。据《史记》说：“初，孤竹君欲立叔齐；及父卒，叔齐让伯夷。伯夷曰：‘父命也。’遂逃去；叔齐亦不肯立而逃之；国人立其中子（名凭）。于是伯夷、叔齐闻西伯昌善养老，盍往皈焉。及至，西伯卒，武王载木主，号为文王，东伐纣。伯夷、叔齐叩马而谏曰：‘父死不葬，爰及干戈？可谓孝乎？以臣弑君，可谓仁乎？’左右欲兵之。太公曰：‘此义人也。’扶而去之。武王已平殷乱，天下宗周，而伯夷、叔齐耻之，义不食周粟，隐于首阳山，采薇而食。及饿且死，作歌，其辞曰：‘登彼西山兮，采其薇矣；以暴易暴兮，不知其非矣！神农虞夏忽焉没兮，我安适皈矣！吁嗟徂兮，命之衰矣！’遂饿死于首阳。”另据《汲冢周书》说：“夷、齐隐于首阳山。或告之曰：‘胤子在邶，父师在夷，即孤竹而君之，以夹煽王烬，商可复也。’夷、齐曰：

‘此非吾事也。’曰：‘然则叩马而谏何为？’曰：‘为万世之君臣也。’曰：‘然则今将何为？’曰：‘有死耳。’曰：‘有死而何以采薇为？天下为周之天下，薇亦周薇也。采薇而食，无乃愿死而求生乎？’遂饿而死。”

按伯夷尊父命，叔齐重伦常，视尊荣如敝屣，隐居以求其志，闻西伯贤而来就养，见武王伐而不臣周，此孔子所谓“不降其志，不辱其身”者是。孟子根据这些史实，也说：

> “居下位，不以贤事不肖者，伯夷也。”（《告子下》）

又说：

> “伯夷非其君不事，非其友不友，不立于恶人之朝，不与恶人言；立于恶人之朝，与恶人言，如以朝衣朝冠坐于涂炭。推恶恶人之心，思与乡人立，其冠不正，望望然去之，若将浼焉。是故诸侯虽有善其辞命者，不受也；不受也者，是亦不屑就已。”（《公孙丑上》）

又说：

> “伯夷，目不视恶色，耳不听恶声，非其君不事，非其民不使；治则进，乱则退，横政之所出，横民之所止，不忍居也。思与乡人处，如以朝衣朝冠坐于涂炭也。当纣之时，居北海之滨，以待天下之清也。故闻伯夷之风者，顽夫廉，懦夫有立志。”（《万章下》）

可见伯夷、叔齐持身谨严，为人孤介；虽然，在严峻孤立中，他们也并不失为宽厚长者。孔子故说：

> “伯夷、叔齐不念旧恶，怨是用希。”（《公冶长》）

他们叩马直谏武王，弃周而去，仍未致获罪者，其意可耐人寻思；虽有太公以其为义而免难，当也由于他们平日不招人怨所致。他们不招人怨，是因他们宽厚而不念旧恶；不念旧恶而居心宽厚的人，对人自会曲予体谅，对己自会安常守素，不怨天，不尤人，下学而上达。所以我们若以为像伯夷、叔齐这种人，身世殊堪悲悯，令人愤懑，那却大谬不然。正如：

子贡问曰："伯夷、叔齐何人也？"子曰："古之贤人也。"曰："怨乎？"曰："求仁而得仁，又何怨？"（《述而》）

（乙）柳下惠、少连

少连是甚么人？孔子说：

"少连、大连，善居丧，三日不怠，三月不懈，期悲哀，三年忧，东夷之子达于礼者也。"（《礼·檀弓》）

孔子称奖少连虽生于夷地，仍谙礼教；他惟知礼，言故中伦有次，行故中伦有义。虽然，孔子说他和柳下惠，也就只有这些长处，他们究还不会洁身自好；少连怎样降志辱身，已不可考，至于柳下惠，则屡见黜。《微子篇》说：

柳下惠为士师，三黜。人曰："子未可以去乎？"曰："直道而事人，焉往而不三黜？枉道而事人，何必去父母之邦？"

《列女传》说：

柳下惠处鲁三黜而不去也。其妻谓之曰："子乃无渎乎？吾闻之，君子有二耻：国无道而贵，耻也；国有道而贱，耻也。今当乱世，三黜而不去，亦近耻也。"惠曰："油油之民将陷于害，吾能已乎？且彼为彼，我为我，彼虽裸裎，安能污我？"

是故孟子曾说：

“不恶污君，不辞小官者，柳下惠也。”（《告子下》）

又说：

柳下惠不羞污君，不卑小官；进不隐贤，必以其道；遗佚而不怨，厄穷而不悯。故曰：“尔为尔，我为我，虽袒裼裸裎于我侧尔，焉能浼我哉？”故由由然与之偕，而不自失焉。援而止之而止；援而止之而止者，是亦不屑去已。”（《公孙丑上》）

柳下惠只因不屑去，难免其身不辱。孟子故说：

“伯夷隘，柳下惠不恭。隘与不恭，君子不由也。”（《公孙丑上》）

虽然伯夷和柳下惠都有缺点，都非至圣，究竟孟子说：

“圣人，百世之师也。伯夷、柳下惠是也。故闻伯夷之风者，顽夫廉，懦夫有立志；闻柳下惠之风者，薄夫敦，鄙夫宽。奋乎百世之上，百世之下，闻者莫不兴起也。非圣人而能若是乎？而况于亲炙之者乎？”（《尽心下》）

又说：

“伯夷，圣之清者也。……柳下惠，圣之和者也。”（《万章下》）

这样看来，柳下惠的品格还是何等高贵！

按：柳下惠本属鲁之公族展氏，名获、字季禽，父名无骇，兄名盗跖，有弟展喜仕鲁为大夫；他因食邑柳下，以“惠”为谥，后人故称柳下惠。他之所以以“惠”为谥，据《列女传》说：“惠既死，门人将诔之。其妻曰：‘将诔夫子之德耶？则二三子不如妾之知也。’乃诔曰：‘夫子之不伐兮，夫子之不伤兮！夫子之诚信而与人无害兮！屈柔从俗，不强察兮！蒙耻救民，德弥大兮！惟过三黜，终不去兮！恺弟君子，永能属兮！嗟呼惜兮！乃不世兮！庶几遐年，今遂逝兮！呜呼哀哉，神魂泄兮！夫子之谥，宜曰惠兮！’于是门人从之。”

（丙）虞仲、夷逸

虞仲为泰伯弟，古公次子；他曾偕兄逃荆，让位于弟，以成父志；荆蛮服其义行，从而归之者千余家，自号为勾吴。大伯卒，无子，仲雍嗣；断发文身，羸衣为饰。君子说：“泰伯端委以治周礼，而仲雍若此，岂礼也哉？有由然也。”

夷逸为夷诡诸后，齐大夫夷仲年，郳大夫夷射姑，皆其同族；夷逸独隐不仕，本名不传，以“逸”为名。相传有人劝他为官，他说：“吾譬则牛也，宁服轭以耕于野，岂忍被绣入庙而为牺牲乎？”

孔子说他们二人隐居独善，合乎道之清，放言自废，合乎道之权；所以他们虽然未必如柳下惠、少连之言皆中伦，行皆中虑，究非洁身乱伦、害义伤教者可比，是故荷蓧丈人及长沮等皆不足道。此孔子所以但举他们几个逸民以示范呢？

整理后记

儒家之修齐治平，说到底，修身是基础、是根本，《大学》所谓“一是以修身为本”。这一点，《论语》体现得最为突出，因此有人由“做人”切入而研讨《论语》，或曰探究《论语》以做人为指归，也就理所当然。

袁定安先生的这部《论语与做人》，是他的心血之作，也是得意之作。半个世纪之后，学生忆及上世纪 60 年代造访老师，老师从书架上抽出此书，递到学生手里，说：“这是我从前写的，你翻翻!”他对自己的这部著作，钟爱之情可谓溢于言表。

作者对《论语与做人》钟爱，绝非“敝帚自珍”一语可以论定，而是它确有可取之处。不说别的，单就有益于世道人心而论，就属难能可贵、不可多得。此书民国二十九年（1940）初版后，三十二年（1943）即再版，此后多次印行，新世纪台岛仍在重印，似乎足可说明这一点。

此次整理，参照的是世界书局民三十二的再版本。原书校对颇精，误植很少；个别明显讹误，整理时径予改正，有的则随文以〔〕注出正字，或再加“?”予以提示。对于书中所引古籍文字，个别明显错误予以改正，余则仍旧；至于标点与时下通行本不同者，则尊重作者原著，一般不作改动。

还需说明的是，原书的标题级次较多，序号也颇显纷歧：有汉字数字，有天干地支，有阿码，有西文字母。比如孔门弟子，从 A 到 Z，一遍用完，又以 a、b 接续……为了方便阅读，整理时，在尊重原著、顾及篇章的基础上，按照通行规范对此作了调整，比如书中论及的 28 位孔门弟子的部分，即统一改为汉字序号。

至于书中征引古籍，有的地方有篇名而无书名，从上下文可以推知的，均不作处理；个别地方引文而未见作者的，酌情补出；进一步的过细工作，则有待来日。

整理中的不当之处，还请读者、专家批评指正。

整理者

戊戌孟夏